ハイブリッドな国家建設

Hybrid Statebuilding
Bridging Liberal Internationalism and Local Ownership

自由主義と現地重視の狭間で

藤重博美
Hiromi Fujishige
上杉勇司
Yuji Uesugi
古澤嘉朗
Yoshiaki Furuzawa
編

ナカニシヤ出版

まえがき

　本書は、国家建設論に深い関心を寄せる研究者たちの知的協働の成果である。かつて国際関係論は「国家」の存在を所与のものとしていた。この基本的な前提が疑われるようになって久しい。国家建設の問題は、紛争や混乱に苛まれた国々、そのなかで翻弄される人々の窮状にわたしたちに何ができるか、何をすべきかという現実的な課題であるとともに、中央集権的な主権国家像を当然視する既存の「常識」に対し、根本から再考を迫る学術上の深遠な問いでもある。

　冷戦後、国家建設が国際社会にとっての最重要関心事の一つとして急浮上する一方、その「成功」例は数少ない。なぜか。近年、その有力な解として、西洋由来の自由主義的（リベラル）な価値を国家建設の主軸に据えるこれまでの方法論に対する批判が高まった。主権国家という存在は、西洋の歴史のなかで育まれてきたという「地域性」と国際的な制度として確立された「普遍性」をあわせもつ。このうち、前者（地域性）を軽視し、非西洋の国々を西洋的な国家の「標準型」をはめ込もうとしてきたことに、そもそも無理があったという論法である。先鋭的な「自由主義的な国家建設論」批判は、現地重視を標榜する「ローカル・オーナーシップ論」への急流を生み出す。だが、度を越した現地重視は問題構造の温存ともなりかねない。こうしたことから、近年は、両者を混合した「ハイブリッドな国家建設」が注目されるようになってきたのである。

　考えてみれば、異なった習俗や文化が出会うとき、程度の差こそあれ両者が混じりあうことは当然だといえよう。日本の歴史を振り返ってみても、神仏習合しかり、万葉仮名の「発明」もしかり。外来の考え方や制度は現地のそれと混じりあい、変質しながら定着してきたことは明らかである。この観

点からすると、国家建設は、当然に「ハイブリッド」であるべきものだが、いま、これを新機軸として取り上げること自体、従来、この分野の議論や研究に「思考の壁」があったことを厳然と突きつけている。

　こうしたことに自戒の念をこめつつ、本書では、「ハイブリッドな国家建設」の地平をさまざまな角度から探求してみようと思う。自由主義と現地重視の混合という大きな枠組みには異論がないとしても、両者は具体的にはどのように混じりあい、「ハイブリッド化」の状況が生まれていくのであろうか。「ハイブリッドな国家建設」は、だれかが意図的に作り出すのか、それとも偶発的に生じるものなのか。はたまた、不承不承の妥協の産物でしかないのか。また、その「ハイブリッド化」の効果についても、異質な要素の化学反応の結果、新たな妙薬が生まれたのか、それとも、どっちつかずの中途半端な状況をもたらしただけなのか、百種百様のパターンがありうるだろう。さらにいえば、「ハイブリッド」の要素にしても、「国際的な自由主義」と「現地の伝統」という単純な二項対立だけではなく、たとえば現地社会にも考え方や立ち位置のバリエーションがあるなど、多様な「ハイブリッド」がありうる。

　本書は、「ハイブリッド」がもつ多様性を描き出すことを最重要視した。そのため、各章の執筆者には、共通の分析枠組みや執筆の方向性を厳密に提示せず、自由にそれぞれの「ハイブリッドな国家建設」論を展開してもらった。その結果、各章で論じる「ハイブリッド」は、それぞれ微妙に異なった色合いをもつが、この多様な色彩の濃淡こそが「ハイブリッド」の本質なのだろうと思う。

　このような幅広い自由な議論が本書の強みであるが、事例章においては共通のテーマとして、「治安部門改革（Security Sector Reform：SSR）」を設定した。警察や軍、司法制度などからなる「治安部門」は、国家の根幹であり、その改革はとくに治安の乱れた紛争後国には喫緊の課題となる。しかし、だからこそ、SSRには、むき出しの暴力が無頓着にふるわれたり、現地の政治権力に恣意的に使われたりする危険性がつきまとい、自由主義との相克がとりわけ際立ちやすい分野だからである。

まえがき

*　　*　　*

　本書の出版にさいしては、多くの方々にお力添えをいただいた。まず、忙しいなかを縫い、いずれも劣らぬ力作を執筆してくれた各章の執筆者たちに謝意を示したい。各章で示された深い理論的洞察、各国のSSRの多様性の豊かさには瞠目させられ、編者自身、学ぶ点が多かった。酒井英一氏（関西外国語大学）、安富淳氏（宮崎国際大学）には、執筆者の中間報告会で貴重なコメントをいただき、それまでの議論に抜け落ちていた多くの点に気づかせてもらった。上野友也氏（岐阜大学）には、2018年度日本国際政治学会平和研究分科会Ⅱ（2018年11月3日）において、本研究についてのパネル報告を行う機会を与えていただいた。このパネル報告に討論者として参加していただいたキハラハント愛氏（東京大学）からは、国連職員として国家建設の現場をつぶさにみてこられた経験をもとにした非常に的確なコメントの数々をいただいた。また、本書執筆メンバーの一人であるクロス京子氏には、立命館大学で本書についての公開セミナー（2018年12月11日）を開催していただき、西日本の研究者や学生の方々を中心に非常に有益な意見交換の場となった。その際、多くの示唆に富むコメントや疑問を投げかけてくださった足立研幾氏（立命館大学）、本名純氏（立命館大学）、白戸圭一氏（立命館大学）、廣野美和氏（立命館大学）、佐野秀太郎氏（防衛大学）をはじめ、本書に関心を寄せてお集まりいただいた皆様には心から御礼を申し上げたい。ナカニシヤ出版の酒井敏行氏には、本書の企画を二つ返事で引き受けていただいた。出版に至るまでの手厚いサポートに対し、心より御礼申し上げる。本書を世に出すことができるのは、編者（藤重）の勤務先である法政大学から得た出版助成金のおかげである。自大学以外の執筆者を多く含む書籍は助成対象にしない大学も多いと聞くが、法政大学は、藤重以外、すべて他大学・組織に属する研究者たちとの共作の出版を快く認めてくれた。自由な研究を支援してくれる寛容さには感謝の言葉しかない。

編者代表　法政大学　藤重　博美

本書は、法政大学の平成 30 年度出版助成を受けて出版される。

本書は、平成 28-30 年度科学研究費補助金基盤研究（B）紛争後の国家建設と治安部門改革：リベラルな価値導入の理念的妥当性と実現への条件」（研究課題番号 16H03591）の成果の一部である。

本書第 4 章は、平成 27-29 年度科学研究費補助金基盤研究（C）「アジアにおける折衷的平和構築の妥当性と有用性の研究：国家建設と共同体形成の融合」（研究課題番号：15KT0134）の成果の一部でもある。

本書第 6 章は、平成 26-29 年度科学研究費補助金・若手研究（B）「平和構築における法の多元性に関する研究：治安部門改革（支援）に着目して」（研究課題番号：26780109）の研究成果の一部でもある。

＊　　＊　　＊

本書で用いる略語のうち、NGO（非政府組織）、EU（欧州連合）、NATO（北大西洋条約機構）など、一般的に広く知られていると思われるものについては、最初から略語で記載している。また、本書の主要テーマである「治安部門改革（Security Sector Reform：SSR）」も、各章で頻出するため、序章以外では略語のみで示している。

第 8 章で取り扱う「ジョージア」については、従来、日本語ではロシア語由来の「グルジア」という呼称が一般的であった。しかし、2008 年以降の対ロ関係の悪化にともない、グルジア政府は、各国に英語呼称「ジョージア」の採用を働きかけはじめた。これを受けて、2015 年、日本国政府も「ジョージア」に変更したため、本書でもこれにならう。ただし、「国連グルジア監視団」のように、「グルジア」という呼称が定訳として用いられている場合は、そのかぎりではない。

目　　次

まえがき　*i*

序　章　ハイブリッドな国家建設
　　　　歴史的背景と理論的考察 ―――― 藤重博美・上杉勇司　*1*

　第1節　本書の目的と問題の所在　*1*

　第2節　「自由主義的な国家建設」から「ハイブリッドな国家建設」へ　*3*

　第3節　「自由主義論」批判から「ハイブリッド論」へ　*7*

　第4節　ハイブリッドなSSR？　*9*

　第5節　本書の構成　*13*

第Ⅰ部　理論

第1章　自由主義的な国家建設論とその限界
　　　　ローランド・パリスの論考を中心に ―――― 内田　州　*23*

　第1節　本章の目的　*23*

　第2節　パリス論文の概要　*24*

　第3節　パリス論文に対する批評　*34*

第2章　ポスト自由主義国家建設論
　　　　オリバー・リッチモンドの論考を中心に ――― 田辺寿一郎　*46*

　第1節　論文解説　*46*

　第2節　リッチモンド論文の考察　*55*

第3節　リッチモンド論文からみるポスト自由主義的平和構築の課題　60

第3章　国家建設の戦略的指針としてのオーナーシップ原則
　　　　　　　　　　　　　　　　　　　　　　　　　　篠田英朗　67

第1節　本章の目的　67

第2節　国際社会におけるオーナーシップ原則　69

第3節　オーナーシップの構造的困難　72

第4節　シエラレオネの事例　74

第5節　議論の総括　78

第4章　国家建設と平和構築をつなぐ「ハイブリッド論」
　　　　　　　　　　　　　　　　　　　　　　　　　　上杉勇司　81

第1節　「ハイブリッド論」の本書における立ち位置　81

第2節　マクロ理論の盲点　84

第3節　ミクロ理論の鍵概念と盲点　88

第4節　メタ理論としての「ハイブリッド論」　91

第5節　国家建設と平和構築をつなぐプラットフォーム　99

第Ⅱ部　事例

第5章　東ティモール
国連と政府のせめぎあいから生まれた国家建設の方向性
　　　　　　　　　　　　　　　　　　　　　　　　　　クロス京子　107

第1節　東ティモールの国家建設とSSR　107

第2節　東ティモールのSSR　109

第3節　ハイブリッドSSRの行方　　*119*

第6章　シエラレオネ
　　　チーフダム警察改革にみる国家のかたち ─── 古澤嘉朗　*128*

第1節　シエラレオネの平和構築とSSR　　*128*

第2節　シエラレオネのSSR　　*129*

第3節　紛争後に置き去りにされたチーフダム警察とチーフダム警察改革（2008〜2015）　　*132*

第4節　チーフダム警察改革とSSR　　*137*

第5節　ジレンマなのか、「国家の亜型」なのか　　*141*

第7章　ボスニア・ヘルツェゴヴィナ
　　　軍および警察の統合過程にみるハイブリッド性
　　　　　　　　　　　　　　　　　　　── 中内政貴　*147*

第1節　ボスニアの国家建設の進展とその危機　　*147*

第2節　ボスニア和平体制が安定しない理由　　*150*

第3節　ボスニアにおけるSSRの進展と抵抗　　*153*

第4節　ハイブリッドな国家建設に向けて　　*163*

第8章　ジョージア
　　　不均衡な改革履行の力学と課題 ─────── 小山淑子　*169*

第1節　ジョージアにおけるSSRの変遷（1992〜2008）　　*169*

第2節　ジョージアにおけるSSRの特徴と課題　　*175*

第3節　不均衡な改革履行の政治的力学　　*179*

第4節　ジョージアのSSRが示唆するもの　　*182*

第9章 アフガニスタン
アフガニスタン地元民警察（ALP）と国家建設 ── 青木健太　189
- 第1節　「ゼロ」からはじまった国家建設　189
- 第2節　アフガニスタンの国家建設──経緯と現状　191
- 第3節　アフガニスタン地元民警察（ALP）の起源、経緯、現状、課題　196
- 第4節　「ハイブリッドな国家建設」とアフガニスタン　200
- 第5節　消去法でしか選択できない現実のなかで　203

第10章 イラク
非公式・準公式組織の役割にみるSSRの理念と実態のギャップ ── 長谷川晋　210
- 第1節　理念と現実のギャップに阻まれたイラクのSSR　210
- 第2節　イラク戦争後におけるアメリカ主導のSSR　213
- 第3節　「非公式・準公式」武装組織との連携によるSSR──自由主義的なSSRとの乖離　217
- 第4節　イラクのハイブリッドな国家建設におけるSSRの意義──可能性と限界　222

終　章　「ハイブリッド」という共通軸でみた国家建設とSSRの力学 ── 上杉勇司　229
- 第1節　「ハイブリッド論」の精緻化　229
- 第2節　SSRにおける前提の再検討　233
- 第3節　SSRにおける「ハイブリッド論」の実用化　237
- 第4節　「ハイブリッド論」の実用化の今後　241

人名索引　*249*
事項索引　*250*

本書の事例で取り上げる国々

略語一覧

ANA	Afghanistan National Army	アフガニスタン国軍
ANP	Afghanistan National Police	アフガニスタン国家警察
APRP	Afghanistan Peace and Reintegration Program	アフガニスタン平和・再統合プログラム
ASJP	Access to Security and Justice Program	治安・司法アクセス・プログラム
CCSSP	Commonwealth Community Safety and Security Project	英連邦地域安全・治安プロジェクト
CIVPOL	Civilian Police	文民警察
CPA	Coalition Provisional Authority	連合国暫定当局
CPCs	Community Policing Councils	コミュニティ・ポリシング委員会
CPDTF	Commonwealth Police Development Task Force	英連邦警察開発タスクフォース
CSDP	Common Security and Defence Policy	共通安全保障防衛政策
DDR	Disarmament, Demobilization, and Reintegration of Ex-combatants	元兵士の武装解除・動員解除・社会再統合
DFID	Department for International Development	イギリス国際開発省
DIAG	Disbandment of Illegal Armed Groups	非合法武装集団の解体
EUFOR Althea	European Union Force Althea	EU 部隊アルテア
EUPM	European Union Police Mission	EU 警察ミッション
EUTHEMIS	European Union Rule of Law Mission	EU 法の支配ミッション
FALINTIL	Forças de Armadas da Libertação Nacional de Timor-Leste	東ティモール民族解放軍
F-FDTL	Forças de Defesa de Timor Leste	東ティモール国軍
GNR	Guarda Nacional Republicana	ポルトガル共和国国家警備隊
GSSOP	Georgia Sustainment and Stability Operation Program	ジョージア持続・安定作戦プログラム
GTEP	Georgia Train and Equipment Program	ジョージア訓練・装備プログラム
HPC	High Peace Council	和平高等評議会
ICG	International Crisis Group	国際危機グループ
IMATT	International Military Advisory and Training Team	国際軍事顧問訓練チーム
IS	Islamic State	イスラム国
ISAB	International Security Advisory Board	国際安全保障諮問委員会
JSDP	Justice Sector Development Program	司法部門開発プログラム
NDCP	National Department for Community Policing	地域警察局

PMU	Popular Mobilization Unit	人民動員部隊
PMSC	Private Military and Security Company	民間軍事会社
PNTL	Polícia Nacional de Timor-Leste	東ティモール国家警察
RS	Republika Srpska	スルプスカ共和国
SAA	Stabilisation and Association Agreement	安定化連合協定
SILSEP	Sierra Leone Security Sector Reform Program	シエラレオネSSRプログラム
SPU	Special Police Unit	特別警察部隊
SSR	Security Sector Reform	治安部門改革
UNAMA	United Nations Mission in Afghanistan	国連アフガニスタン支援ミッション
UNAMSIL	United Nations Mission in Sierra Leone	国連シエラレオネ派遣団
UNMIT	United Nations Integrated Mission in Timor-Leste	国連東ティモール統合ミッション
UNOMIG	United Nations Observer Mission in Georgia	国連グルジア監視団
UNPOL	United Nations Police	国連警察
UNTAET	United Nations Transitional Administration in East Timor	国連東ティモール暫定行政機構

xiii

序章
ハイブリッドな国家建設
歴史的背景と理論的考察

藤重博美・上杉勇司

第1節　本書の目的と問題の所在

　本書は、「脆弱国家」に対する「国家建設（statebuilding）」をいかに舵取りすべきかを主題とし、自由主義（リベラル）的な介入主義と現地（ローカル）の伝統や慣習の重視を織り交ぜた「ハイブリッド（hybrid）な国家建設」の可能性を模索する。国家建設は、幅広い包括的な活動である。そのなかでも本書では、とくに治安部門改革（Security Sector Reform : SSR）に焦点を当てる（SSRについては後述）。

　冷戦の終焉から、すでに約30年。その間、内戦後の国々の再建を目指す国家建設は、国際社会の主要な課題の一つであり続けてきた。冷戦終結の直後には国家の衰退を予測する議論もなされたが、実態は真逆であり、世界中を「主権国家」でくまなく埋め尽くす現代の国際社会の基本構造を維持し、さらには強化しようと試みられてきたのであった。その背景には、第二次世界大戦後、独立を果たした旧植民地の国々の多くが実質的な統治機能を欠いた「擬似国家」であったことがある。[1] 冷戦中は、米ソ双方の手厚い援助により問題は表面化しにくかったが、冷戦後、こうした支援が打ち切られると擬似国家の多くは混乱に陥り（国家破綻）、内戦、また、テロや海賊行為、組織犯罪の拠点化といった深刻な問題が生じるようになった。

「擬似国家」があっけなく破綻しかねない「脆弱国家」であることが認識されると、それはグローバルな課題として浮上した。脆弱国家では、ジェノサイドのような深刻な人道上の危機がしばしば発生してきたことに加え、2001年の9.11テロ以降は、脆弱国家の統治能力の弱さがテロのような国境を越える脅威の温床となるとの考え方が強まったためである。これに対し、国際社会が選んだ対応は、国家という「容器」の放棄ではなく、その修復であった。国家建設、すなわち、「自律的に機能する国家」としての立て直しである。国家建設とは、「脆弱国家」という「容器」に中身を詰め直し、形骸的だった主権国家を実質的な統治機能をもった政治主体として再生しようとする野心的な試みにほかならない。

だが、いったいどのような中身で「脆弱国家」という名の「壊れた（あるいは壊れかかった）容器」を満たせばよいのか。冷戦後、国際機関や西側先進国からなる脆弱国家への主要な支援提供者（国際ドナー）は、西洋由来の自由主義（民主主義、人権、法の支配、市場経済など）を「脆弱国家」という「容器」に注ぎ込もうと試みてきた。こうした外部主導の国家建設は、自由主義にもとづいた主権国家体制の確立・強化を目指すものだといえる。だが、問題は、「脆弱国家」が、まったくの空っぽというわけではなかったことである。実際には、それぞれの国にそれぞれ歴史や慣習、伝統などがあり、その上から自由主義を注ぎ込むことは容易ではない。むしろ西洋発祥の自由主義を国際機関や西側先進国主導で導入しようとすること自体が現地側の混乱や反発、そして非協力的姿勢などの問題を招いてきた面もある。

従来、主権国家システムの外側にあった（非西洋の）国が、そのなかに取り込まれようとするとき、西洋的な制度や思想との摩擦が生じることは、むしろ当然だといえる。これは、幕末・明治以降、急激に近代化・西洋化を進めた日本の経験からも明らかである。大久保泰甫は、日本近代法の整備に尽力したフランスの法学者ボワソナード（Gustave Émile Boissonade de Fontarabie）に関する著作のなかで、外来の法体系の継受は「出来上がった品物の輸入のようなものではなく、異なった文化と文化の出会いであり、その過程では、なかば必然的に（中略）異文化との接触による対立とか混乱とかコン

フリクトを生じる」と指摘している。[3]この洞察は、現代の国家建設にも当てはめることができよう。

ただし、大久保は「外部」からの制度移入により生じる軋轢をもっぱら文化的な衝突と捉えているが、今日の国家建設では、それだけではなく、国内の政治闘争や民族対立、また、外部から介入する主要国や国際機関などの思惑と力関係が錯綜する。だからこそ「自由主義的な国家建設」はきわめて複雑な様相を呈してきた。本書は、こうした国家建設における（国際ドナー主導の）自由主義化の潮流と現地社会との相克や入り組んだ利害関係に着目し、現状を打開する方策として「ハイブリッドな国家建設」の有用性と限界を探る。

第2節　「自由主義的な国家建設」から「ハイブリッドな国家建設」へ

ここでは、本書で「ハイブリッドな国家建設」に関する議論（以下、「ハイブリッド論」）を進める前提として、なぜ「自由主義的な国家建設」が「脆弱国家」再生の標準的な「処方箋」となったか、また、その批判的視座からいかに「ハイブリッド」論が生まれたかを確認しよう。

（1）「自由主義的な国家建設」論の台頭

自由主義の源流は、ロック（John Locke）やルソー（Jean-Jacques Rousseau）などが論じた「個人の自由を中心的な関心事とする伝統的な思想」[4]だが、本書でいう自由主義は、20世紀前半、アメリカで台頭した「ウィルソン主義（Wilsonianism）」の流れに沿ったものである。[5]「ウィルソン主義」とは、アメリカ大統領ウィルソン（Thomas Woodrow Wilson）が掲げた政治理念の通称であり、その根幹は、民主主義や資本主義経済の普及、そのための国際的な介入の推奨など、今日の自由主義的な国家建設にみられる思潮と一致する。本書で、自由主義という場合、基本的に「ウィルソン主義的な自由主義」を指す。自由主義思想は、米英主導で設立された国際機関（国際連盟や国連）などに、たとえば「国連憲章」のようなかたちで思想的支柱として組み込ま

れ、いわば「国際標準」として確立された。だが、米ソのイデオロギー闘争が激化した冷戦中、国際機関も表立って自由主義を擁護できず、また、アメリカをはじめとする西側諸国も、共産主義の封じ込めを最優先したため、自由主義の実現は後回しにされることが多かった。[6]

しかし、冷戦が終結すると、それまでの反動が生じ、西側諸国および国際機関は、「世界を征服した思想」として自由主義を前面に押し出すことになる[7]。この「新たな自由主義的転回（New Liberal Turn）」[8]は、自由主義の優越を誇示するだけではなく、非自由主義的な国や地域に自由主義を伝播しようとする強い介入圧力をもたらした。介入主義は（ウィルソン的）自由主義がもともともっていた特徴の一つだが、冷戦後、安全保障上の課題や経済活動のグローバル化のため、その介入傾向はいっそう強まった。たとえ自国からは遠く離れていたとしても、脆弱国家の不安定さが国際社会に広く影響を及ぼしかねないためである。そのため、グローバル化に深く取り込まれた西側先進諸国を中心に、不安定な国や地域に向けて自由主義の移植とセットになった介入主義的傾向が強まることになった[9]。この傾向は、「自由民主主義国同士は戦わない」と論じる「自由主義の平和（Liberal Peace）」論の台頭と相まっていっそう強化されることになる[10]。

この流れのなか、国家建設の分野でも自由主義的な国家の実現を目指す介入色の強いアプローチが主流化した。西洋がつくった自由民主主義的な基準に則り、非西洋国家を近代的で「統治に準拠した（governance-compatible）」型にはめ込むこととなったのである[11]。だが、第二次世界大戦後の脱植民地化によって主権国家の数は急増し、その内実は従来よりもはるかに多様で不均質なものとなった。自由主義的な国家建設論には、こうした現実を見過ごした、あるいは意図的にみようとしない危うさが本質的に潜む。その結果は、数々の「失敗した国家建設」[12]であり、押しつけがましい介入傾向は「戻ってきた植民地主義」[13]ではないかとの厳しい批判を招いてきたのである。

そのアンチテーゼとして、現地重視の傾向、いわゆるローカル・オーナーシップ（Local Ownership）への傾斜が生じてきた[14]。本書第3章で詳しく論じるとおり、国際的な介入傾向が強まったからこそ、現地重視をことさらに強

調せざるをえなくなったのである。だが、ローカル・オーナーシップを論じた学術書の一つが『現地（重視）は美しいのか（*Is Local Beautiful?*）』と問いかけていることからうかがえるように[15]、現地の伝統や歴史の重視は、自由主義重視に対する反動から無批判に「善」とされがちである。実際のところ、すべての面で現地の前例や慣習に従うことが国家建設の成功を約束するわけではない。その「現地」のやり方や制度になんらかの瑕疵があったからこそ内戦や混乱を招いたのであり、現地の既存の制度や方法論の過度な尊重は、改革を拒否する口実となる危険性もある。また、西側先進国が思い浮かべる自由主義的な国家像がそもそも虚構だとしても、脆弱国家も（不完全にではあっても）西洋的な価値をもとにする主権国家体制にすでに取り込まれてきたのであり、完全な純度を保った「現地」の存在を仮定することも、また虚構だといえよう。こうした問題意識から、自由主義と現地重視を混合させた「ハイブリッドな国家建設」が注目されるようになったのである。

（2）「ハイブリッドへの転回」

　「ハイブリッド（Hybrid）」という言葉には「交配種、雑種、混成物」などの意味があり、さまざまな分野で用いられる。本書の主題に直結した分野では、「ハイブリッドな平和」[16]、「ハイブリッドな平和構築」[17]、そして、「ハイブリッドな国家建設」[18]といった概念が提示されてきた。これらの概念が目指すものは、「脆弱国家」の再生にさいし、（とくに西洋由来の）自由主義的な価値と現地の価値や伝統との「混合的な政治秩序（Hybrid Form of Political Order）」[19]である。その背景には、冷戦終結直後、顕著であった自由主義への過信に対する反省と過度な現地重視に対する危惧のはざまで生じてきた「ハイブリッドへの転回（Hybrid Turn）」[20]があった。

　「ハイブリッド論」の代表的な論者であるマクギンティ（Roger Mac Ginty）によれば、「ハイブリッド性（Hybridity）」は「（さまざまな）アクターや行為の過程と状態の双方」[21]である。マクギンティは、また、「二つの別個のものを接合して第三のものをつくることではなく（中略）、アクターや規範、行為はすでにハイブリッド化しているものとみなす相互作用の複雑で流動的

なプロセス」なのだと論じる。つまり、「ハイブリッド」概念とは、異なった制度や思想を単純につぎはぎする「パッチワーク」ではなく、個々の要素をより合わせていく「混紡」に近い。また、それは「動的・可変的」なものであり、関連するさまざまなアクターや行為は相互に絶え間なく影響しあって変化し続けるものと想定される。この観点からすれば、煮込めば煮込むほどさまざまな具材が渾然一体となっていくカレーにたとえたほうが正確な比喩かもしれない。

　西洋由来の自由主義思想を非西洋の脆弱国家にそのまま移植できるはずもなく、かといって現地の慣習を重視しすぎれば、その脆弱性の根源を温存ないし放置することになる。こうしたジレンマがある以上、「ハイブリッド化（Hybridization）」は、おそらく（最善かどうかは別にして）唯一の現実的な国家建設のアプローチである可能性が高い。先に言及したボワソナードにしても、フランスの法体系と日本固有の制度や思想とを融合する必要性にいち早く気づき、日本の慣習法や国情などに配慮した近代法制度の整備を主張した。

　だが、「ハイブリッド」の意味するものは曖昧で多義的である。日本の得意技ともいえる「和洋折衷」や「和魂洋才」もハイブリッド化の一例だが、意図的に異質な文化的背景をもつ要素を混ぜ合わせようとする場合もあれば、やむをえぬ妥協や偶然の産物ということもある。その効果にしても、望ましくない結末をもたらすことも少なくないが、それと同時に従来にはなかった思いもよらない考え方や創造的なアプローチを生み出す可能性も秘めている。さまざまな要素が複雑に混じりあう「ハイブリッド化」の効果は、単純な「善」と「悪」、あるいは「成功」と「失敗」といった二分法で割り切れない。多様なプロセスや結果がそれぞれ異なった濃淡をもって混じりあうグラデーションやスペクトラムと解したほうが適切であろう。そこで、本書では"Hybrid"を日本語に訳さず「ハイブリッド」とした。あえて「折衷」など既存の訳語をあてはめないことで、「ハイブリッド」をめぐる多様で複雑な諸相を柔軟に考察することを試みる。

　さらにいえば、「ハイブリッド」を構成するものは、必ずしも「西洋」と「現地」の混合だけとはかぎらない。現地のなかで近代的な要素をもつもの

と伝統的なものが複雑に融合する例が多くある。たとえば本書のシエラレオネの事例でみる「チーフダム警察」、また、アフガニスタンの事例が検討する「アフガニスタン地元警察」がその典型である。そこで、本書は「西洋」と「現地」というマクロの視点からみた「ハイブリッド」、——「鳥の目ハイブリッド」——だけではなく、ミクロの視点から現地のなかでの「ハイブリッド」——「虫の目ハイブリッド」——にも注意を払う。こうしたミクロ視点の分析は、従来の「ハイブリッド論」にはみられなかったものであり、本書の特長の一つだといえよう。

第3節 「自由主義論」批判から「ハイブリッド論」へ

　第2節でみた「ハイブリッド論」台頭の背景を念頭に置きつつ、ここでは、本書第Ⅰ部（理論部）で展開される議論の概要を整理してみよう。

（1）「自由主義論」批判と「ポスト自由主義論」の台頭
　冷戦後に発展した国家建設の論争は、自由主義を国家建設の主軸に据えようとする1990年代に生まれた考え方（自由主義論）と、現地重視の国家建設を主張する2000年代以降に台頭した考え方（ポスト自由主義論）に大別できる。本書第1章で詳しくみるパリス（Roland Paris）の一連の議論を端緒に[24]、「自由主義論」に対する批判が集まった。ただし、「自由主義論」には一貫した定義があるわけではない。本書では、ヴェーバー（Max Weber）が説いた中央集権的な近代西洋主権国家モデルにもとづき民主主義と市場経済を推進するものを「自由主義論」と定義する。

　この「自由主義論」に対する批判の矛先は、現地社会の実情を十分に省みることなく、西洋由来の近代国家モデルをもとにした国家建設を国際ドナー主導で性急に推し進めてきた点に向けられた[25]。これに対する代替案として、パリスは、2004年の金字塔的書籍『戦争のあとで（*At War's End*）』において、民主政治や市場経済などの自由主義的な仕組みを機能させるには、まずは諸制度の整備が必要だと主張した[26]。この批判を受け、自由主義的価値観を

機能させるための統治制度構築（制度化）が重視されるようになった。本書の事例部が焦点を当てるSSRも、このような流れのなかで脚光を集め、国家建設の主要な取り組みの一つに加えられていく。

（２）現地重視への転回

　その後、本書第１章で検討するパリスらの批判をさらに発展させ、本書第２章で詳しく紹介するリッチモンド（Oliver P. Richmond）が「ポスト自由主義論」を牽引していく[27]。その流れのなかでは、まず「自由主義論」への反省・反発・反動として、現地社会の歴史や伝統、価値観を重視するアプローチに振り子が大きく振れた。この動きを「現地重視への転回（Local Turn）」と呼ぶ[28]。たとえば、国際ドナーが認識する現地社会のニーズは、現地社会の人々のニーズを必ずしも正確に反映しているわけではない点が指摘され、草の根の人々の「日常の平和（everyday peace）」[29]を重視したボトムアップ・アプローチが唱導された。

　究極的な「現地重視への転回」では、国際ドナーの介入は想定されない。だが、そもそも紛争を経験した社会が自力では国家建設を担っていけない現実があり、だからこそ国際ドナーが介入を試みたという前提がある。そこで、本書の第３章で詳しくみるように、国際ドナー主導の国家建設という大枠のなかで現地社会の主体性を重視する「ローカル・オーナーシップ論」が注目されるようになった。

　しかし、ローカル・オーナーシップは国家建設の成功の鍵ではあっても、概念的にも実務的にも問題がないわけではない。実際、「現地重視への転回」やローカル・オーナーシップ論への批判が寄せられている。とくに、「現地」とはいったいだれのことを指し、現地社会の多様な利害関係者のなかからだれの利益実現を目指せばローカル・オーナーシップが実現されることになるのか、といった疑問に対する明確な答えがない[30]。現地社会には、既存の政府、反政府武装集団、長老や族長などの伝統的なエリート集団、宗教団体、市民社会組織、青年組織、女性団体、ビジネス団体などさまざまなアクターが存在し、一枚岩ではないからである。さらには、現地社会の政治・軍事エリー

ト層との二人三脚による盲目的な「現地重視への転回」は、現地社会の既存の抑圧的な支配体制を温存させ、少数派を抑圧から解放する機会を握りつぶしてしまうというような批判もある。

（3）「ハイブリッド論」

　「現地重視への転回」で壁にぶち当たった国家建設の軸足は、次に中庸のアプローチを見出した。これが本書の第4章が展開する「ハイブリッド論」である。自由主義的な制度を現地社会のエリートや人々に「選択（buy-in）」してもらうという外部主導のアプローチから、現地社会を過度に美化（romanticized）した現地純粋主義に大きく振れたあとは、自由主義と現地社会の価値観を融合し、それぞれを現況にあわせて適切に組み合わせる折衷案に議論は収斂した。マクギンティが指摘するように、実際の過程と結果をみてもハイブリッド化は自然な流れであり、すべての異文化交流は相互に影響しあう関係にある[32]。

　そこで本書では、どうしたら「自由主義」と「現地社会重視」のハイブリッドという現実が国家建設の成功と結びつくのかを解明していく。なぜならば、「ハイブリッド論」に対する主要な批判は、現実を描写するには効果的な分析枠組みではあるが、その枠組みをつうじて国家建設の処方箋を書くことはできないというものだからだ。そこで、本書は、「ハイブリッド論」を実用化（operationalize）することを目指す。これが本書の重要な学術的かつ実務的価値の一つである。

第4節　ハイブリッドなSSR？

（1）なぜSSRに注目するのか

　本書は、以上で述べてきたような観点から、「ハイブリッド論」の妥当性・有用性を吟味する。だが、国家建設は多岐にわたる包括的な活動であり、そのすべての側面を一冊の書物のなかで論じることはできない。したがって、本書は、各事例に共通するトピックとして、以下に記す理由からSSRに焦

点を当てることにした。[33]

　国家のさまざまな機能のなかでも、治安の維持はもっとも基本的なものであり、ヴェーバーの名高い金言に従えば、治安維持権限の掌握こそが国家権力の源泉である。[34] したがって、SSRの成否が、そのまま国家建設の命運を左右する。一方、治安の維持・回復はむき出しの暴力による脅しを必要とするため、権力の濫用や人権の侵害などを招きやすく、SSRは国家建設に資する諸活動のなかでも、とくに「非自由主義的」になりやすい分野でもある。このように、SSRは国家建設の要である一方、自由主義にもとづいて実行することがとりわけ難しいという矛盾を根本的に抱える。であるからこそ、SSRに注目することで、興味深い知見が得られるものと期待できる。[35]

　ヴェーバー的な国家権力の一元的な集中は、西側先進諸国が思い描く理想的な自由民主主義的国家モデルの基盤である。だが、本書の各事例に典型的にみられるように、現実の紛争後国では、まさに国家権力の中枢たる治安部門においてハイブリッド的現象がしばしば見受けられ、ヴェーバー的な国家モデルの有用性に大きな疑問を投げかけている。[36] これは、西側先進諸国や国際社会の主流が想定してきた国家モデルの妥当性についてのきわめて重要な問いかけだといえよう。こうしたハイブリッドなSSRを国家の標準型からの「逸脱」とみるか、それとも環境や状況に応じた「適応」ないし「進化」とみるべきか。国家建設論、さらにいえば主権国家体制の今後を占う根幹的な命題である。これらの理由により、本書はSSRを手がかりとして、ハイブリッドな国家建設の可能性と限界を考察してみたい。

（2）自由主義的なSSRの雛形

　狭義のSSRは軍隊や警察に対する（とくに国外からの）改革支援を指し、類似の活動は古くから実施されてきた。だが、SSRという新しい看板が広く知られるようになったのは2000年代以降のことである。冷戦終結後、SSRに相当する活動は、旧共産主義諸国やアパルトヘイト後の南アフリカの体制移行支援、また、国連PKOの一環として実施されていた国家建設の一環として活発に取り組まれてきた。ただし、SSRという用語は1999年にイギリ

ス政府がはじめて用いたとされる。

　イギリスの取り組みの特徴は、従来、技術的支援と考えられてきた治安組織の改革に、法の支配や人権の尊重など自由主義的な価値観を持ち込んだ点にあり、また、警察や軍隊だけではなく、より広範に司法制度などの改革も含んだ「治安部門」全体の改革という新機軸を打ち出した点で画期的であった。[37] この自由主義的な SSR の潮流は、2000 年代半ば、経済開発協力機構・開発援助委員会（Organization for Economic Co-operation and Development, Development Assistance Committee : OECD DAC）が主要開発課題の一つとして取り上げたことで急速に「主流化」することになる。

　OECD DAC が示した SSR モデルは、次の 2 点で特筆すべきものであった。[38] 第一に、警察や軍隊、司法制度、懲役制度だけでなく、改革支援の対象をさらに広く捉え、これらを監視する省庁や議会、市民社会やメディアまでを射程に収めた包括的な SSR のあり方を示した。文民の治安組織・制度の重視は、いうまでもなく、人権擁護、法の支配といった自由主義的な理念を SSR に徹底させるためのものである。第二に、2000 年代後半には、OECD DAC 的な SSR 像が国連や EU でも公式に採用され、その包括的で自由主義色の強い SSR 像が「世界標準」として確立された。このようにして、OECD DAC が掲げた自由主義的かつ包括的なモデルが、SSR の理念的雛形と目されるようになっていく。

（3）ハイブリッドな SSR へ？

　以上のように、OECD DAC が掲げる自由主義的な SSR は、概念としては国際的に広く受け入れられるようになった。しかし、現実の脆弱国家支援をみると、そこで実施されてきた SSR の実態は、OECD DAC の理念型とは大きく隔たっている場合が多い。たとえば、本書でみるイラクの事例では、自由主義的な国家建設が標榜されたが、劣悪な治安環境下、現地の民兵などに治安維持業務をかなりの程度まかせざるをえなくなり、結果的に自由主義的な SSR の実施は困難となった。同じく本書で検討するボスニアやジョージアでは、共産主義時代の影響がいまなお残り、自由主義的な SSR の実施を

阻害した。

　このギャップの背後には複数の要因が絡む。その一因として、現地の実情や文化、伝統が自由主義的な OECD DAC モデルとはかけ離れていたことが考えられる。この問題は、SSR という用語が定着してまもなく認識されるようになり、その結果として SSR とローカル・オーナーシップの連関が論じられるようになった。最近では、現地重視の視点を打ち出した「第二世代の SSR」なるものも提唱されている。これは、従来の SSR に現地の視点が欠けていたことを示すものにほかならない。たとえば、本書が検討する東ティモールやボスニアの事例でもみられるように、いかに国際ドナーが自由主義的な制度を導入しようとしても、現地側が伝統や既存の制度を選好すれば、外来の価値や制度の定着は容易ではない。

　一方、自由主義的な SSR の阻害要因は、じつは国際ドナー側にもある。OECD DAC 型の SSR の実施には時間も費用もかかり、また、有能な人材も必要となる。費用対効果の面から、国際ドナー側で必ずしもこうした負担を背負いきれない場合も少なくないためである。また、国際的な関与に対しては、程度の差こそあれ早期の「出口戦略」達成への圧力がかかり、その条件として治安の迅速な回復が強く求められるなか、漸進的で時間のかかる OECD DAC 型の SSR は政治的に許容されないことも多い。つまり、国際ドナー側では、公式には自由主義的な SSR を標榜してはいても、実際には、これを忍耐強く支援し続けるだけの財政的・人的資源、また、政治的覚悟は必ずしもともなっていないということである。その結果、SSR にかかるさまざまなコストを軽減するため、現地の既存の治安組織を使うことは珍しくはない。本書のアフガニスタンやイラクの事例でみるように現地の治安情勢がきわめて厳しい場合、公式的な「自由主義的な SSR」の看板とは相入れないものであっても、国際ドナー主導で現地の制度や組織を利用する傾向はさらに顕著になる。うがった見方をすれば、現地重視の強調は、実際問題として現地の制度や勢力に頼らざるをえない国際ドナー側の事情を覆う隠れ蓑だといえるのかもしれない。

　このようにさまざまな理由や利害、思惑が錯綜するなかで、本書の事例で

みるような「ハイブリッドなSSR」が模索されてきたのは自然な流れだったといえよう。だが、むき出しの暴力装置とその管理・統制に関わるSSRは、先にもみたとおり、国家建設のまさに要であり、であるからこそ政治闘争や治安掌握への強い欲求に翻弄されやすい。しゃにむに秩序回復を急ごうとすれば、軍や警察が暴力を過度に使うことになりかねず、人権や法の支配といった自由主義的な価値が軽視されてしまう。他方、現地の政治アクターが国際ドナーの支援を獲得する狙いから自由主義的な改革を掲げることも珍しくない。その場合、「自由主義」重視は政治闘争のツールとなり、現地の多勢の声との乖離を招くことにもなる。このように治安部門の立て直しが本質的にもつ政治性の高さにより、SSRは国家建設のなかでも、とりわけ難易度の高い活動だといえよう。だが、その困難さゆえに、「ハイブリッドなSSR」は、「ハイブリッドな国家建設」が直面する問題と可能性をもっとも鮮明に映し出すはずである。

第5節　本書の構成

　本書は、理論部と事例部の2部から構成される。第Ⅰ部（理論部）では、4つの章が「ハイブリッドな国家建設」に関わる理論の変遷を検討する。第1章（内田州）は、「ハイブリッド論」の出発点となるパリスの「自由主義論」批判を考察する。同章は、冷戦後、ほとんど所与のものとされていた自由主義中心の国家建設のあり方を批判したパリスの先駆的業績を詳細に検討し、その意義とともに議論の限界も鋭くあぶり出す。つづく第2章（田辺寿一郎）では、リッチモンドが提示する「ポスト自由主義論」を吟味する。リッチモンドの議論は、「自由主義論」批判からさらに一歩踏み込み、現地の伝統、文化、そしてそこで暮らす人々のニーズを重視した国家建設のあり方を示した[41]。本書が主題とする「ハイブリッド論」の直接的な土台となるきわめて重要な議論である。第1章と第2章はいわば対となっており、この分野を代表する2人の論者の議論を比較考察することで、「自由主義論」に潜む問題と新たなアプローチの可能性を考える手がかりとなろう。

第3章と第4章では、日本の国家建設研究を牽引する研究者たちが「自由主義論」に対する代替的な議論についての考察をさらに深める。第3章（篠田英朗）は、第2章で検討するリッチモンドの「ポスト自由主義論」を理解するうえで欠かせないローカル・オーナーシップの原則について論じる。過度な現地重視傾向は、現地の既得権益層が（外部主導の）改革を拒む口実ともなり、脆弱国家が抱える構造的な問題の温存につながりかねない。こうした問題意識を背景に「外部からの自由主義的価値」と「現地の伝統や意向」の混合を重視する「ハイブリッド論」が台頭したのであった。だが、先にも指摘したとおり、実際にどのように混成すればよいのかという問題がつねに立ちはだかる。現実には、その場その場での「妥協」の積み重ねでしかなかったという場合のほうがはるかに多かろう。

　では、望ましい「ハイブリッド」のあり方、また、方法論とはどのようなものか。これらの問題については、第4章（上杉勇司）が詳しく論じる。同章は、「国家建設」（国際秩序の安定重視）と「平和構築」（現地社会の再生重視）の相違を明らかにしたうえで、この二つをつなぐ「ハイブリッド」の鍵として、中間指導者層に注目する重要性を強調する。中間指導者層の重視は、レデラック（John Paul Lederach）などによって、すでに提示されてきたものだ。同章の議論は、これをさらに発展させ、中間層の指導者たちが対話を重ね、利害調整を図る場（プラットフォーム）を提供することの重要性を主張する。ここで提示される「プラットフォーム・アプローチ」は、「ハイブリッド化」を円滑に進めるうえで重要な鍵の一つとなろう。だが、現実の国家建設は必ずしもそのようには進められてこなかった。では、実際の事例では、どのような理由により、また、どのようなプロセスを経て「ハイブリッド化」が生じ、それがSSR、さらには国家建設にいかなる影響を及ぼしてきたのか。

　この問いに対する答えを明らかにするため、第II部では、東ティモール、シエラレオネ、ボスニア、ジョージア、アフガニスタン、イラクの事例を扱い、これらの国々におけるSSRの実態をつうじて、「ハイブリッド化」の実践に関わる諸問題を考察する。これらの六つの事例は、二つずつのグループ

に分けて配列されている。最初の二つ（東ティモール、シエラレオネ）では、自由主義的な改革を推し進める外部からの介入の度合いが比較的大きく、次の二つ（ボスニア、ジョージア）は、ともに旧共産圏という過去に縛られた事例である。最後の二つ（アフガニスタン、イラク）では、外部（とくにアメリカ）からの軍事的介入の度合いが強く、かつ治安が劣悪な環境における「ハイブリッド化」を考察する。

まず、第5章（クロス京子）は、東ティモールの事例を取り上げる。国連主導の大がかりな介入が、現地側に地元主導のSSRを求める動機をつくる「触媒」の役割を果たすという逆説的な現象を描き出す。また、国連PKOの撤退後、「リベラル・ローカル・非リベラル」が混在する複雑なハイブリッドの状況が形成されてきたことも示される。次に、第6章（古澤嘉朗）で取り上げるシエラレオネでは、イギリスの強い主導でSSRが進められた。にもかかわらず、現地の慣習的な治安維持組織である「チーフダム警察」が正式の警察組織である「シエラレオネ警察」と並存するというハイブリッドの状況が生じたことが指摘される。

第7章（中内政貴）が検討するボスニアの場合、NATOやEUへの加盟が現地側の改革への動機づけになるのではないかとの期待がもたれるだろう。だが、実際には、旧共産主義時代に起源をもつ民族ごとに分断した警察の制度が、1995年のデイトン合意によって固定化され、いまなお警察の統合が難しい現状が示される。第8章（小山淑子）は旧ソ連のジョージアを取り上げ、旧共産主義時代の名残りがよりいっそう強い同国でのSSR実施の困難さを鋭く暴き出す。同国の国家建設は、西側先進諸国とロシアの影響力のせめぎ合いという国際政治の大きなダイナミズムに翻弄されてきた。なお、他の事例は、比較的最近の事象まで扱っているが、ジョージアについては、「ハイブリッドなSSR」の問題がとくに大きく表出した1991～2008年の状況を分析対象とする。

第9章（青木健太）は、部族社会の力が伝統的に根強く、また、ながらく国家が正常に機能してこなかったアフガニスタンの事例を取り上げる。本章では、国際ドナー（とくにアメリカ）による現地の実情にそぐわない自由主

義的な国家建設の試みを鋭く批判するとともにハイブリッドな国家建設が目指されるべきだと論じ、その主張をアフガニスタンの事例によって実証しようと試みる。第10章（長谷川晋）はイラクの事例を検討し、アメリカの自由主義的な理念と劣悪な治安という厳しい現実のあいだで、自由主義的なSSRの本来の理念とは真逆に非公式、準公式の治安組織に頼らざるをえないイラクのハイブリッドなSSRの実情が明らかにされる。

終章（上杉勇司）は、本書の議論を振り返り、「ハイブリッド論」の分析枠組みとしての有用性を検討し、「現地重視＝非自由主義」ではないなどの重要な指摘がなされる。これは従来の国家建設論では見逃されてきた点であり、ハイブリッドの視点を取り入れることで、新たな国家建設論への道が拓かれる可能性が示されることになろう。その議論は、さらに現実の国家建設におけるアプローチとしての実用化に向けた考察へと踏み込む。そこでは、現地社会の中間層からなる「ハイブリッド組織」が国家建設の成否を握る鍵となりうるという今後の展望を示す。

注
1) Jackson, R., 1993.
2) 脆弱国家については、次を参照。Brock et al., 2012.
3) 大久保、1977、47頁。
4) Losurdo, 2014, p. 1.
5) ウィルソン主義について詳しくは次を参照。Smith, 2017.
6) Sayward, 2017.
7) Mandelbaum, 2002.
8) MacMillan, 1998, p. 108.
9) 藤重、2018、第2章。
10) 「自由主義の平和」論についての文献は多い。たとえば、次を参照。Doyle, 2011. なお、「自由主義の平和」と類似の表現として、「民主的平和（Democratic Peace）」という用語もある。両者の趣旨はほぼ同じであるが、「民主的平和」という場合、当該国の政治体制が形式的に民主主義であるか否かに焦点が当てられるきらいがあるため、その統治の具体的なあり方が自由主義の価値にもとづいているかどうかをより重視する論者のあいだでは、「自由主義の平和」という用語が用いられる場合が多い。本書では、基本的に「自由主義の平和」という用語を用いるが、引用文献で「民主的平和」に言及がある場合には、それにならう。
11) de Guevara, 2012, p. 3.

12) Richmond, 2014.
13) Wilde, 2007.
14) 国家建設や平和構築におけるローカル・オーナーシップについては、次を参照。Lee and Özerdem, 2015.
15) Hullmüller and Santschi, 2014.
16) Wilén, 2012.
17) Scambary and Wassel, 2018.
18) Mac Ginty, 2013.
19) Boege et al., 2009.
20) Mac Ginty and Richmond, 2016,
21) Mac Ginty, 2013.
22) 同上。
23) 平和構築と国家建設の関係については、以下を参照。Beswick, 2011. 近年、「ハイブリッド論」に対する関心が高まる一方、「自由主義‐国際」、「非自由主義‐現地」という二分法から逃れることは難しいとの指摘もある。Hameiri and Jones, 2018.
24) Paris, 2001.
25) チャンドラー（David Chandler）は、そもそも非西洋社会にとって異質の近代西洋国家モデルを導入すること自体が問題であると批判した。Chandler, 2017.
26) Paris, 2004.
27) Richmond, 2010.
28) Mac Ginty and Richmond, 2013.
29) Randazzo, 2016；Richmond, 2009.
30) Lee and Özerdem, 2015.
31) Hullmüller and Santschi, 2014.
32) Mac Ginty, 2010.
33) SSRについて詳しくは、次を参照。上杉・藤重・吉崎、2012。
34) ヴェーバー、1980。
35) Jackson, P., 2011.
36) Lemay-Hérbert, 2013.
37) DFID, Foreign and Commonwealth Office and Ministry of Defence（UK）, 2003.
38) OECD, 2005, 2007.
39) Gordon, 2014.
40) Sedra, 2018.
41) 「国家建設」と「平和構築」という用語は、本書第4章の議論では違いを明確にしているが、多くの文献では同様の意味に使われており、両者は互いに置き換え可能な場合も多い。本書は、治安部門という国家機構の立て直しに焦点を当てるため、基本的に「国家建設」を議論の中心に据える。ただ、本書の議論に深く関連した先行研究の多くは（国家建設）ではなく「平和構築」について論じているため、こうした既存文献について触れる都合上、第4章を除く本書の各章では、国家建設とほぼ同様の趣旨で「平和構築」という言葉が用いられている箇所もある。

引用参考文献
【日本語文献】
上杉勇司・藤重博美・吉崎知典編、2012、『平和構築における治安部門改革』国際書院。
ヴェーバー、M./脇圭平訳、1980、『職業としての政治』岩波文庫。
大久保泰甫、1977、『ボワソナアド——日本近代法の父』岩波書店。
藤重博美、2018、『冷戦後における自衛隊の役割とその変容——規範の相克と止揚、そして「積極主義」への転回』内外出版社。

【外国語文献】
Beswick, D., 2011, "Aiding State Building and Sacrificing Peace Building? The Rwanda-UK Relationship 1994-2011," *Third World Quarterly*, Vol. 32, No. 10, pp. 1911-1930.
Boege, V., M., A. Brown & K. P. Clements, 2009, "Hybrid Political Orders, Not Fragile States," *Peace Review*, Vol. 21, No. 1, pp. 13-21.
Brock, L., H. Holm, G. Sorenson and M. Stohl 2012, *Fragile States: Violence and the Failure of Intervention*, Polity.
Chandler, D., 2017, *Peacebuilding: The Twenty Year's Crisis, 1997-2017*, Palgrave Macmillan.
DFID, Foreign and Commonwealth Office and Ministry of Defence (UK), 2003, *Security Sector Reform: Policy Brief*, Department for International Development, DIFD.
Doyle, M. W., 2011, *Liberal Peace: Selected Essays*, Routledge.
Gordon, E., 2014, "Security Sector Reform, Statebuilding and Local Ownership: Securing the State or its People?" *Journal of Intervention and Statebuilding*, Vol. 8, No. 2-3, pp. 126-148.
de Guevara, B. B., 2012, "Introduction: Statebuilding and State-Formation," in B. B. de Guevara, ed., *Statebuilding and State-formation: The Political Sociology of Intervention*, Routledge, pp. 1-19.
Hameiri, S. and L. Jones, 2018, "Against Hybridity in the Study of Peacebuilding and Statebuilding," in J. Wallis et al., *Hybridity on the Ground in Peacebuilding and Development: Critical Conversations*, Australian National University, pp. 99-112.
Hullmüller, S. and M. Santschi, eds., 2014, *Is Local Beautiful? Peacebuilding between International Interventions and Locally led Initiatives*, Springer.
Jackson, P., 2011, "Security Sector Reform and State Building," *Third World Quarterly*, Vol. 32, Vol. 10, pp. 1803-1822.
Jackson, R. H., 1993, *Quasi-states: Sovereignty, International Relations and the Third World*, Cambridge University Press.
Lee, S. Y. and A. Özerdem, eds., 2015, *Local Ownership in International Peacebuilding: Key Theoretical and Practical Issue*, Routledge.
Lemay-Hérbert, N., 2013, "Rethinking Weberian Approaches to Statebuilding," in D. Chandler and T. D. Sisk, eds., *The Routledge Handbook of International Statebuild-*

ing, Routledge, pp. 1-14.

Losurdo, D., 2014, *Liberalism : A Counter-History*, Verso.

Mac Ginty, R., 2010, "Hybrid Peace : The Interaction Between Top-Down and Bottom-Up Peace," *Security Dialogue*, Vol. 41, No. 4, pp. 391-412.

Mac Ginty, R., 2013, "Hybrid Statebuilding," in E. Robert and P. Haldén, eds., *New Agendas in Statebuilding : Hybridity, Contingency and History* [Kindle ed.], Routledge.

Mac Ginty, R. and O. P. Richmond, 2013, "The Local Turn in Peace Building : A Critical Agenda for Peace," *Third World Quarterly*, Vol. 34, No. 5, pp. 763-783.

Mac Ginty, R., and O. P. Richmond, 2016, "The Fallacy of Constructing Hybrid Political Orders : A Reappraisal of the Hybrid Turn in Peacebuilding," *International Peacekeeping*, Vol. 23, No. 2, pp. 219-239.

MacMillan, J., 1998, *On Liberal Peace : Democracy, War and the International Order*, Tauris Academic Studies.

Mandelbaum, M., 2002, *The Ideas that Conquered the World : Peace, Democracy, and Free Markets in the Twenty-First Century*, Public Affairs.

OECD, 2005, *The OECD DAC, Guidelines and Reference Series : Security System Reform and Governance*, OECD.

OECD, 2007, *The OECD DAC Handbook on Security System Reform（SSR）: Supporting Security and Justice*, OECD.

Paris, R., 2001, "Wilson's Ghost : The Faulty Assumptions of Post-conflict Peacebuliding," in C. A. Crocker et al., eds., *Turbulent Peace : The Challenges of Managing International Conflict*, USIP Press, pp. 765-784.

Paris, R. 2004, *At War's End*, Cambridge University Press.

Randazzo, E., 2016, "The Paradoxes of the 'Everyday' : Scrutinising the Local Turn in Peace Building," *Third World Quarterly*, Vol. 37, No. 8, pp. 1351-1370.

Richmond, O. P., 2009, "A Post-Liberal Peace : Eirenism and the Everyday," *Review of International Studies*, Vol. 35, Issue 3, pp. 557-580.

Richmond, O. P., 2010, "The Rule of Law in Liberal Peacebuilding," in C. Lekha Sriram et al., eds., *Peacebuilding and Rule of Law in Africa*, New York : Routledge, pp. 44-59.

Richmond, O. P., 2014, *Failed Statebuilding : Intervention and the Dynamics of Peace Formation*, Yale University Press.

Sayward, A. L., 2017, *The United Nations in International History*, Bloomsbury Academic.

Scambary, J. and T. Wassel, 2018, "Hybrid Peacebuilding in Hybrid Communities : A Case Study of East Timor," in J. Wallis et al., eds., *Hybridity on the Ground in Peacebuilding and Development : Critical Conversations*, Australian National University, pp. 181-199.

Sedra, M., 2018, "Adapting Security Sector Reform to Ground-Level Realities : The

Transition to a Second-Generation Model," *Journal of Intervention and Statebuilding*, Vol. 12, No. 1, pp. 48-63.

Smith, T., 2017, *Why Wilson Matters : The Origin of American Liberal Internationalism and Its Crisis Today*, Princeton University Press.

Wilde, R., 2007, "Colonialism Redux? Territorial Administration by International Organization, Colonial Echoes and the Legitimacy of the 'International'," in H. Aidan and N. Robinson, eds., *State-building : Theory and Practice*, Routledge, pp. 29-40.

Wilén, N., 2012, "A Hybrid Peace through Locally Owned and Externally Financed SSR-DDR in Rwanda?," *Third World Quarterly*, Vol. 33, No. 7, pp. 1323-1336.

第Ⅰ部

理論

第 1 章
自由主義的な国家建設論とその限界
ローランド・パリスの論考を中心に

内田 州

第 1 節　本章の目的

　本章では、本書の中心的課題である「ハイブリッドな国家建設」に関する議論の出発点として、「自由主義的な国家建設」論の概観、また主要な批判について、この分野の泰斗であるパリス（Roland Paris）の議論を中心に検討することとしたい。

　パリスは、アメリカのイェール大学で政治学の博士号を取得したオタワ大学の教授であり、2001 年の論文「人間の安全保障――パラダイム・シフトか、でたらめか（Human Security: Paradigm Shift or Hot Air？）」で、「人間の安全保障という概念は、その定義が定まるまで政策立案者にとってだけでなく学者にとっても有意な概念とはいえない」と論じるなど、日本でもよく知られる平和構築研究の第一人者である。[1]

　パリスは、同じく 2001 年に発表した論文「ウィルソンの亡霊――戦後平和構築における不完全な仮定（Wilson's Ghost: the Faulty Assumptions of Post-conflict Peacebuliding）」（以下、「パリス論文」）において、興味深い分析を示している。本論文でパリスは、「第 28 代アメリカ合衆国大統領ウィルソンの信条――民主主義国家のほうが非民主的国家よりも、国内問題のみならず、他国との関係においても平和的である」が戦後平和構築において有用な概念

かについて検討を加えている。本理論は、国際関係論においては、カント（Immanuel Kant）ら啓蒙思想哲学者を祖とし、20世紀に入ってから発展した「自由主義の平和」論としても知られており、代表的な研究者としてドイル（Michael W. Doyle）などが挙げられる。

本章は、パリス論文を詳しく吟味することで、平和構築における自由主義化論の理解を深めることを目的としている。したがって、第2節でパリス論文概要を記述し、第3節でその批評を行うこととしたい。

第2節　パリス論文の概要

（1）「拙速な自由主義化の危険」と「より良い平和構築のための処方箋——一時的な管理」

パリス論文は、まずその第1節で、「第一次世界大戦後、欧州での恒久的平和を達成する唯一の方法は、権威主義体制下に置かれている市民を開放することであるとウィルソンは主張」したとし、その文脈において、「第一次世界大戦直後と東西冷戦後には興味深い近似性がある」ことを指摘している。それは、どちらの時代においても、「国際社会は、直面する安全保障上の脅威に対し、ウィルソン主義的な治療法を用いた点」であるとしている。この戦略は、国家を「自由主義化（liberalizing）」することが、国内の平和を促進するという仮定に基づいており、本論文では、「政治分野における自由主義化は、民主化を意味し、戦争で荒廃した国々を、周期的で真の選挙を実施し、政府の力の行使を憲法により抑制し、表現、集会などの自由を含む市民の基本的な自由を尊重する政治体制に変革すること」と定義づけている。また、「経済分野における自由主義化は、自由主義市場経済への移行（marketization）を意味し、戦争で荒廃した国々を市場志向の経済に移行すること」と定義している。

国際社会は、1989年からパリスが本論文を執筆した2001年までのあいだに、12の国連PKOを戦争で荒廃した国々へ派遣した。[2]「これらの国々に派遣された全ミッションが、自由かつ公正な選挙、民主的な政治組織の設立、

第 1 章　自由主義的な国家建設論とその限界

市場志向の経済改革を促進した。それは、これらの改革が、内戦経験直後の国々において平和を定着させる助けになりうるとの仮定に基づき促進された」のである。しかし、パリスは、「現代の平和構築において、ウィルソン主義は誤りであったことが明らかになった」と喝破する。「それは国際社会による戦争で荒廃した国々を自由市場経済化および民主化しようとする努力は、これらのミッションを受け入れた国々において、予期せぬ不安定化要因となりうる副作用を引き起こした」からである。

　その最たる例が「アンゴラとルワンダであり、自由主義化の過程が、軍事衝突の再燃に寄与した」とする。一方、その他の例では、「自由主義化の有害な作用はそれほど深刻ではなかったものの、それでもそれらを見て取ることができる。換言すれば、ウィルソン主義的アプローチは、内戦直後の迅速な自由主義化が、上述の改革を実行する国家を沈静化する効果をもちうるという、誤った仮定をしている」と主張する。そして、「かりにウィルソン主義が平和構築にとって誤った素地であるならば、これらの平和構築活動ミッションを派遣している国家と国際機関がとるべき選択肢は二つある」とし、それは、「戦後平和構築活動を止めるか、修正するかのどちらか」であると述べている。

　そのうえでパリスは、「平和構築メカニズムを放棄するのではなく、その修正の重要性を支持」している。その理由として、「内戦とは、世界においてもっとも広範にみられる武力紛争の形態であり、市民に対し甚大な被害をもたらし、隣国に飛び火することから、いくつかの形態の平和構築活動の必要性はいまだ残っている」からであり、国際介入は実践的ではないかもしれないものの、当該国が停戦に同意したならば、平和条約の執行に関し、外部アクターが戦争で荒廃した国々を支えることが可能であるし、支えるべきであると主張している。また、「そのような紛争が再燃することを予防する効果的な方策を考案することが、冷戦後の世界にはびこる市民間の暴力という大きな問題に対処するための、控えめで実行可能な最初のステップ」であるとも論じている。

　さらにパリスは、「迅速な自由主義化は、内戦直後に平和を促進するうえ

第Ⅰ部　理論

で誤った方法であり、平和構築に従事する者は、民主化と自由主義市場経済への移行過程で当然生じる社会的緊張を管理できるだけの、政治的、経済的組織を構成するまで自由主義化は遅らせるべきである」と主張している。つまり、「戦争で荒廃した国々において、これらの組織構成の段階では、国際社会は、政治的・経済的自由を「抑制」すべき」であり、「有効な国内組織のない状態での失敗は、紛争を再発させる危険をともなうため、戦争直後に必要なのは、選挙でも民主的成熟でもなく、政治的安定と（紛争が生じた）領域内における効果的な国際行政組織の確立である」と述べている。したがって、平和構築を成功裏に実施するためには、「長期的に、より平和で民主的な社会を実現するため、短期的には国際社会が市民の自由と政治活動を限定し、「非自由主義的（illiberally）」に振る舞うことを躊躇しないことが必要であり、ウィルソン主義とは異なる戦略として、「自由主義化の前の統治制度構築（Institutionalization before Liberalization）」が重要である」旨、主張している。

パリス論文第2節では、「1989年以降に実施された平和構築活動が安定的で長期間持続する平和を確立することに「成功」したのかを結論づけるのは早すぎるため、平和構築の長期的な結果を見守る必要がある」と述べつつ、アンゴラ、ルワンダ、ボスニア、カンボジア、エルサルバドル、ニカラグア、グアテマラ、ナミビア、モザンビーク、東ティモール、コソボの例を用い、分析を加えている。ここでは紙幅の関係上、事例の詳細には触れないが、これに関連して議論すべき点があるため、そちらは本章の最後に触れることとしたい。

次にパリスは、「より良い平和構築のための処方箋として、一時的な管理（Temporary Directorship）」を提唱している。パリスは、「長期的には、戦争で荒廃した国々が自由主義経済および民主主義の原則、つまり法の支配、政府の説明責任（アカウンタビリティ）、表現の自由、その他の自由主義的民主主義にとって中核的な原則の価値を採用することが好ましい。自由な民主主義を支持することは通常、市場志向の経済制度をも支持することを暗に示している」と述べ、長期的な自由主義化の正の側面を議論している。その具体

例として、「20世紀後半には、中央集約的な経済開発戦略は、市場志向開発戦略よりも経済成長の度合いは小さかった」と論じ、「戦争で荒廃した国々を自由主義市場経済と民主主義に移行することを求める、これらのすべての理由が賢明かつ有効であるが、われわれは、内戦経験直後の国々にとって、政治的・経済的自由主義化は、有害無益であることにも注意すべき」であるとして、終戦直後の短期的な自由主義化に警鐘を鳴らしている。

そのうえでパリスは、「したがって、短期的な政治的・経済的自由主義化による不安定化を避けつつ、長期的には自由市場経済と民主主義を達成する方策を見つけ出すというジレンマが存在する。このジレンマを解消するため、平和構築に従事している者は、つねに自由主義化が平和を促進するという、実証的に正しくないだけでなく、理論的にも欠陥のあるウィルソン主義的信条を捨てる必要がある」と論じている。

また、パリスは、「適切な条件下で社会的競争を「推奨」する国家は、共同体間の緊張や紛争の強化を制限することが可能である」と主張し、長期的な自由主義化の方策を見出すことの意義を論じている。民主主義は、「政治的に積極的参加を行う市民を必要とし——それは活発な「市民社会」とも呼ばれるが——国家権力との均衡をとり、権力を精査し、そして政治的表現を行うルートを提供する」とし、市民社会の存在は「多くの市民の持続的な動員を前提とし、政治的議論を刺激する役割を果たしている。したがって、ダール（Robert A. Dahl）が述べるように、「民主国家では政治的紛争はたんに正常であるのみならず、一般的にはどちらかというと健全であるといえる」[3]。

さらに、パリスは、同様のパラドックスは、「個人と企業がみずからの経済的利潤を追求し競争することを推奨し、そうすることで不足資源をもっとも効率的に配分し、結果として社会全体に寄与するという資本主義の論理においてもいえる」と述べている。しかしパリスは、自由主義化による平和と繁栄の創造のためには、一つの条件があると主張する。それは、「社会に存在する紛争の激化と、その社会の政治的・経済的組織がこれらの紛争を管理する能力の大まかな均衡がなくてはならない点」である。そして、ウィルソ

ン主義的アプローチの論理展開の過ちは、「内戦を経験したばかりの国家には、この均衡がほとんど存在していないことを認めていない点」であり、「戦争で荒廃した国々は、一般的に、深遠な社会的紛争に苦しんでおり、しばしば、機能的な政治・経済組織をほとんど保持していない」と論じている。そして、「なぜわれわれは社会的競争を推奨する政治的・経済的自由主義化の過程が、戦争で荒廃した国々を安定化する作用をもつと期待すべきだろうか。むしろ、逆の効果を予期すべきである」とウィルソン主義的アプローチを批判している。

次にパリスは、「選挙は社会的分裂に沿って二極化する方向へ民衆を誘導し、日和見主義的な政治家が支持層を確立するために集団間の敵意に乗じて振る舞う機会を与えることで、紛争を緩和するよりはむしろ強化するかもしれない」と述べ、例として、アンゴラ、ルワンダ、ボスニア、スーダン、エチオピア、スリランカ、ナイジェリア、ウガンダ、チャド、パキスタンを挙げている。そして、「民主的な選挙による敵対的政治は、共同体間の相違に対し、平和的解決をもたらすメカニズムを提供するよりも、むしろ分断された社会における大規模な戦いを引き起こす」可能性があると論じている。パリスは次のように続ける。

> 幸運なことに、ウィルソン主義の欠点は、戦争で荒廃した国々において短期的な民主化および経済的自由主義化による不安定化の影響を避けつつ、自由な民主主義と市場志向の経済を長期的に達成するというジレンマに対し、考えうる解決策も指摘している。かりに戦争を経験したばかりの社会における成功した自由主義化に対する原則的障害が、社会的紛争の強化と国内組織の規制能力の不均衡にあるのであれば、平和構築の従事者は、社会的紛争を抑制し、効果的な政治・経済組織の基礎を築く助けとなる戦略を考案する必要がある。その後にのみ、平和構築従事者は、徐々に社会において政治および経済の自由な競争を促すべきである。[4]

このように指摘したうえで、長期的に自由市場経済と民主主義の条件を整

えるため、パリスは平和構築の目標として「ある種の一時的な守護的管理という「非自由主義的」手法を短期的に用いること」こそが、安定的かつ持続する平和を確立することにつながると論じている。

（2）政治的戦略

次にパリスは、政治的戦略の中心的目標について論じている。それは「穏健で、超党派的な政党の成長を促し、過激派政党の力を抑制しつつ、機能的な政府機構を設立することであろう」と述べ、ボスニアの例を引き合いに論じている。「ボスニア・ミッションが進歩するにつれて、国際的な文民からなる当局は、デイトン合意下での平和プロセスを妨害する地元政府関係者を解任する権限を大胆に主張するまで大きくなった」とし、国際社会は、種々の法律、国境警察、共有の国旗デザインなどの課題に関する行政命令を発出し、ボスニア国家の組織的基礎の一部を確立したと述べている。そして、これらの国際社会による活動が、「妨害主義的な地元政治家がデイトン合意の多くの側面を阻害したボスニアにおいて、肯定的な展開であった」と論じつつ、「しかし、それは少なすぎたし、遅すぎたかもしれない。国際社会は、地元利害関係者にデイトン合意の原則に則るよう強制することには消極的であった」とし、「難民の帰還、効果的かつ機能的な国家組織の設立といった多元的で平和的なボスニア国家の復権にとって重要な目標の大部分は達成されていない」と論じている。そして、その問題の一部は、「国際社会の代表らがボスニアの政治機構を直接管理せず、むしろ、地元市民による政治機構の運営を監督したことである」として、国連のカンボジアでの経験を引き合いに批判している。そのうえでパリスは、「平和的な政策立案過程をつうじ、（ある種、権威的な決定を下すことのできる）効果的かつ十分な中立性と専門性が担保された、社会的紛争を良い方向に導く政治機構を創設するため、国際社会は、戦争で荒廃した国々の政治機構を一から「再構築」し、少なくともはじめは、外国人の代表らを主とした職員からなる、新たな機構を直接管理する必要がある」と論じており、「平和構築従事者は、穏健で、超党派な政党の成長を促し、機能的な道筋に沿わない集団の行動を抑制すべきであ

る」と主張している。

　そしてパリスは、「ボスニアでは、頑強に反対する政府関係者だけではなく、国際社会から資金的、修辞的後ろ盾を得て、穏健だと思われていたドディック（Milorad Dodik）をも罷免した」と述べ、「コソボでは、欧州安全保障協力機構（Organization for Security and Co-operation in Europe : OSCE）が事務所スペース、基本的インフラ、コミュニケーション関連施設を提供することで、「成熟した民主的政党」の発展を促すため、プリシュティナに政党のための「サービスセンター」を立ち上げた」と具体例を提示している。一方、「他の平和構築ミッションの水準と照らし合わせても積極的なこれらの手段は、いまだ十分ではない。ただたんに、穏健な政党を手助けし、平和構築ミッションの目標達成をあからさまに阻害する地元政府関係者をときおり罷免するだけでなく、大規模集会を主催したり、政府内に職を得たりすることを政党に認可する権限を国際行政官はもつべきである。そのような認可を得るためには、各政党は紛争時のすべての交戦主体から人員を受け入れなければならないようにすべきである」とし、「主たる目標として、超党派的折衷と共存を支持することが必要である。新たな政治機構の創設と人員確保後、政府権限を地方管理に移行し、行政職の経験をもつ地元政府関係者の集団を作り上げるべく、国際行政官は、漸次、これらの基準を満たした政党に対し、政府権力への門戸を開いていくべきである」と主張している。

　そのうえでパリスは、「穏健で、超党派的な政党とメディアが十分に設立され、国際機関による世論調査結果を反映した穏健な候補者が広範な支持を得られるまで、選挙は延期しうる」と主張する。また、「穏健な政党と候補者が、他の候補と実際に競争が可能な状態になったあとでさえも、平和構築従事者は、過激派ではなく、穏健派に報いるような選挙制度の策定に関し十分に助言を勧告されるべきであり、とくに選挙期間中に暴力を推奨するような政党や候補者は、即座に失格とすべきである。また、当選した候補は、勝利宣言の前に、かつて交戦していたいずれの集団からも最低限の支持を得ることを要件とすべきである」と論じている。さらに、「民主的な選挙による新政府組閣後であっても、国際社会の平和構築従事者は、さらなる選挙の取

り決め、裁判官の選出、地元警察の訓練と再訓練、通信および物流政策、教育カリキュラムを含む平和プロセスに大きな影響をもつ特定の政府機能に対し、一部、管理を実施しうる」と述べ、「平和構築従事者が裁判官を選出することは、その任命が政治的に穏健かつ公平であり、政治的干渉を受けずに法の支配を擁護することを確約しうる」と主張している。

（3）経済的戦略

次にパリスは、経済的戦略の中心的課題を論じており、「構造調整の慣例の下、世界銀行と国際通貨基金（International Monetary Fund：IMF）によって促進されている経済自由化プログラムは、貧困を増大し、配分格差を引き起こすことで、いくつかの戦争で荒廃した国々において格差を増大させてきた」としている。たしかに、構造調整と貧困の関係性は、開発分野で長年にわたって議論の的となってきた。その議論の中心は、「構造調整プログラムが、長期的には、貧困を増大させるのか、減少させるのか」という点である。パリスは、「構造調整が長期的には経済成長の基礎を創出し、結果的には貧困を減少させると主張する学者もいる一方、長期的に貧者に利することはないと考える者もいる」と述べつつ、「しかし、短期的には、このような政策は貧困を増大させ、この改革が実施さている社会における所得格差が増大するということに関しては、広範な合意がある」と論じている。またパリスは、国際金融機関は、「戦争で荒廃した国々特有の必要性や脆弱性に対し、経済改革プログラムを仕立てるという、よりよい仕事をすべきである」と述べている。そのうえでパリスは次のように主張する。

> 最新のいくつかの計量経済研究では、所得格差がより少ない社会のほうが、長期的にはより高次の経済成長を経験していると結論づけている[5]。しかしながら、貧富の差を埋めることが経済成長率を絶対的に下げるという、逆の結果がかりに正しかったとしても、それがもし内戦の再発リスクを低減するならば、トレードオフの関係が道理として成り立つだろう。世界銀行とIMFは、構造調整を実施している国の貧困層のために、

第Ⅰ部　理論

　　経済改革の効果を和らげる称賛されるべき取り組みとして、社会的安全策基金を支援している。しかしながら、1995 年にデンマーク政府は、これらの基金は、「調整のための融資の巨大さと比較すれば、あまりにも小さな財政的重要性しかない」と結論づけている。資源が不十分な理由の一つは、基本的な構造改革から大規模な社会基金へ資源が流用されることで、調整の有効性が減少することを国際金融機関が恐れているからである。よって、世界銀行と IMF は、調整の社会的効果により神経質になっているものの、迅速な経済改革やときには「ショック療法」と呼ばれる確立された調整モデルを根本的には変更していない。国際社会の貸し手が迅速な自由化およびマクロ経済均衡を経済改革の主たる目標として強調するかぎりは、短期的な貧困と所得格差拡大に関連する問題は続いていく。これらの問題は、多くの開発途上国にとって、許容可能かつ克服可能な問題かもしれないが、しばしば経済的「ショック療法」に耐えるだけの基盤のない、戦争で荒廃した国々にとっては、特有の危険をもたらす[6]。

　そしてパリスは、戦争で荒廃した国々に恩恵をもたらすのは、以下の原則にもとづく、平和志向の調整モデルともいうべき、特別な調整モデルであると主張する。その 1 点目の原則として、「経済の自由化は、これらの改革による不安定化効果を低減するため、他の開発途上国よりも段階的に進められていくべき」であるとし、2 点目は、「平和構築従事者は、とくに市民間の社会経済的不均衡と関連した内紛を経験した国々では、市場合理性とマクロ経済均衡に対する一般的な重点化を抑制し、貧困削減と配分均衡を重点化すべき」であると主張する。そして最後に、「新たな経済活動と雇用を刺激するため、国際的な後援を受けた復興プロジェクトは、短期的な財政緊縮とディスインフレにかかる要求に先行されるべきである」と主張し、「戦争で荒廃した国々では、脆弱な集団が人工的に引き起こされた経済的衰退を経験するよう要求するかわりに、短期的な経済成長と交換条件で、より高いインフレを生み出すことは許容されるべきである」と論じている。また、「国内

の金融機関、破産法と機能的な裁判所を含む規制および司法制度の創設は、市場経済が成功する運用の前提条件」であり、「戦争で荒廃した国々における経済自由化の延期は、平和構築従事者がこれらの組織制度を作り出す時間を稼ぐことに寄与する」と主張している。

（4）組織的課題

　ここまで政治的、経済的戦略の概要をまとめたが、これら戦略を遂行するため、パリスは、組織的課題についても論じている。パリスは、平和構築関連組織は、少なくとも二つの方法で変わらなければならないと主張している。その1点目の要件として、「多くの平和構築ミッションの活動は1年から3年程度であるが、これら典型的なミッションよりも長期間とどまらなければならない」と述べており、平和構築活動の終了は、日程ではなく、特定の政策目的の達成度合いで決められるべきである旨、主張している。そのうえで、「かりに選挙を実施するうえで状況が適切でなければ延期すべき」であると論じ、「これらの長期ミッション（多くの状況でおそらく最短でも10年）は、たしかに高くつくが、活動が恒久的平和の基盤を創出することに失敗し、かりに戦闘が再開すれば、平和構築に対する支出を切り詰めることは節約にはならない」と主張する。

　2点目の要件は、平和構築活動の中心的調整機能のさらなる強化である。パリスは、活動に参加する平和構築関連機関は、しばしば意向の食い違うなかで活動していることを指摘している。さらに「その独立性を放棄することを望む、独立もしくは疑似独立組織はほとんどなく、とくに非政府組織は、現場での活動において、政府と国際機関との連携にはたいてい消極的である」と論じ、「自由主義化の前の統治制度構築」戦略を遂行するため、調整機能強化の仕組みの必要性を主張している。そして、この目標達成のための効果的な方法の一つとして、「ミッション派遣前に、平和構築関連組織のなかで明確な分業を確立し、権限系統を確認」すべきであると主張する。

　さらにパリスは、「大胆な手段が必要である。おそらく、調整にかかる問題を克服する最良の方策は、戦後平和構築と戦争で荒廃した国々の行政管理

を行う国際的な新組織に、管理のみならず、平和構築の実施を中央集権化することであろう」と論じる。また、「難民の再定住など、平和構築の多くの分野ですでに活動している組織の専門知識を活用するため、既存の組織から新設する国際平和構築組織への出向を要請すべき」であり、「かつて旧宗主国が海外領地を専門的に管理する組織を設立したように、今日、国際社会は、現状、必要とされる温和で利他的な国際信託統治を行う権限をもつ単独の当局を確立すべき」であると主張する。

（5）パリス論文——結論

結論でパリスは、「平和構築に対するウィルソン主義的手法は、自由主義化の平和的効果に信頼を置きすぎている。民主化および自由主義市場経済への移行は、内戦を経験したばかりの国々における国内の平和にとって危機となる、社会的競争および紛争の危険を増す」とし、「これらの危険を最小化するために、平和構築従事者は、「自由主義化の前の統治制度構築」戦略を追求すべきである。戦争で荒廃した国々において、民主政治と市場志向経済のための頑強な組織的基盤を構築することで、平和構築従事者は、民主主義と資本主義への、そして究極的にはより安定した平和への、より滑らかで危険性の低い移行のための基盤を構築することができる」と主張する。そして「この戦略を追求するためには、国際的な平和構築関係機関およびその主要な後援者——産業民主主義——は、非自由主義的であり、帝国主義的とすらみなされかねない方法で振る舞うことが要求される」と主張し、筆を置いている。

第3節　パリス論文に対する批評

前節では、パリス論文における主張の概要をみたが、つづいて第3節では、本パリス論文に対する批判的考察を加えたい。

（1）パリス論文全体に対する評価——総論

　拙速な自由主義化——それが政治であっても経済であっても——が不安定化の危険性をはらんでいることに疑いの余地はない。民主主義とは、その発祥の地、欧州でさえ数世紀をかけて発展し、受容されてきた政治制度であり、ソフトウェアをハードウェアにインストールするかのように、拙速に導入するのが困難なことは、火をみるよりも明らかである。たとえば、旧ソ連邦諸国のように、約70年間、共産主義体制下にあった国々では、経済自由化と政治的自由主義化（民主化）の困難さは周知のとおりであるし、パリスが指摘するように、拙速な民主主義の導入のために実施された選挙の結果は、紛争関係にある集団間の一部の利益を代表する候補の権力強化にのみつながり、武力紛争の新たな火種となりかねない。さらにルワンダのケースなどでは、「無責任な反政府メディアは、フツ過激派が野党と権力を共有せず、もしくは選挙の実施を妨げる決断を強化したかもしれない」ことが指摘されており、「換言すれば、メディアのさらなる自由は、ルワンダの内戦を抑制するのではなく、強化する役割を果たしたかもしれない」とパリスは指摘している。つまり、ラジオなどのメディアに情報を依存する有権者が多い国では、メディアの自由化の結果、扇動的ラジオ（メディア）が出現し、それがジェノサイドのような大きな問題を引き起こしかねないという指摘である。

　このパリス論文が発表されるまで、経済の自由化と民主化の重要性が強調されるあまり、拙速な経済的・政治的自由主義化の弊害を指摘する西側の研究は多くはなかった。その点で、本パリス論文は熟考に値する。また、これが西側の著名な研究者からの指摘であった点も重要である。平和構築の実務・研究両面において、議論を深める端緒となったことからも、本論文の重要性は大きい。

（2）パリスの主張に対する個別的批評——各論

①「一時的な管理」と政治的戦略に対する批判

　一方、さらなる研究を行ううえで、パリスが主張する長期的な自由主義化を達成するための手法と過程が実行可能なものであるかに関しては、慎重な

検討を要する。まず、パリスは、長期的な自由主義化のための前段階として、統治制度構築を主張しており、その達成のため国際社会による「一時的な管理」を提唱している。パリスは幾度となく、国際社会は、戦争で荒廃した国々に単一の権威を設け、メディアから教育まで一定程度管理すべきである旨、主張する。しかし、なぜパリスは、国際社会がつねに中立・公正であるとも解釈できるほど、国際社会に対し全幅の信頼を置くのかが示されていない。いわば、国際社会性善説に立脚し、論を展開している。たとえばパリスは、「民主的な選挙による新政府樹立後であっても、国際社会の平和構築従事者は、さらなる選挙の取り決め、裁判官の選出、地元警察の訓練と再訓練、通信および物流政策、教育カリキュラムを含む平和プロセスに大きな影響をもつ特定の政府機能に対し、一部、管理することができうる」としている。さらには、「平和構築従事者が裁判官を選出することは、その任命が政治的に穏健かつ公平であり、政治的干渉を受けずに法の支配を支持することを確約しうる」と述べ、「かつて旧宗主国が海外領地を専門的に管理する組織を設立したように、今日、国際社会は、（中略）国際信託統治を行う権限をもつ単独の当局を確立すべき」であると主張し、最後には、「国際的な平和構築関係機関およびその主要な後援者――産業民主主義――は、非自由主義的であり、帝国主義的とすらみなされかねない方法で振る舞うことが要求される」と述べている。これらの主張に決定的に欠けているのは、ローカル・オーナーシップの視点である。

たしかに、コソボの例のように、行政上の監督権は平和構築ミッションとその事務総長特別代表に付託されているケースもある。しかし、具体的な手法に言及すれば、パリスの主張は、裁判官などの選出の基準や過程も不明瞭である。パリスが述べるように、超党派であることや公正であることなど、かりに人選に一定の基準があったとしても、国際社会がなぜつねに公正な裁判官を選出できると考えているか、そしてそのような公正な人物は本当に存在するのか、を議論してはいない。さらにこれは、国際社会が戦争で荒廃した国家の将来のあり方を決定することを意味し、（かりに権限があったとしても）国際社会による紛争当事国の行きすぎた内部調整は、国連憲章第2条

第1章　自由主義的な国家建設論とその限界

7項でも禁じられている内政干渉ともとられかねない。

　また、「一時的な管理」を別の視点からみてみると、紛争当事国が旧宗主国に対し、ある種の憧れと恐怖心といったアンビバレントな感情を抱いていることがままある。具体的には、たとえば、ポルトガルの旧植民地であるアンゴラや東ティモールなどからポルトガルへ留学をし、学位を取得し帰国するという政治エリート形成モデルがいまだ存在する。これは、イギリスなど他の旧宗主国とその旧植民地間の関係でも同様であろう。しかし、旧植民地側では、依然として旧宗主国に対する強い警戒感がある。また、サルトル（Jean-Paul Sartre）が、フランスのアルジェリアに対する政策を批判したことに端を発する新植民地主義論の文脈でみれば、旧宗主国側も過度な干渉により新植民地主義のレッテルを張られることを一般的には懸念している。そのあたりのデリケートな問題を無視し、「帝国主義的とすらみなされかねない方法で振る舞うことが要求される」というのは、あまりに上述の問題に無頓着なのではないか。パリスは基本的に公正・公平であると仮定される国際社会が管理すべきであると主張している。センセーショナルな提言をしたいというパリスの意図は理解できるが、ここに西側を中心とした国際社会至上主義的なエートスを嗅ぎ取るのは深読みしすぎであろうか。

　さらにパリスは、停戦合意の履行を阻害する扇動的な過激派を排除すべきとしているが、そもそも停戦合意そのものが、一部の利益にしかならない合意であった場合、かりに国際社会が合意に沿わない集団を一方的に排除すれば、新たな紛争の火種にはならないだろうか。たとえばシエラレオネのロメ和平合意が革命統一戦線（RUF）指導者の移行期政府への参画を認めたにもかかわらず、その締結直後、RUFメンバーが武装解除を拒否したのも、その一例ではなかろうか。

②経済的戦略に対する批判

　経済自由化の議論のなかでの経済成長達成においても、いくつかの批判が可能である。「構造調整の慣例の下、世界銀行とIMFによって促進されている経済自由化プログラムは、貧困を増大し、配分格差を引き起こすことで、

いくつかの戦争で荒廃した国々で格差を増大させてきた」と述べている。これはたしかに、スティグリッツ（Joseph E. Stiglitz）ら著名な経済学者が批判してきたものと同意見である。また、コリアー（Paul Collier）らの研究では、サブサハラ・アフリカの国々では経済成長が紛争再発防止に寄与することが指摘されている。しかし、経済成長によるトリクルダウン効果の多くがすでに否定されているなか、（パリスは経済学者ではないので致し方ない面もあるが）パリスは、どのように貧富の格差を是正し、どのように経済成長を達成するかを十分には説明していない。また、ジョージアのように経済成長と紛争再発に主たる因果関係はないことが証明されている国々では、どのような方策がよいのかも議論する必要がある。

　パリスは、モザンビークおよびナミビアのケース・スタディで、両国は南アフリカから経済的恩恵を受けていたこと、そして、そもそも紛争が土着の問題でなかったことを指摘しつつ、IMFのコンディショナリティの負の影響も他の紛争経験国に比べて小さかったと述べている。しかし、隣国との経済関係や近似性を問うのであれば、パリスの「自由主義化の前の統治制度構築」論の主張の外側の課題である。さらに、土着の紛争であるか、つまり紛争の根本原因がどこにあるかは、パリスの主張する本題から外れており、それらの条件を検討するのであれば、個々の紛争経験国の紛争の根本原因および地理的・地政学的条件はあまりに違い、変数が多すぎるため、一般化は非常に困難に思われる。

③統治制度構築論に対する批判

　次に、行政の統治制度構築に関しては、どの時点でこれが完了（したと判断）し、ミッションが撤退すべきかの基準が示されていない。つまり、選挙を延期することは、出口戦略としての一つの指標を失うことも意味するが、最低10年のミッション駐留を推奨する一方、ミッションがどの段階で撤退するべきなのかも明確ではない。また、国際社会による統治制度構築が十分すんだ（と判断した）といっても、国際ミッションが撤退したあとに、かりに紛争が再燃した場合、紛争再燃の責任の所在は、当該国にあるのか、統治

制度構築を実施した国際社会にあるのかも、事前の議論が必要となってくる。さらに、統治制度構築に関与しすぎることで、国際社会が好ましい人物を当選させることは、短期的な停戦状態につながるかもしれないが、そこには真の国家主権も民主主義も存在しないのではないか。そして国際社会が間接的に選んだ（推薦した）リーダーを市民は国を挙げて支援するであろうか。

　また、パリスの主張する手順で国際社会の管理により行政組織が創設されたとしても、そのあとに諸分野で自由主義化を達成、つまり、自由主義経済と民主主義に滑らかに移行できる保証はどこにもない。さらに、外から導入された民主主義および市場主義経済は、はたして紛争経験国で定着するかも定かではない。これらの問題にパリス論文は答えてはいない。また、国際社会の管理下に置かれることは、ある種、国際社会に依存することであり、自立するだけの能力をつける機会を失ってしまうかもしれない。まさに援助慣れのような状況も想定されうるが、その懸念には触れられていない。

　またパリスは、行政を一元化するために中央集権的な統治組織を構築すべきだと主張している。たしかに、平和構築活動を実施するうえでの調整業務の困難さに関しては、議論されて久しい[12]。しかし、あまりに中央集権的な組織を新設し、一定の多様性および健全な競争が失われれば、十分なサービスは提供できないことも考えうる。つまり、パリスは無数の組織が乱立する負の側面のみを強調しているが、その正の効果もあろう。

　単一の新組織の指令系統下に全組織が入るのであれば、たとえば、NGOの特色が活かされないケースも考えうる。逆に、NGOが国際ミッションおよび当該国政府の役割を一部補完する場合もありえる。筆者が、武力紛争勃発3年後から、ジョージアの国内避難民のべ100名以上に敢行したインタビューでは、そのほとんどが、国連難民高等弁務官事務所（United Nations High Commissioner for Refugees: UNHCR）や国際移住機関（International Organization for Migration: IOM）からの支援を受けておらず、これらの組織の名前すら知らない者も多くいた一方、彼らは一様に国際NGOであるデンマーク難民評議会（Danish Refugee Council）からの定期的な訪問を受けていると述べていた[13]。単一の新組織の指揮下に組み込まれれば、こうしたNGO

の独立性と多様性の正の効果を発揮できなくなるおそれがあるのではないか。

④ミッション駐留に対する批判

　パリスは、「多くの平和構築活動は1年から3年程度であるが（中略）最短でも10年」はとどまるべきであるとする。たしかに、紛争の人的、社会的、経済的コストはあまりにも高くつく。たとえば、1999年のBBCによる試算では、コソボ紛争の年間コストは、300億ポンド（2017年12月の換算率で約418億ドル）であり、2017年の国連PKO全体の単年度予算68億ドルよりもはるかに大きい。アナン元国連事務総長（Kofi Annan）が、武力紛争への「対応から予防へ（reaction to prevention）」のパラダイム・シフトの重要性を強調した所以の一端はここにある。

　ただ、最短10年間駐留するとあらかじめ決まったミッションを受け入れることに躊躇する紛争経験国はあるであろうし、また、そのようなミッションに関与する覚悟と予算がドナー国側にはどれだけあるであろうか。もちろん、国連憲章第4章第17条に従い、全加盟国は国連PKOに拠出するよう求められている。しかし実情は、2017年の国連総会でPKOの予算が6億ドル削減されるなど、国際社会による予算的コミットメントは減衰している。紛争経験国のみならず国際社会全体において、どの主権国家の中心的課題も内政問題である。地政学的に、少なくとも物理的・文化的・心理的に、西側社会との近似性の高い国々では、国際社会の積極的な関与は期待されるかもしれない。欧州の周辺地域ないしは欧州内の問題（コソボ、ボスニア、ジョージアなど）は、みずからの国に直接的・間接的に関わってくるが、そうではない国々に対して、西側先進国を中心とした国際ドナーは、どれだけ積極的に関与するであろうか。

　旧宗主国であれば、アフリカのいくつかのケースでみられたように、旧植民地に対して少なくとも道義的・倫理的責任を感じ、積極的に支援するかもしれない。しかし、そうでない国で、（表向きはいわないものの、本心では対岸の火事だと思っているような）物理的・心理的近似性の低い、あるいは天然資源がないなどの利害関係の低いケースであれば、西側を中心とした国

際社会の関与はどうであろうか。たとえば、国連ルワンダ支援団で司令官を務めたダレール（Romeo Dallaire）は自身の著書で、「米軍兵士1人の命を危機にさらすことを正当化するためには、ルワンダ人8万5000人の死が必要である」と米軍関係者から伝えられたと述べている。ダレールの著書は学術論文ではないうえに、発言の真偽を確かめる術はないが、これは国際社会の現状のほんの一端をうかがい知る手がかりとなろう。

　そして、もう一つ違った角度から分析すれば、国際社会（のミッション）が現場にいれば、なぜ、紛争は再燃しないと仮定できるのだろうか。たとえば、ジョージアの例をみても、1990年代のアブハジアおよび南オセチアでの数次の武力紛争後、停戦合意の履行状況を監視するため、国連グルジア監視団（United Nations Observer Mission in Gergia：UNOMIG）およびOSCEミッションが現場にいたにもかかわらず、2008年の武力紛争（の再燃）を予防することはできなかった。それは、国際社会がジョージア前大統領サーカシビリ（Mikheil Saakashvili）を止めることができなかったのみならず、国連安全保障理事会の常任理事国であるロシアに、国際社会が尻込みしたことも一因であった。国際社会では、大国の意向が熾烈なまでにぶつかっている。結局、UNOMIGは、2008年の紛争後、国連安全保障理事会でロシアが拒否権を行使したことで撤退を余儀なくされ、OSCEミッションも同様の理由で撤退した。ルワンダでは、ジェノサイドが生じるまで、ミッションの規模は縮小されていった。これらのケースは、国際ドナーには、それだけ積極的に関与する意思も予算的余裕もないことが往々にしてあることを示す証左の一つである。

　かりにパリスのいった順序で平和構築を行うことができれば、そのほうが合理的、効率的、かつ経済的にも予算を低く抑えることが可能なケースもあろう。しかし、そこには過程と方策の問題、つまり、（予算や国際社会のコミットメントの大小などにかかる）実現性と（内政干渉や主権といった）法および倫理性にかかる問題が横たわっている。かりに自由主義化という政策目標に普遍性があったとしても、それぞれの国が抱える個別な課題に鑑みれば、（最低10年のミッション駐留や強固な国際社会の管理といった）前提条

件を設けず、そこに到達する方策および過程は、やはり個別であるべきではなかろうか。

（3）結論——平和構築と自由主義化論

　最後に、自由主義化の是非を若干論じて本章を閉じたいと思う。パリスは、短期的な自由主義化に警鐘を鳴らしつつ、長期的な自由主義化に関しては是認している。しかし、長期的な自由主義化の是非も慎重な検討が必要であろう。パリスの主張は、長期的な自由主義化は、恒久平和を達成するための手段であると同時に、政策目標であると解釈できる。その目標を達成するため、国際社会による管理の下、国家が不安定化する要因を排除し、統治制度構築を実施すべきとの主張である。しかし、本当に長期的な自由主義化は、唯一の政策目標たりうるのだろうか。長期的に、経済の自由化により経済成長を実現すること、民主主義を根づかせることは、本当に唯一の（実行可能な）政策目標として設定してよいのであろうか。あらゆる紛争当事国が個別の課題を抱えている。したがって、恒久平和を達成するという普遍的かつ高次の目標達成が主眼であるべきであり、長期的な自由主義化という過度な一般化や過度に普遍的な政策目標を設定する必要はないのかもしれない。ここで、国家建設におけるローカル・オーナーシップの重要性を検討してみる必要も出てくるであろう。

　さらにもう一つ考えるべき課題は、（短期的な）平和は、主権よりも上位目標であるべきなのだろうかという点である。国際社会が紛争のコストをことさら強調することは、ややもすると、国際社会の経済的損得勘定にすぎないかもしれず、紛争経験国はそもそも（人的、政治的、経済的）紛争再発コストの勘定よりも、ようやく手に入れた独立を噛みしめ、みずからの手で国家建設・運営の手綱を握っていたいと考えるかもしれない。一方、戦争で完全に疲弊し、国際社会に依存してでも停戦合意および国家再建になるべく早く着手したいと考える集団や国家もあろう。このように事例によって状況や思惑は違うはずである。したがって、画一的に、一時的な国際社会の管理を手段として用いるのではなく、紛争経験国の主権を尊重し、国際社会がその

国家再建および運営の後方支援をすることのほうが、(かりに一時的に紛争が再燃したとしても) 長期的には、恒久平和につながるというケースもありえるだろう。

　これまで主にパリス論文の目標達成の方法論に対し批評を加え、長期的な自由主義化という政策目標設定についても若干論じてきた。パリスの「自由主義化の前の統治制度構築」、そしてその後の自由主義化の主張は、有効な平和構築の目標および方策を検討するうえで一石を投じた。また、方法論および政策目標設定にさらなる考察および研究が必要であるとしても、そのことで、ウィルソン主義的に拙速な自由主義化を推進することに対し警鐘を鳴らしたパリス論文の価値が損なわれるわけでは断じてない。

　国家建設を実施するにあたり、恒久平和の達成以外に普遍的な政策目標を掲げることはできるのか、かりに普遍的な政策目標を掲げるのであればそれは何がふさわしいのか、そして、その目標達成のための方策と過程について画一的な政策立案は可能なのか。畢竟、紛争経験国は個別の問題を抱えているため、恒久平和を達成する方策と過程に関しては、テイラーメイドの政策が必要であろう。恒久平和達成の方策として前提条件を設けるのではなく、平和維持活動の予算が縮小していき、国際社会のコミットメントも一様ではない状況下で、いかに効果的な平和構築活動を個別に実施することができるかを議論する必要がある。効果的な平和構築活動をつうじて恒久平和を達成するため、パリスの主張する長期的な自由主義化論と、(主権にかかる課題を含めた) ローカル・オーナーシップ論を同時にあわせて検討し、どちらがよいのか、それとも折衷することが良いのか、さらなる考察を要する。

注
1) Paris, 2001a.
2) 12の国々とはナミビア、アンゴラ、モザンビーク、ルワンダ、カンボジア、ボスニア、クロアチア、ニカラグア、エルサルバドル、グアテマラ、コソボ、東ティモールである。
3) Dahl, 1986, p. 14.
4) Paris, 2001b, p. 776.
5) Birdsall and Jaspersen, 1997.

第Ⅰ部　理論

6）Paris, 2001b, p. 779
7）Snyder and Ballentine, 1996, pp. 30–34.
8）Sartre, 1964.
9）Stiglitz, 2002.
10）Collier et al., 2008.
11）MacFarlane, 2004.
12）Paris, 2009, pp. 53–78.
13）筆者によるインタビュー。2011年4月、トビリシ；同年11月、ツノリ；同年12月トビリシ；2012年4月、トビリシ；同年11月、ズグディディ；ツカディアシ、ツァレンジハ、コビ、セナキ、ジュバリ、ポチ；2013年1月、トビリシ。
14）BBC, 1999.
15）United Nations General Assembly, 2017.
16）Dallaire, 2003.

引用参考文献
【外国語文献】
BBC, 1999, "Kosovo War Cost £30bn," 15 October 1999. 2018年6月20日アクセス確認。
Birdsall, N., and F. Jaspersen, 1997, *Pathways to Growth : Comparing East Asia and Latin America*, Inter-American Development Bank.
Collier, P., A. Hoeffler and M. Söderbom, 2008, "Post-conflict Risks," *Journal of Peace Research*, Vol. 45, No. 4, pp. 461–478.
Dahl, R. A., 1986, *Democracy, Liberty and Equality*, Norwegian University Press.
Dallaire, R., 2003, *Shake Hands with the Devil : The Failure of Humanity in Rwanda*, Random House of Canada Ltd.
MacFarlane, S. N., 2004, "Security and Development in the Caucasus," *Conflict, Security & Development*, Vol. 4, No. 2, pp. 133–148.
Paris, R., 2001a, "Human Security : Paradigm Shift or Hot Air?" *International Security*, Vol. 26, No. 2, pp. 87–102.
Paris, R., 2001b, "Wilson's Ghost : The Faulty Assumptions of Post-conflict Peacebuliding," in C. A. Crocker et al., eds., *Turbulent Peace : The Challenges of Managing International Conflict*, USIP Press, pp. 765–784.
Paris, R., 2009, "Understanding the 'Coordination Problem' in Postwar Statebuilding," in R. Paris and T. D. Sisk, eds., *The Dilemmas of Statebuilding : Confronting the Contradictions of Postwar Peace Operations*, Routledge, pp. 53–78.
Sartre, J., 1964, *Colonialism and Neocolonialism*, Psychology Press.
Stiglitz, J. E., 2002, *Globalization and Its Discontents*, Allen Lane.
Snyder, J., and K. Ballentine, 1996, "Nationalism and the Marketplace of Ideas," *International Security*, Vol. 21, No. 2, pp. 5–40.
United Nations General Assembly, 2017, "Approved Resources for Peacekeeping Operations for the Period from 1 July 2017 to 30 June 2018," UN Document, A/C.5/71/

24, 30 June 2017.

第Ⅰ部　理論

第2章
ポスト自由主義国家建設論
オリバー・リッチモンドの論考を中心に

田辺寿一郎

第1節　論文解説

　本章では、自由主義的な国家建設論に対する批判的視座と代替的アプローチに関する議論の第一人者であるリッチモンド（Oliver Richmond）の論考を吟味する。リッチモンドの代表的論文の一つである「自由主義的な法の支配（The Rule of Law in Liberal Peacebuilding）」を取り上げ（以下、リッチモンド論文）、ポスト自由主義的な国家建設について考察する[1]。

（1）自由主義的な平和構築概観
　リッチモンド論文は、自由主義的な平和構築における法の支配推進と自由主義的平和合意への批判、紛争後社会への西洋モデルを模した国家建設ではなく、現地の文化・伝統、人々のニーズを中心に据えた社会民主主義的体制の構築を提言したものである。この論文は、「自由主義的な平和枠組みと平和構築合意」、「サブサハラ・アフリカにおける自由主義、新自由主義、法の支配」、「自由主義的な平和構築と搾取的エリート」、「平和構築と文化」、「サブサハラ・アフリカ以外からの教訓としての市民社会と能力構築」という5節により構成されている。
　第1節は、自由主義的な平和枠組み、平和構築合意概観とその批判につい

て論じている。「自由主義的な平和構築（liberal peacebuilding）」とは、「市場経済の推進、民主化と選挙の推進、法の支配・人権の定着化などの一連の活動」を指すが、「自由主義的な平和枠組み自体は、西洋の複雑な政治的、社会的、概念的、そして方法論的環境のなかで生まれ発展してきたにもかかわらず、普遍的な枠組みとしての野望をもち」紛争後社会に応用されてきたと指摘する。冷戦終結後のさまざまな武力紛争に対応すべく、国連の平和構築・人道支援機関、国連開発計画、世界銀行、各国の関連機関が、紛争終結のみならず紛争後の国家再建に取り組んできたが、その根底にあるのが自由主義的思想であった。また、自由主義的な平和構築は、1990年代初頭のソマリアやカンボジアで批判を浴びたが継続され、「民主化、法の支配、人権を基盤にした国家再建を前提とする平和構築の概念が定着」した。

　さらに、自由主義的な平和構築は自由主義経済の導入も試み、新自由主義的な様相も呈してきた。また、実施過程でさまざまな問題が生じても、「生じた個々の問題の修正は行うものの、自由主義的な平和構築モデル自体の抜本的改革はせず」、自由主義的な平和構築の普遍的モデルとしての定着化が進み、その過程で「平和構築合意（peacebuilding consensus）」が形成されていく。平和構築合意とは、「すべての平和構築関連機関、援助機関、平和構築参加国、そして多くのNGOのあいだで、民主主義、市場経済、法の支配、人権、そして開発プロセスが紛争の持続的解決には不可欠だという暗黙の了解」を意味し、この合意が冷戦後の平和構築において約20年にわたり拡大され、平和構築と国家建設がつながるようになった。

　自由主義的な平和構築合意では、「すべての紛争当事者に対し市場経済、選挙、人権などの自由主義的な政治・制度形態の選択を課す能力をもつ第三者に頼ることが多くの場合ある」。さらに、自由主義的な体制を選択しない紛争当事者は、「政治的・経済的に平和構築プロセスから排除され、政治的・経済的非対称性に苦しむ」ことになる。また、ローカルな主体が自由主義的な平和構築に非協力的な場合には、外部の主体が統治的な役割を引き受けることになる。つまり、自由主義的な平和構築では、自由主義的な外部主体の介入による統治性と制度構築が強調されるのである。

第Ⅰ部　理論

　このような文脈のなかで促進される法の支配も紛争後地域への西洋モデルの導入であり、現地の文化、伝統、そして土着の政治・社会組織が犠牲となることもある。そしてそれは、紛争当事者の司法制度への合意と司法の行使と維持という、より長期的な安定国家の達成と齟齬をきたす。このように考えると、「自由主義的な平和構築の一部としての法の支配は、普遍的に応用可能なものか観念的に特殊なものなのか、再考する必要性が出てくる」とリッチモンドは主張する。

(2) 自由主義的な平和構築批判

　第2節では、サブサハラ・アフリカにおける自由主義的な平和構築実施における問題点を論じている。紛争後の司法制度の確立、国家の立憲枠組みの保護、社会契約の導入、和解の促進は持続的平和に重要であり、法の支配は、これらの政策実施に不可欠な要素である。自由主義的な国家にとってそうした法的枠組みが、「国家の正当性と国家（あるいは政府）と国民のあいだの合意の礎となり、国民の保護につながる」。

　しかし、サブサハラ・アフリカ諸国をはじめとする非自由主義的な国や地域では、必ずしもそのように受け入れられているわけではないとリッチモンドは指摘する。さらに、サブサハラ・アフリカ諸国では、たとえば、「世襲制による支配、自己の利益を優先させるエリート層と彼らの刑罰からの免除、政府と市民のあいだの合意形成、法の支配の正当性や公正な適用の欠如」などの課題を抱えており、自由主義的な法の支配の実行は簡単ではない。

　自由主義的な国家で確立されている制度的・法的枠組みが、アフリカ諸国などではほとんど存在していないため、紛争後社会では、外部からの介入をつうじて、法の支配、移行期の正義、真実と和解委員会などが確立、遂行される。不条理な権力行使を制御し、民主主義・平等と公正を保証する法の支配への自由主義的な取り組み自体は普遍的なものではなく、西洋に起源をもつ特定の価値体系である。そのような特定の価値体系が非自由主義的な紛争後地域、とくに政治的・経済的エリートが存在するサブサハラ・アフリカ諸国に適用されると問題が生じる。たとえば、新自由主義的経済は、国家の介

入を制限し自由貿易と企業家の自助努力を推進するが、サブサハラ・アフリカ諸国では、「特定のエリート層による腐敗や不当な利益追求の道具となる可能性がある」とリッチモンドは指摘する。また、自由主義的なアプローチは、安全保障、政治・経済・社会機構など、さまざまな国家機能の中央集権化も必要とするが、それらの機構も民衆のためではなく、みずからの利益を優先するエリート層に利用される可能性がある。

　紛争後に行われる司法制度などの改革や幅広い説明責任（アカウンタビリティ）の確立は、国民と国家のあいだの社会契約関係の保全に不可欠だが、紛争後国家は社会民主主義ではなく新自由主義的民主主義として再設計されるため、エリート層は国民への責任から逃れやすくなる。そのような環境下では、法の支配は、「国家を占領するエリート層にとってみずからの利益を追求する都合のいい道具になる危険性をはらんでいる」とリッチモンドは主張する。

　第3節では、自由主義的な平和構築が、一般市民のためではなく自己の利益を最優先する搾取的エリートの道具となるダイナミズムを考察している。平和構築の鍵となるのは、「紛争後の初期段階の国家において、既存の社会動学を反映しつつも、政治的・経済的エリートと一般市民のあいだでさまざまな不均衡かつ搾取的関係が発生するのを防止するために、社会契約を構築・強化すること」とリッチモンドは述べている。これは国連と平和構築分野の政策コミュニティのあいだで共有される、法の支配は地域の特性に共鳴し有機的性質をともなったものでなければならないという認識にも反映されている。

　リッチモンドは、紛争後地域の特性を反映しながら市民とエリート層のあいだで社会契約が結ばれる体制の構築には、自由主義的な平和達成のための「規範と制度構築」の青写真が、「外部の介入前から当該地域に存在し、市民の声や経験によって地域に根差したかたちに変容されることが前提とされなければならない」と述べている。だが多くの場合、「紛争地域の指導者たちは、市民とエリートのあいだに社会契約を結ぶための革新的あるいは立憲的枠組みをつくることはなく、むしろ、国家自体が不平等、不正、腐敗、搾取

第Ⅰ部　理論

などの媒体となっており、こうした傾向は、たとえば、アフリカで広くみられる問題」だとリッチモンドは指摘する。紛争後の社会契約は、国家と市民全体ではなく、エリートと部族、氏族、文化、宗教などのアイデンティティ集団の利益の下に結ばれる傾向にあり、エリート層と身近なアイデンティティ集団は、自己の利益を減少・除去するようなかたちで国家を再編しようとする自由主義的な平和構築には抵抗する。

　自由主義的な平和構築の重要な側面である法の支配は、紛争後の国家安定のためのアプローチとして外部から持ち込まれた制度的枠組みに依拠しているが、多くの紛争後地域には、「特有の知識体系や政治的秩序がすでに存在している」。外部からの自由主義的な改革の導入は、外部の平和構築者と支援を受ける現地のあいだの準植民地的関係や緊張関係の原因となってしまう。さらにこうした関係性は、「もっとも法の支配を必要としている市民ではなく、エリート層にとって都合のいいものとなってしまう」ともリッチモンドは指摘する。

　法の支配が、紛争後地域の政治的、歴史的、文化的、そして社会的文脈を重視し、市民と政府のあいだの合意契約を保障するならば持続的な国家建設を促進するであろうが、それには地域レベル、政府レベル、そして国際レベルでの相互契約関係が必要である。外部からの制度の自動的導入ではなく、紛争地域内で実行可能かつ現実的な社会契約と、それに必要な法の支配が不可欠である。だが、現状の自由主義的な平和構築の一部としての法の支配は、「市民とエリートの社会契約関係を保障するどころか、搾取的あるいは民族主義的な政治体制に妥当性を与えるとともに、国家におけるアイデンティティ、文化、福祉の問題を引き起こしている」とリッチモンドは批判する。

　ただ、リッチモンドが法の支配自体を否定しているわけではないことに留意する必要がある。実際、「法の支配、人権を尊重・促進させる民主的なかたちの社会契約を強固にするメカニズムは過小評価できない」と述べている。紛争後初期における法の支配は、エリート層や独裁者に依拠しない持続的な国家建設に不可欠である。だが、民衆を中心に据えた体制構築のためにも、自由主義的な平和構築の一部としての法の支配への批判的再考が必要になる。

第 2 章　ポスト自由主義国家建設論

　現状では、西洋的かつ世俗的な自由主義的平和構築体制は、その大半が非西洋の発展途上かつ非世俗的な環境で実行されているにもかかわらず、普遍的な規範であるという論調がいまだ強く、法の支配も、自由主義的な国々とは異なる固有の社会、政治、経済、歴史環境をもつ国々にも、平和構築に関わる国際機関、援助機関、国家などによって「移転可能な技術」であるという認識が根強いと、リッチモンドは指摘する。
　まず、自由主義的な法の支配は普遍的なものではなく、特定の価値体系における取り組みであり、エリート層、専門家、そして外部者にとって都合のいい制度であるという認識が重要である。さらに、自由主義的な平和構築が抱える矛盾——自由主義的な平和構築は欠陥をはらみながらも、いまなお紛争後社会での長期的な法と秩序の確立の主たる手段であるという矛盾——に気づき真摯に向き合い、そのなかでどうやって持続的な平和を構築するのかを考える必要がある。

（3）現地に根差した平和構築の模索
　前節での自由主義的な平和構築への批判的分析をふまえて、リッチモンド論文の第 4 節は、平和構築と文化の役割について考察している。固有の文化・伝統をもつ紛争後地域に対し自由主義的な平和構築が起こした問題をふまえて、平和構築への土着の伝統導入の重要性が認識されはじめた。たとえば、2004 年に出された国連事務総長の『法の支配と移行期の正義に関する報告書』は、平和構築における土着の文化、伝統の活用の重要性を認めた。[2]
しかし、「土着の伝統的な司法機構は、自由主義的な規範を土台とした国際的な基準を満たすものではなく、また、法の支配自体も自由主義的な規範を前提としているため、両者のあいだで衝突が生じる」とリッチモンドは指摘する。その一例としてシエラレオネのケースに触れ、平和維持・平和構築活動に従事する国際アクター、とりわけ、国連は、公式な法の支配崩壊が紛争の主な原因の一つだとし、司法制度の再建に力を注ぐ一方、土着の非公式なセクターを無視していたと批判する。「土着の非公式なアプローチを軽視する外部による公式なセクター中心の取組みは、法の支配と住民の日常生活の

乖離を招いた」とリッチモンドは批判する。

　この背景には、土着の伝統や文化、そして政治体制は、自由主義的な国家体制改革、開発、法の支配、そして人権確立の障害になるという考え方がある。「自由主義的な平和は国際社会からのトップダウン式に依拠した方針であり、それは中央の機関や政治家、そしてテクノクラート（の意向）を反映するが、地方の民衆は排除され、革新的なかたちの市民社会構築の可能性が打ち消され、空虚な国家を作り出す結果になった」と、リッチモンドは批判する。

　こうした状況をふまえて、「法の支配が紛争後の環境下で、現地の市民やコミュニティーに好影響を与えるには、土着の文化に適合し、国家機関だけではなく社会の合意に依拠したものである必要がある」とリッチモンドは主張する。

　もちろん土着の文化や伝統に依拠した平和構築を無批判に推進するべきというわけではない。現地の文化や伝統自体が社会の不平等や不均衡な力関係を反映していることもあることに注意を払うべきである。文化や伝統と法の支配を考えるときさらに注意すべきは、民主化と人権の推進は、基本的に自由主義的な個人主義を高めるが、地域のコミュニティを重視する伝統を損ない、地域に根差した法の支配や秩序と相容れない状況を作り出す可能性があるということである。そのため、紛争後の社会に法の支配を推進するとき、地域のコミュニティの幅広い理解と公正な社会達成に貢献するものである必要がある。たとえば、自由主義的な平和構築の一翼を担うのが新自由主義経済だが、紛争後の非西洋社会で、西洋型の私的財産権順守を推進する法の支配と新自由主義的経済が単純に結びつけられると、「法の支配が、社会の不均衡や不公正な階級構造を強化する恐れがある」。しかし、これらの批判は、紛争後の非西洋社会で法の支配が平和構築の牽引力にならないことを意味するものではない。単純な西洋型アプローチではなく、地域の社会契約のあり方の多様性を理解し個々にあったかたちの法の支配の促進が重要だということである。

　さらにリッチモンドは、法の支配の推進はたんなる国家の枠組み強化では

なく、市民の社会的正義に取り組む必要があると主張する。これまでの自由主義的な平和構築では、「法の支配が弱い場合、新自由主義的アプローチによって一部のエリートに権力と資源が集中してしまい、逆に法の支配が強すぎる場合、移行期において国家の憲法の枠組みに市民の福祉サービスなどが組み込まれず、市民の基本的欲求が充足されない状況をつくってしまうこともあった」。

このような課題の解決策は、現地の人々のニーズや彼らの文化的・政治的課題に傾聴し、理解することだとリッチモンドは述べている。平和構築における法の支配も、国家再建だけを重視するのではなく、社会学的・文化人類学的要素を取り入れて、個々の社会や文化に適した手法を構築する必要がある。法の支配推進において、紛争の原因を国家の真空状態だけに限定せず、社会的、経済的、文化的、そして政治的原因など広い視点から理解し、現地のニーズにあった解決策を支援していく必要がある。

第5節は、自由主義的な平和構築における市民社会と能力構築（キャパシティー・ビルディング）の問題を考察している。紛争後の持続的な平和に市民社会は不可欠であるが、自由主義的な平和構築では、市民社会構築は、みずからの課題・計画、そして指針を持ち込んでくる国際機関、国際NGOによって独占されてきた。外部の国際機関やNGOによる市民社会構築計画の独占は、紛争後の現地に独自の法的、社会的、政治体制が存在している場合でもみられた。この背景には、「紛争後の地域には市民社会は存在せず、かりに類似するものがあったとしても、問題を抱えたものでしかないという国際機関や各国の政策立案者のあいだの共通認識」があったとリッチモンドは指摘する。

東ティモールを例にとってみると、1999年以降、法の支配と司法制度がインドネシアの法律をもとに再編されたが、国際人権条約を順守するように修正され、より自由主義的な性質を徐々に帯びるようになっていった。また、そうした自由主義的な法の支配と司法制度の実行能力の問題、言い換えると、実務能力のある人材育成の問題が生じた。「1999年以前に司法研修を受けたすべての判事や弁護士の組織的な排除が、この問題をさらに深刻化させた」

第Ⅰ部　理論

とリッチモンドは説明する。自由主義的な国際規範に適合する新たに設けられた法の支配や司法制度は、首都ディリ以外の地域に伝統的に根差している法律と衝突するものであったが、その背景にも、「紛争後の国家建設に介入する自由主義的な国際機関のあいだで、中央集権化された司法制度は土着の制度よりも優れたものであるという認識」があり、この前提に立つ国際機関や関連組織は、みずからのやり方で新たに自由主義的な司法制度を導入しようとし、それが東ティモール社会・政治組織を損なってきたとリッチモンドは批判する。「国際社会による自由主義的な国家建設、インドネシアの法律、そして現地に根差した慣習の衝突は、新たに建設された国家の脆弱さを反映するとともに、国際機関主導による法の支配制度の限界と新制度に対する地元の運営能力の欠如」という事態を作り出す結果になったと、リッチモンドは指摘している。

　紛争後社会に自由主義的な国家建設を目指すさい、多くの場合、外部からの自由主義的な国家建設への圧力と現地の伝統や慣習とのあいだで衝突が生じ、さまざまなアクターの紛争の場となる。本来自由主義的な平和は、法の支配を土台として社会契約を前提としなければならないが、紛争後の国家建設では、市民の基本的ニーズを充足する機能がないかわりに、さまざまなグループ間の領土、主権、経済的利益をめぐる紛争の火種となってしまう。

　法の支配は自由主義的な平和に不可欠な要素だが、主な紛争地域である非西洋地域に西洋の政治的・文化的伝統をそのまま転嫁されたかたちで建設された国家が、現存あるいは新たに出現したエリート層に乗っ取られ不平等な構造が維持される結果になりうる。たとえば、コンゴ民主共和国では、文化や伝統に根差した民衆と政府のあいだの社会契約的な関係が構築されないまま自由主義的な国家建設が行われた結果、「エリート層による搾取と自由主義的な制度づくりが相まって、社会の分断や不平等が悪化した」とリッチモンドは述べている。

　こうした問題点をふまえ、単純な中央集権的国家建設でもなく、また、西洋からの組織や統治の単純な移植でもない、「地元との交渉や合意を土台とした市民や現地のニーズに寄り添った平和構築」が重要だとリッチモンドは

主張する。さらに、地元に根差した法の支配といっても、搾取的なエリートの権力を堅固にするものではなく、社会契約論的なものとして、民衆の福祉や社会的正義を保障するものでなければならない。

文化に根差した民衆中心の平和構築のために、自由主義的な平和構築は、紛争後の移行期において、市場経済の定着まで外部からの援助を土台とする新自由主義的国家ではなく社会民主主義的国家の構築を中心としなければならない。非西洋における平和構築には、「民俗学的かつ個々の地元に密着した実証分析の実行が必要」だとリッチモンドは提唱する。現代の自由主義的な平和構築では、現地や文化という文脈は軽視されてきたが、今後は、より個々の文化・伝統に敏感なコミットメントが必要だと結論づけている。

第2節　リッチモンド論文の考察

（1）現地の文化に根差した平和構築の重要性の主張

リッチモンド論文の意義は、これまで平和構築分野で中心的役割を担ってきた自由主義的な平和構築への批判と現地の文化や伝統に根差した平和構築の重要性を主張している点である。リッチモンド論文以前から、平和研究分野（厳密にいえば紛争解決論分野）で西洋的なアプローチに対する批判的研究は展開されていた[3]。だが、平和構築分野に特化し、自由主義的な平和構築に対して真正面から批判的議論を展開させたその貢献は大きい。

自由主義的な平和構築は、理性による自然界・人間社会の両方を体系的に説明可能にする普遍的真理への到達を信仰する西洋型啓蒙思想を土台としており[4]、リッチモンド論文が述べているとおり、普遍的枠組みとして平和構築に応用されてきた。紛争後の社会がどこであれ、自由主義的な平和構築論者が信じる普遍的な枠組みへと政治的・経済的・社会的に改革することで、持続的平和が可能になると考えられてきた[5]。民主主義・人権思想・市場主義経済・近代国家システムを軸とした改革が最終的に国際平和につながるという考えの下、自由主義的な平和構築が実行されてきたのである。

しかしリッチモンド論文が批判したように、サブサハラ・アフリカ諸国を

はじめとして、世界のさまざまな紛争後地域で、持続的な平和どころか状況を悪化させるケースが多々あった。さらに自由主義的な平和構築は、現地社会のニーズを反映したアプローチというより、大国あるいは覇権国の自由主義的価値観とそれを基盤とした不均衡な国際政治経済構造維持の道具にすぎないという批判を受け[6]、そうした文脈のなかで、リッチモンドは現地の文化・伝統・ニーズを尊重した平和構築の必要性を主張したと考えられる。

文化とは、われわれの生活や現実世界に意味づけをする一定化された考え方・価値観・規範であり[7]、人々が個々の地域のなかで継承、発展させてきた共有の世界観・慣習・知恵である[8]。そう考えると、紛争・平和に対する考え方、紛争の解決方法なども、個々の文化・伝統・宗教観によって異なる[9]。いうなれば、平和構築とは文化的現象である[10]。普遍的価値観として推進されてきた自由主義的思想を土台としたアプローチも、西洋という文脈のなかで生まれ発展してきたものであり、自由主義的な平和構築への反発は、異なる文化の衝突であったといえる。人がそれぞれの社会的・文化的文脈のなかで培ってきた価値観・世界観・規範を無視しては、建設的な紛争解決と社会の再建は不可能である。現地の慣習と規範を重視し、地域の主導によって現地の人々が自由に意見をいいあい、必要なニーズの充足、政治体制の構築が行われてはじめて持続的平和の道がみえてくるのである[11]。現地の人々の日常生活に目を向け、生活の基盤である文化への共感をもって接し、文脈にあわせたアプローチを模索することが平和構築の基盤であるとリッチモンドは主張している[12]。

（2）リッチモンドの国家建設論

現地の文化・伝統を重視した平和構築を主張するリッチモンドだが、彼は国家建設に関してはどう考えているのであろうか。自由主義的な国家建設の基盤となっているのは、武力紛争の原因の一つは国家機構の機能不全にあり、国家機構の機能強化が紛争解決と防止につながるという考え方である。

しかし、自由主義的な国家建設は国際機関、国家、国際的NGOなど、外部の主体による自由主義的価値観、規範、そして体制構築を土台にしたもの

で、最初から計画に不備があるとリッチモンドは批判する。現地の文脈を軽視した状態で外部アクターが主導する自由主義的な国家建設は、さまざまな個人的利益を追求するエリート層の力を強化するかたちになることになりかねないと同時に、もっとも支援とエンパワーメントが必要な現地の市民との乖離を生む結果となる。自由主義的な国家建設は、国家以外の固有の文化的・宗教的・民族的アイデンティティーと統治体制、法、規範をもつ住民とのつながりが欠如しており、結果、持続的な平和構築に至らない。

　自由主義的な国家建設を批判するリッチモンドであるが、国家建設自体を否定しているわけではない。重要なのは、外部からの自由主義的な価値観・規範のトップ・ダウン式ではなく、現地のニーズに根差したボトム・アップ型の国家建設の実践である。外部の自由主義的なアクターによる西洋を模した人権思想、民主主義体制、市場経済を基盤とする中央集権的な国家建設ではなく、現地住民のニーズ、福祉、日常生活レベルの安全保障を中心に据えた体制の確立がリッチモンドの考えるポスト自由主義的国家建設像だといえる。自由主義的な平和構築における国家建設では、自由主義的な外部アクターが中心的役割を担う一方で、現地の住民がみずからの日常レベルの問題の解決やニーズの充足において主導的役割を担う機会は与えられていない。自由主義的な国家建設ではマクロな平和プロセス、つまり、国家という体制をまず構築し、トップ・ダウン型に政策を行うというプロセスが根本にある。

　リッチモンドの考えるポスト自由主義的国家建設では、マクロな視点からミクロな視点への転換が重要である。マクロな国家建設の正当性は、外部の自由主義的なアクターや現地のエリート層ではなく、一般民衆の日常レベルのニーズや声を反映してはじめて生まれるのであり、そこには、一般民衆はたんなる被統治者ではなく、みずからの文化や伝統、慣習を土台にしたミクロな日常レベルの問題解決に向けて主導的役割を果たすとともに、多様な声が政策に反映されることを前提とした国家建設推進の中心的存在だという考えが前提にある。

(3) ポスト自由主義的国家建設の問題

　現地の文化、伝統、慣習に根差し、民衆を中心的アクターとして捉えるポスト自由主義的国家建設は、多様な民族、文化、宗教という文脈を軽視してマクロな枠組みを優先する自由主義的な国家建設の問題点を克服し、より持続的な平和に向けたアプローチといえるかもしれないが、問題がないわけではない。

　文化や伝統はポスト自由主義的な平和構築の柱であるが、同時に、文化や慣習も現地の民衆のあいだの不均衡な力関係と無縁ではない。現地のさまざまなアクターのあいだでも、多様な考え方、ニーズ、目的が混在し衝突している。現地の多様なアクターのニーズ、目的、利益がぶつかりあう結果、現地のどの文化的価値観や政策が現地の持続的な平和に寄与するのか、判断が困難なケースがあるという認識も必要である[17]。これは文化、伝統を軸にした平和構築の否定ではないが、現地の文化、伝統、そして人間関係のダイナミズムは、自由主義的な平和構築の批判者、現地に根差した平和構築の唱道者が想定している以上に複雑で矛盾をはらんだものという認識が必要だということを意味する。現地の文化、習慣への過度の依存は、特定の個人や集団の声や利益が他の住民のそれを犠牲にして反映される原因となり、現地の主体同士で衝突が発生している場合、状況を悪化させ新たな暴力が生まれ泥沼化する恐れがある[18]。

　この点については、最近のシリアが好例であろう。2011年のアラブの春以降、内戦状態におちいったシリアは、たんなるアサド政権対反アサド政権という構図では説明できない。反アサド側も覇権をめぐって分裂を繰り返し、スンニ派対シーア派・アラウィー派という宗派的な争いという要素が加わるとともに、周辺諸国や組織、そして大国も絡み（アサド政権側にはイラン、ロシア、ヒズボラなどが支援に回る一方、スンニ派の反対勢力には、トルコ、サウジアラビア、カタール、ヨルダンなどに加え、アメリカ、イギリス、フランスなどが支援を行っている）、さらに、「ヌスラ戦線」や「イスラム国（Islamic State : IS）」などのテロ組織も加わり混迷状態へと発展していった[19]。

　シリアのケースはまだ平和構築という段階に至っていないが（2018年12

月現在)、シリア内戦がグローバルな懸案事項であることに変わりはなく、紛争後、どのように持続的平和を構築するかは今から考えておかなければならない重要課題である。しかし、周辺諸国・大国間の衝突、宗派間の対立に加え、住民間の分断もあり、どのように住民主導の平和構築が実現できるのか不透明である。短期的には、人道的支援による住民の生命の確保が最優先事項だが、アサド政権が残るなかで、住民のニーズや幸福を軸にしたボトムアップ型の国家建設あるいは国家再編は可能かどうかわからない。

　現地の文化、伝統に密着したポスト自由主義的な平和構築は重要ではあるが、排他的・抑圧的な権力闘争と無縁ではないケースもあり万能薬ではない。ローカル・オーナーシップは持続的な平和構築に不可欠であるが、紛争後の国家建設において、さまざまな現地アクターのだれがどのようなイニシアチブをとるのか、その見解は曖昧かつ現地のアクター間でも不一致が生じ、状況が改善しない場合がある[20]。とくに既存の国家体制や社会構造に影響を与えるような深刻な民族、宗教、政治や地理的分断がある場合、紛争後の国家建設過程でローカル・オーナーシップによる政策実施は非常に困難である[21]。

　このように、外部アクターを中心としたトップダウン型の自由主義的な国家建設に問題がある一方、現地の文化、慣習に依拠したボトムアップ型の国家建設も、現実にはさまざまな矛盾や複雑さを抱えている。そのため、現地アクターと外部の自由主義的なアクター両方の関与による平和構築の模索が、もっとも現実的なアプローチということになるだろう。現地アクターと自由主義的な外部アクターの両方の関与を基盤とした、ローカルと自由主義の対話的・相互学習的プロセスこそ、ポスト自由主義的な平和構築の根幹だとリッチモンドは主張する[22]。それは、文化の多様性と現地のニーズを中心に置きつつ、現地で起きている問題を自由主義的な平和の文脈のなかで再編成し、現地アクターと自由主義的なアクター両者のコミットメントによる持続的平和の構築を意味するが[23]、単純に自由主義的な規範をそのまま現地の問題に当てはめることを意味するわけではない。自由主義的な規範を個々の文脈にあわせながら問題解決のために創造的に変容させ現地のアクターに新しい視点を与えることで、多くの市民が問題解決の主要アクターとして現地の政治領

域に関わり、みずからの手で持続的な平和を達成できるようにエンパワーメントを目指すプロセスである[24]。

　現地の文化・習慣に根差しつつ、自由主義的な枠組みを個々の文脈のなかで創造的に変容させて持続的平和を目指すポスト自由主義的な平和構築において、さまざまな文化・伝統・人種・宗教グループが混在している場合、そのなかに潜む分断や矛盾の克服に向けて、中央集権的な国家建設と同時に、日常レベルの問題を住民が直接的に解決する地域分散型政治制度の確立が重要になる。草の根レベルの参加型政治体制の確立をつうじた地方自治の強化では、ミクロレベルでの問題解決を支援する制度を現地のアクターと自由主義的な外部アクターが協働して確立することが重要である。個々のグループが長期的視野に立ち、自己のグループのみならず他のグループのニーズや目的を考え、協力できる体制づくりを自由主義的な外部アクターがどう支援できるか、大きな課題である。

　地方自治やミクロなコミュニティ中心の統治制度の推進は、国家建設自体の否定ではない。ただ、多様なグループが個々の文化や伝統を建設的に活用し調和的な関係を築くには、現地のグループが、直面している課題に対して中心となって取り組む責任を委譲され解決する環境を生み出し、他のグループとの相互信頼を醸成することが重要である。自由主義的な外部アクターは、地方自治を支援するかたちで中央政府を建設する必要がある。個々の地域特有の文化や伝統を活用しつつ、必要な変容を支援するかたちで自由主義的な外部アクターが参画し、現地が日常レベルで直面する政治・経済・社会問題に対処する参加型政治体制を定着化させ、相互信頼にもとづいた非暴力的・建設的紛争解決の仕組みづくりに取り組むことが重要であろう。

第3節　リッチモンド論文からみるポスト自由主義的平和構築の課題

　リッチモンド論文からみえてくるのは、現地の文化・伝統・ニーズを柱としながらも、地域の文化・慣習に潜む問題、そして、現地のさまざまなアク

ター間の分断や衝突があるなかで、現地の人々と自由主義的な価値観を基盤に平和構築にたずさわってきた国際機関・国家・NGO・アカデミアなどが、いかにお互いの知識・知恵や手法を尊重しあいながら、地域に根差しつつ必要に応じて変容を協働して行っていくかということである。自由主義的な価値観を基盤とする外部アクターが、自由主義は普遍的価値ではなく多様な価値観の一つという認識とともに、個々の紛争地域に存在する文化・伝統と対話を重ね、相互補完的なつながりを確立することが持続的平和には重要である。対話的な関係性の構築は容易ではないが、自由主義的な平和構築を基軸とした外部アクターと現地アクターの非対称的な関係の克服と信頼醸成には不可欠なことである。今後、多様な文化、宗教の平和思想と自由主義的な平和論がどう協働できるのか、本格的な理論研究・実践が大きな課題である。

　たとえば、リッチモンドはサブサハラ・アフリカ地域の平和構築について言及しているが、最近はボコハラム、IS問題など、北アフリカ、東アフリカ、そして中東地域のイスラム教圏の複雑な紛争が大きな課題となるなかで、イスラム教の平和思想と自由主義的な平和構築論の協働関係の模索は重要課題の一つである。

　ポスト冷戦期、ターリバーン、アルカイダ、IS、ボコハラムなどへの対応がグローバル課題となるなかで、イスラム教に対する偏見が増大しているが、本来、イスラム教は平和思想と非暴力的な紛争解決への示唆に富んだ宗教である。イスラム教の中心にあるのは神への帰依と、神はすべての人間の創造主であり、ムスリム共同体と（他の宗教を信仰する）全人類とは一体だという思想である。すべての人間の平等性、尊厳の普遍性そして連帯が、イスラム教の聖典であるコーラン、そして、預言者ムハンマドの言行録であるハディースの重要テーマの一つである。

　すべての人間の普遍的尊厳と平等を土台にした社会的正義の達成が、イスラム教の平和構築の核となっている。たとえば、コーランの第17章で「人は自分の両親や縁者だけではなく、孤児、貧困者、身寄りのないもの、自分と関係あろうがなかろうがすべての隣人に対して善行をしなければならない」と説いているように、被抑圧者、貧困にあえぐ人々を助け、すべての人

が平等に扱われる社会の構築が重視される[28]。社会経済的に恵まれないすべての人々に対して、公平かつ公正な福祉政策や経済政策の実施なしには国家は存続しえないというのがイスラム教の考えである[29]。日常レベルで貧困や差別に苦しむ人々への支援と社会的エンパワーメントをつうじて、彼らの尊厳と人間性を回復するのがイスラム教の柱であり、国家の存在意義である。

　社会的正義に加え、イスラム教は非暴力的な紛争解決を強調している。調停や対話などを重視し、それは個人間の紛争にかぎらず、コミュニティ内の集団的紛争でも活用される[30]。また話し合いで重視されるのがシューラ（協議）である。これは、一部の支配者同士の協議ではなく、ある意思決定の影響を受けるすべての関係者が協議に参加し物事を決めるというもので、参加者の意見、考え方の平等性を土台として自己批判と内省を実践し、自由かつ誠意のある議論をつうじて合意形成を図るプロセスである[31]。このシューラにも、すべての人の根源的な平等、そして、多様性を包含しながら一つの共同体としての共存を目指すイスラム教の教えが根底にある[32]。すべての人間の根源的平等と尊厳の認識、構造的暴力撲滅による社会的正義の達成、民衆の参加型政治体制の確立、そして、憎悪や偏見の克服と多様性の共存をつうじて、肉体的、精神的、社会的、霊静的調和といった包括的な平和の達成を目指すのである。

　簡単ながらイスラム教の平和思想について紹介したが、これと自由主義的な外部アクターとの協働の模索は、リッチモンドが提唱するポスト自由主義的な平和構築論にとってもっとも重要な課題の一つであろう。自由主義的な思想を軸とする外部アクターと現地住民とのあいだで信頼を醸成し、協働を通じて必要な変容を推進するために自由主義的な外部アクターに今後求められるのは、これまでのような介入的・トップダウン型の態度やスキルとは違う思想や考え方、そして手法の育成であると、リッチモンドは主張している[33]。だが、具体的な例は挙げていない。アカデミアも含めて、自由主義的な価値観を基盤にして平和構築にたずさわってきたアクターにとって介入的・規律的ではないスキルや態度とは何を意味し、どう育成すればよいのか、さらなる研究が求められている。

また関連する課題として、自由主義的な平和構築の土台である啓蒙的哲学とは異なる哲学的土台の構築がある。平和構築とは実務であり哲学とは無関係のものにみえるが、そうではない。むしろ密接につながっており、実務面ばかりに目を向けていては平和構築の改革は進まない。このことは本書第1章で紹介したパリス（Roland Paris）も明確に主張している。パリスは、現代の平和構築研究は、実務的・技術的側面に重きが置かれ、その土台である哲学的研究がおろそかになってきたと批判している。[34]

　実務的・技術的側面が平和構築研究の中心的テーマとなってきた原因の一つは、国際機関、国際NGO、さらに多くのアカデミアが、啓蒙思想的哲学を土台とする自由主義的な平和構築を、普遍的な価値体系として当然のごとく受け入れてきたことにあるだろう。啓蒙思想的哲学は、理性による自然界と人間世界の表層的な違いの根底に存在する普遍的真理の到達を前提としている。[35] この普遍的真理信仰を基礎とし、自由主義的な平和構築を推奨する人々は、紛争後のすべての社会への自由主義的な枠組みの適用による持続的平和の達成を推進してきた。

　しかしリッチモンドのポスト自由主義的な平和構築では、すべての紛争地域に応用可能な普遍的アプローチではなく、現地の文化や伝統に根差しながらも現地の考え方だけでは解決困難な問題の克服のために、現地主体と外部主体が協働し持続的平和を構築することが求められる。それは異なる価値体系が協力して新たな価値体系を作り出すことを意味する。そのような協働の実現には、手法と同時に啓蒙思想的哲学ではない哲学的土台とビジョンの模索が必要となる。それがポストモダニズムなのか、脱構築主義なのか、社会構成主義なのか、（もちろんリッチモンドだけが考えるべき課題ではないが）リッチモンド論文は明確な見解を示していない。リッチモンド論文は、自由主義的な平和構築における法の支配への批判的考察が主題であるが、たんなる実務・技術的議論ではなく、平和構築の根幹の見直しを迫るものといえるのではないだろうか。

注

1) Richmond, 2010.
2) United Nations Security Council, 2004.
3) 代表的な批判については、以下を参照。Avruch, 1991, 1998; Lederach, 1995; Salem, 1993.
4) Richmond, 2011.
5) Richmond, 2005.
6) Richmond, 2011.
7) Francis, 2004.
8) Vayrynen, 2001.
9) Ibid.
10) Fry and Fry, 1997
11) Newman, 2009.
12) Richmond, 2011.
13) Richmond, 2013.
14) Ibid.
15) Ibid.
16) Ibid.
17) Simons and Zanker, 2014.
18) Ibid.
19) BBC, 2016.
20) Bojicic-Dzelilovic et al., 2014,
21) Ibid.
22) Richmond, 2011.
23) Ibid.
24) Richmond, 2014.
25) Abu-Nimer, 2003.
26) Montville, 2001.
27) Ibid.
28) Thistlethwaite and Stassen, 2008.
29) Abu-Nimer, 2003.
30) Thistlethwaite and Stassen, 2008.
31) Abu-Nimer, 2003.
32) Ibid.
33) Richmond, 2012.
34) Paris, 2002.
35) Best and Kellner, 1991.

引用参考文献
【外国語文献】

Abu-Nimer, M., 2003, *Nonviolence and Peacebuilding in Islam : Theory and Practice*, University Press of Florida.
Avruch, K., 1991, "Introduction : Culture and Conflict Resolution," in K. Avruch et al., eds., *Conflict Resolution : Cross-Cultural Perspectives*, Greenwood Press, pp. 1–17.
Avruch, K., 1998, *Culture and Conflict Resolution*, United State Institute of Peace Press.
BBC, 2016, "Syria : The Story of the Conflict," 11 March 2016. 2018年2月28日アクセス確認。
Best, S. and D. Kellner, 1991, *Postmodern Theory : Critical Interrogations*, Macmillan.
Bojicic-Dzelilovic, V., D. Kostovicova, and D. Ramtpon, 2014, "State-building, Nation-building and Reconstruction," in M. Kaldor and I. Rangelov, eds., *The Handbook of Global Security Policy*, Wiley Blackwell, pp. 265–281.
Francis, D., 2004, "Culture, Power Asymmetries and Gender in Conflict Transformation," in A. Austin et al., eds., *Transforming Ethnopolitical Conflict : The Berghof Handook*, VS Verlag, pp. 91–107.
Fry, D. and C. Fry, 1997, "Culture and Conflict Resolution Models : Exploring Alternatives to Violence," in D. Fry and K. Bjorkqvist, eds., *Cultural Variation in Conflict Resolution : Alternatives to Violence*, Lawrence Erlbaum Associates, pp. 9–25.
Lederach, J., 1995, *Preparing for Peace : Conflict Transformation across Cultures*, Syracuse University Press.
Montville, J. V., 2001, "Religion and Peacemaking," in R. G. Helmick and R. L. Petersen, eds., *Forgiveness and Reconciliation : Religion, Public Policy, and Conflict Transformation*, Templeton Foundation Press, pp. 97–116.
Newman, E., 2009, "'Liberal' Peacebuilding Debates," in E. Newman et al., eds., *New Perspectives on Liberal Peacebuilding*, United Nations University Press, pp. 26–53.
Paris, R., 2002, "International Peacebuilding and the 'Mission Civilisatrice'," *Review of International Studies*, Vol. 28, No. 4, pp. 637–655.
Richmond, O. P., 2005, *The Transformation of Peace*, Palgrave Macmillan.
Richmond, O. P., 2010, "The Rule of Law in Liberal Peacebuilding," in C. L. Sriram et al., eds., *Peacebuilding and Rule of Law in Africa*, Routledge.
Richmond, O. P., 2011, *A Post-Liberal Peace*, Routledge.
Richmond, O. P., 2012, "Missing Links : Peace Infrastructure and Peace Formation" in U. Barbara et al., eds., *Peace Infrastructures: Assessing Concept and Practice*, Berghof Foundation, pp. 22–29.
Richmond, O. P., 2013, "Failed Statebuilding Versus Peace Formation," *Cooperation and Conflict*, Vol. 48, No. 3, pp. 378–400.
Richmond, O. P., 2014, *Peace : A Very Short Introduction*, Oxford University Press.
Salem, P., 1993, "A Critique of Western Conflict Resolution from a Non-Western Perspective," *Negotiation Journal*, Vol. 9, No. 4, pp. 361–369.
Simons, C., and F. Zanker, 2014, *Questioning the Local in Peacebuilding*, Working Papers of the Priority Program 1448 of the German Research Foundation.

Thistlethwaite, S. and G. Stassen, 2008, *Abrahamic Alternatives to War*, United States Institute of Peace Special Report.

United Nations Security Council, 2004, *The Rule of Law and Transitional Justice in Conflict and Post-conflict Societies : Report of Secretary General*, UN Document S/2004/616, 23 August 2004.

Vayrynen, T., 2001, *Culture and International Conflict Resolution : A Critical Analysis of the Work of John Burton*, Manchester University Press.

第3章
国家建設の戦略的指針としてのオーナーシップ原則

篠田英朗

第1節　本章の目的

　オーナーシップ原則は、冷戦後の国家建設のなかで、とりわけ重視されるようになった原則の一つである。このようにいうことは、やや意外な印象を与えることかもしれない。なぜならオーナーシップ原則は、非常に伝統的なものにも感じられるからだ。

　たしかにオーナーシップという概念が国際社会で用いられるようになった背景には、少なくとも20世紀後半の脱植民地化の流れがある。植民地支配から脱したアジア・アフリカの新興独立諸国は、当然ながら西洋人による支配に反発し、自治の精神を重視した。自分たちの事柄を自分たちが保有する、というメッセージを示すオーナーシップの概念は、脱植民地化運動によって変質した国際社会の秩序を象徴するものであった。

　現地の人々による自治を標準とする国民国家モデルの普遍化こそが、20世紀後半に起こった国際秩序の転換の性格を物語るものである[1]。オーナーシップ原則の強調は、20世紀後半の国際秩序の成立によって生まれてきたものであった。

　だがこのようなオーナーシップ原則の性格は、介入主義的性格を強めた現代の国家建設とは、鋭く対立するものではないだろうか。冷戦後の国家建設

第Ⅰ部　理論

は、外部勢力による強制的な介入の性格をもっており、本来の意味でのオーナーシップ原則には反する活動をするようになっている。それにもかかわらず、あるいはそれだからこそ、現代国際社会は、国家建設にさいして、オーナーシップ原則の尊重をあえて特筆するようになってきた。逆説的な言い方になるが、介入の度合いを強めているからこそ、国家建設にオーナーシップ原則を位置づけることの意味が認識されてきている。

　本章は、オーナーシップ原則が、どのように国家建設の一支柱を形成する戦略的原則の一つとなっているかを論じる。2) 国家建設において求められるオーナーシップでは、平和を目指す活動の意思、能力、権限、責任などの主体の一致が問われる。それは決して簡単に達成できることではない。しかし時間をかけて追求するからこそ、オーナーシップ原則は、国家建設の方向性に関わる戦略的な指針となるのである。

　ここで「戦略的」という表現で示そうとしているのは、目的を達成するための手段の適切性を高める考え方のことである。もし国家建設が紛争後国家に平和をもたらすための活動のことであるならば、オーナーシップ原則を戦略的に考えるということは、平和を達成するための有効な手段として、オーナーシップ原則を考える、ということに等しいはずである。

　実際に、いまや現地社会のオーナーシップ原則は、国家建設の成功に不可欠な要素である。現代の国家建設には、過去と比べて大きな改善があり、現地のオーナーシップ促進は、国家建設が成功を収めるための鍵となる。国家建設支援に従事する者にとって、現地のオーナーシップとは、倫理的・法的原則のようなものではなく、むしろ自分たちの活動を成功させるために必要不可欠な戦略的原則である。

　本章は、第一に、オーナーシップ原則の歴史的・体系的な位置づけについて検討する。第二に、オーナーシップ原則が作り出すジレンマについて検討する。第三に、シエラレオネを題材にして、国家建設におけるオーナーシップの意味を探る。

　そのように議論を展開させながら、本章は、オーナーシップが、いまや広範に、持続可能性の高い長期的な平和の達成に不可欠な戦略的指針となって

いることを論じる。紛争（後）国家を安定させるための政治的プロセスのなかで、それぞれの社会の具体的な文脈に応じて、現地のオーナーシップ原則は、戦略的に理解され、追求されてきている。

第2節　国際社会におけるオーナーシップ原則

（1）オーナーシップ原則の歴史的背景

　オーナーシップは、自分が自分自身を所有することを求めるという哲学的な所作に関する概念である。近代政治思想において、個人は独立した自然権に根差した個別的な人格をもった存在であり、それは政治社会の存立にあたっても適用された考え方であった。もしある人物が自分自身を所有しているという感覚をもたない場合、その人物は自分自身を管理することができない人物であるとみなされる。このようなオーナーシップ概念の哲学的背景は、政治社会にもそのまま適用される。ルソー（Jean-Jacques Rousseau）によって代表される近代初期の政治哲学では、統治者と被統治者のあいだの同一性が、望ましい政治社会の前提であるとみなされた[3]。フランス革命が衝撃的だったのは、そのような哲学的命題が、過激な行動に結びつくことが示されたからであった。統治者と被統治者が同一でなければならないという近代的な命題こそが、自分は自分自身を所有しなければならないというオーナーシップ原則の興隆の思想的な源泉だと考えることができる[4]。

　ルソーやフランス革命の思想の批判者たちは、200年以上前の時代から、統治者と被統治者の一致という理想は、達成困難な目的だと考えた。国民国家モデルが国際社会の標準的モデルとみなされるようになった20世紀後半においても、人間のアイデンティティが国家を基礎単位とする政治社会に完全に吸収されたわけではない。革命家たちは純粋なアイデンティティと完全なオーナーシップを求める一方で、批判者たちはせいぜいそれらの理念を形式的な基準としてしかみなそうとしなかった。あるべき国民国家の達成を目指す「自決（self-determination）」の理念を掲げた政治運動は、19世紀をつうじて欧州大陸に広がり、20世紀後半にはさらに地理的に広範な地域に広

がり、世界的な原則となった。

　オーナーシップという概念の原義は、人間が物を所有する状態を指す。しかし人間が自分自身を所有するという近代哲学の命題をへて、現代国際社会では国民が自分たち自身の国家を所有するという状態を指す概念として、意味を広げた。フランス革命の運動が内政における人民を代表していない統治者に対する反抗を正当化したように、民族自決の運動は国際社会における人民を代表していない統治者に対する反抗を正当化した。そして革命の運動が王政の崩壊後も続いたように、民族自決の運動は植民地支配の崩壊後も続いた。植民地支配を否定し、欧州列強の帝国主義の時代に終止符を打ったあとも、民族自決を思想的基盤とする脱植民地化運動の余韻は残存した。旧植民地地域が新興独立諸国へと生まれ変わったあとも、外部勢力の干渉を拒絶する思想運動としての民族自決の意味は残った。そこで外部勢力の影響をはねのけて、自分たちを自分たち自身で統治する原則を示すものとしてのオーナーシップ原則の重要性も繰り返し語られるようになった。

　オーナーシップ原則は、依然として哲学的な含意を内包している。だがそれは20世紀後半には、よりいっそう制度化されることになった。自決の原則は、国連憲章に取り入れられ、逸脱してはならない国際法の一原則となった。実際には、だれが自決の主体である「人民」になるのか、という問題を解決してくれる方法を国連憲章が提示していないため、自決原則の運用は曖昧にならざるをえなかった。しかし、それでも不可侵の原則とされた自決の理念は、20世紀後半の国際社会の一つの重要な特徴になった。そして不可侵の原則ではありながら、その適用方法については曖昧であるがゆえに大きな裁量の余地が生まれる原則として、オーナーシップもまた20世紀後半以降の国際社会で繰り返し議論されるようになった。

（2）オーナーシップ原則の概念

　自決やオーナーシップの原則の適用にあたって問題となる「自己（self）」はだれなのか、という問題は、哲学における以上に、政治において重大な問題となる。自決が主張された地域において、「自己」がだれのことであるの

かが厳密に論証可能である場合などは、ほとんど存在しない。植民地支配は、民族的・宗教的・文化的紐帯に即して進められたわけではなく、新興独立諸国のほとんどが、独立後の政治運営にあたってアイデンティティ確立の問題に苛まれることになった。

　それに対して国際社会の規範枠組みを構成する自由主義の理念にもとづけば、人権思想を基盤として、アイデンティティが複雑に錯綜した社会であっても一つの安定した社会を築くことができる。だがそれは抽象理論である。実際には、社会が分裂した状態では、自由主義にもとづく社会の安定化も困難をきわめるだろう。近代的理念にもとづく政治社会の「自己」性は、「自己」性の共通基盤などもったことがない人々が、植民地支配から解放された瞬間、自動的に獲得できるものではなかった。

　国家建設にかかわる国際的な介入者・支援者は、オーナーシップ原則を尊重しようとする。しかし彼らは同時に、オーナーシップの基盤となる「自己」性が、新興独立諸国では非常に脆弱なものであることを知っている。端的には国民全体を代表しているとはいえないような権力者とも、オーナーシップ原則を意識しながら、付き合っていかなければならない。そこには解決されないジレンマが生じる。国際ドナーの視点からは、しばしば汚職対策などの説明責任（アカウンタビリティ）の問題や、統治機構の正統性の問題が、指摘される。だがそれはすべて、より根源的には、統治者と被統治者が同一だという前提に立つオーナーシップ原則の抽象理論に起因する問題なのである。

　したがって支援の現場で頻繁に目撃される援助の提供者と受入者のあいだの緊張関係は、前者がオーナーシップを十分に尊重しているか否かといった視点では、理解できない。むしろ尊重すべき「自己」性の複雑さから、状況の困難が生まれる。哲学的探究や文化人類学的調査で、「自己」性が明確になることなどは、ほとんどありえない。政治的プロセスをつうじた試行錯誤のなかで、オーナーシップの理解の仕方は問われ続ける。そこで重要になるのが、そのようなプロセスの管理なのだ。

　たとえば人権促進を掲げる国際ドナーが、現地社会の人権活動家に強い親

第Ⅰ部　理論

和性を感じるのは当然だろう。そこで国際ドナーは、オーナーシップ概念を広げ、現地社会の市民社会団体が大きな役割を果たすための理論的基盤とすることを試みるだろう。それに対して政府は不満に思うこともあるかもしれない。あるいはさらに市民社会を取り込んだオーナーシップ概念をつうじて、より広範な国際ドナーの貢献を引き出すための間口とするように画策することもあるかもしれない。いずれにしても、オーナーシップをめぐる政治プロセスの管理の問題が発生していくことになる。

　概念の管理の点で重要になるのは、まずはオーナーシップの諸形態の範疇化であろう。たとえばナショナル・オーナーシップ（national ownership）とローカル・オーナーシップ（local ownership）の使い分けである。脱植民地化をつうじて発揮された国際法上の自決の概念から直接的に導き出されるのは、まずはナショナル・オーナーシップである。外部勢力による支配の有無が、そこで問題になる。しかしこれだけでは政府の存在あるいは行動に問題がみられる場合、オーナーシップ原則が問題を隠蔽するように働いてしまう。そこでオーナーシップ原則の内容に幅をもたせるため、ローカル・オーナーシップといった区別された概念が用いられる機会も生まれる。

第3節　オーナーシップの構造的困難

（1）政府の代表性のジレンマ

　オーナーシップはつねに原則となるが、完全に達成されたという場面は少ない。多くの場合に達成困難な目標であると考えられる背景には、いくつかの構造的な要因がある。国際協力活動の全般において、資金提供を行う国際ドナー側に、イニシアチブをとることが容易な仕組みが存在している。とくに平和活動においては、西洋的な民主主義国を典型的なイメージとする自由主義的価値規範が、中心的な枠組みを形成している。これに加えて、現地社会は決して統一的な組織体として行動することがないという当然の事実が存在する。政府機構内部だけをとってみても多様な政策的意思が混在している。そこに市民社会組織や住民たちをステークホルダーとして認識するのであれ

ば、オーナーシップの主体となるべき現地社会を、もはや一つの意思決定メカニズムをもつ統一的な行為体とはみなせなくなる。

　この問題は、現地社会全体を代表しているはずの中央政府が、正統性を欠いた方法で権力を握った者たちで構成されていたり、正統性を欠いた統治の手法を採用していたりする場合に、オーナーシップと政府の代表性をめぐるジレンマとして、明白になる。それはたとえば、新家産制国家の問題などと深く結びついている[5]。

　国民国家としての一体性が希薄なまま独立した主権国家となっていったアフリカなどの地域では、国家権力を握った者たちが、パトロン＝クライアント関係を形成して、非常に偏った権力と資源の配分を常態化させながら統治する状態が、しばしばみられる。国家内部の特定の人々が、特定の利益の収奪を目的にして、国家機構を動かす権力を握り、公的権限を私的利益のために用いるのが、新家産制国家の問題である。さらに深刻なのは、私的利益の確保を求めて、国家権力の奪取が試みられることがある点である[6]。

　国際的な支援が行われる場面では、近代主権国家の存在が前提となる。国家全体を代表する中央政府が存在しているとみなせれば、現地社会内部の複雑な事情の多くを、回避することができるからだ[7]。だが、制度的仕組みが脆弱な状況で行われる国家建設は、そのような前提を当然視できない。

　もっとも、国家建設が近代主権国家を求めているということ自体が、特定のイデオロギーの標準化の実態を示すという指摘もありうる。そうした見方は、たとえば第1章で紹介したパリス（Roland Paris）による「自由主義的平和構築論（Libiral Peacebuilding Theory）」に対する批判へとつながるだろう。

（2）オーナーシップと自由主義のジレンマ

　パリスによれば[8]、1990年代の国家建設は、いずれも民主化と市場経済化を目指していたが、その方向性こそが、この時代の国家建設の多くが失敗に終わった大きな要因であった。なぜなら、拙速な民主化と市場経済化は、紛争後の社会情勢に見合わず、かえって不安定化をもたらすことが多かったからである。パリスは、このような失敗の背景に、国際関係学における「民主

主義の平和（democratic peace）」理論の影響などがあったと分析した。ただしパリスは、自由主義的性格をもつ政策を全面的に放棄することは処方箋にならないとも述べ、自由主義化をつうじた国家建設を進めるためには、「自由主義化の前の統治制度構築」が必要になると論じた。[9]

このようなパリスの議論は、実際には、統治制度構築にまで踏み込んだ国家建設を促進する含意をもっていた。それに対して、パリスよりもさらに批判的に自由主義と国家建設の結びつきに警鐘を鳴らしたのは、第2章で紹介したリッチモンド（Oliver P. Richmond）である。リッチモンドは、国連などの活動をつうじた「自由主義の平和（liberal peace）」の試みを、「上からの平和」と呼び、結局は国家機構の対外勢力への依存を延々と続けてしまうだけだと論じた。リッチモンドはさらに、自由主義的傾向の強い平和構築政策が、法の支配のような理念を身にまといながら紛争後国に持ち込まれたとき、実際には私腹を肥やす現地権力者層によって利用されてしまうだけの結果を招き、平和構築が多くの現地の人々から乖離してしまう現象の要因になると論じた。[10]

ジレンマはジレンマとして、おそらくほとんどすべての国家建設に残存し続ける。問題になるのは、ジレンマを意識しながらも、平和構築活動を前に進めていこうとする政策的な判断である。そのとき、いずれにしてもオーナーシップ原則の管理と発展が、一つの大きな政策的判断の対象として考慮されることになる。

第4節　シエラレオネの事例

国家建設におけるオーナーシップ原則が、実際にどのように適用されているのかをみるためには、さらに個別事例を詳細にみて検討していく必要がある。本章では、21世紀の国際的な国家建設支援のなかの成功例として参照されることが多いシエラレオネを取り上げて、議論の整理を行ってみたい。[11]

シエラレオネは1990年代をつうじて続いた長く凄惨な内戦の歴史を終わらせ、2000年代に着実な平和構築のプロセスをたどった。シエラレオネの

特徴は、大規模な国連 PKO の展開のあとに、ブルンジとともに設立直後の国連平和構築委員会の最初の検討対象国の一つとなり、平和構築基金による支援の最初の対象国にもなったことで、国連主導による平和構築への関与の一つのモデル・ケースとなったことである。

　シエラレオネの内戦の構造はきわめて複雑であった。隣国リベリアで先に内戦がはじまり、その余波を受けてシエラレオネにも内戦がもたらされた。反乱軍「革命統一戦線（Revolutionary United Front：RUF）」の指導者サンコー（Foday Saybana Sankoh）は、リビアで反政府活動の軍事訓練を受け、シエラレオネ内戦への関与で戦争犯罪を問われることになるリベリアのテイラー（Charles MacArthur Ghankay Taylor）と出会っていた。ダイヤモンドが紛争経済と密接に結びついて紛争の長期化につながったことを考えれば、国際的な資源流通市場の存在も無視することはできない。また国内に目を向けても、中央政府と RUF だけが単純に軍事衝突したわけではない。カマジョーと呼ばれる集団が中心になった市民防衛軍（Civic Defense Force：CDF）は、RUF に対抗する有力な軍事勢力であった。またナイジェリア軍を中心とする地域平和維持軍として展開した西アフリカ諸国経済共同体監視団（Economic Community of West African States Military Observer Group）や、政府が導入した傭兵部隊であるエグゼキュティブ・アウトカムズ社、さらには軍事クーデタを企てた勢力なども、紛争の構図の変動に大きな影響を与えた。

　シエラレオネの内戦は、1999 年ロメ和平合意で恩赦の対象になったサンコーが、2000 年に市民の蜂起で拘束されることによって、さらにイギリス軍の介入にともなう情勢変化を受けて事実上 RUF が自然消滅することによって、終息していった。ただし紛争を形成した基本構図の消滅は、紛争に関係した社会構造の歪みが取り除かれたということまでは意味しない。実際に、たとえば選挙のたびに、内戦を形成した勢力の分布図に呼応するようなかたちで対立が再燃したり、若者層が動員されたりする。

　シエラレオネの場合、社会的歪みは、いくつかの社会的集団に対応するかたちで存在している。第一に、典型的な西アフリカの実情を示すように、世

代間の格差が大きな問題となっている。本書第6章で詳しくみるパラマウント・チーフ制度に象徴されるような伝統的共同体の仕組みが、年長者に権力を集中させる傾向をもち、人口構成では多数を占める若者層が社会的な意思決定メカニズムや経済的な恩恵から阻害されがちであることが、社会構造の不安定性をもたらすのであった。

第二に、地域的対立とも密接に結びついた政治的な対立構造がある。伝統的に全人民会議党（All People's Congress Party：APC）は、北部に勢力基盤をもってきた。内戦前には、政権党であったAPCが東部地域で人権侵害行為に手を染めていた。そのことが内戦当初にRUFが東部地域に浸透する現象が起こる温床となったのである。内戦中に行われた大統領選挙で当選したシエラレオネ人民党（Sierra Leone People's Party：SLPP）のカバー（Alhadij Ahmad Tejan Kabbah）は、内戦後もしばらく大統領職にとどまって復興過程を政治的に主導した。2007年の激烈な選挙戦を勝ち抜き、2018年4月まで大統領の座にあったコロマ（Ernest Bai Koroma）は、出身地であるマケニを含む北部地域に開発プロジェクトを数多く導入したため、地域的格差は助長されたという見方もある。

なお大統領選挙では、シエラレオネ特別法廷による戦争犯罪問題で、カバーがカマジョーを裏切ったとみなされたため、カマジョー系の若者勢力がAPC側に投票したことが大きな意味をもったとされる。若者問題と政治問題もまた相互に結びついているのである。

こうした意味において2009年議会選挙後に、主要2政党間で締結された「共同声明（Joint Communiqué）」はきわめて重要なものであった。選挙後に、主要政党支持者が、他党の選挙事務所を襲撃するなどの暴力事件を起こし、危機が高まった。そこで国連が調停に入って暴力事件の再発を防いだのである。「共同宣言」では、平和構築へのコミットメントが確認されただけでなく、政権党および野党それぞれの役割を相互に確認する内容をもっていたという点で、画期的であった。紛争後社会の複数政党制を発展させ、紛争解決を図っていく過程において、現地社会の指導者によって自由民主主義の理念が確認されたことの意味は大きい。

「共同宣言」の成果などがあり、シエラレオネは、選挙による平和的な権力移行を経験したあと、国際社会と現地指導者の共同の努力によって、複数政党制を前提にした政治文化の拡充が図られた事例となったのである。つまりシエラレオネは、自由主義的な平和構築の成功例とみなされるにふさわしい歴史をもっているのである。

シエラレオネの和平プロセスは、ロメ和平合意によってはじまったことになっている。ロメ合意は、カバー政権とRUFが合同で代表するオーナーシップを模索する試みであったといえる。これに対してサンコー拘束後のシエラエオネでは、RUFという要素が取り除かれ、正規の法的基盤にもとづいて中央政府が国民を代表するあり方が、オーナーシップ発展の中心的課題となった。RUFの消滅こそが、シエラレオネ社会のオーナーシップの進展に決定的な影響を与えた要素であった。

外部介入の結果として成立・展開したシエラレオネの国家建設のプロセスは、国際社会が標榜する自由主義的な価値規範を中核に据えたものである。オーナーシップ原則の適用において、積極的に市民社会組織の関与も促進された[12]。そのためいっそう、シエラレオネの成功が、国連を中心とする国際ドナーの観点からみたときに重要なものにみえるのであろう。同国で展開された最後の平和活動である国連シエラレオネ統合平和構築事務所（United Nations Integrated Peacebuilding Office in Sierra Leone）が2014年に活動を終了させて以降も、大きな危機は経験していない。

シエラレオネの平和は完全に確立されたとまではいえないかもしれないが、それでも紛争終結から15年以上がたち、平和構築の重要な実例の一つとなっている。なぜそうなのかといえば、それは国際ドナーが標榜する自由主義の理念を、現地社会が受け入れながら、実際の紛争解決も図ってきたからである。その過程で、政府機構の改革も導入された。ハイブリッドな国家建設が標榜したように、国際ドナーの規範意識に合致するかたちで、現地社会のオーナーシップも発展してきたのである。シエラレオネは、国家建設におけるオーナーシップ原則の戦略的指針化という観点からも、重要な意味をもっている。

第Ⅰ部　理論

第5節　議論の総括

　本章では、国家建設におけるオーナーシップ原則の戦略的な理解について概観を試みた。まず国際社会におけるオーナーシップ原則の歴史と現状について、整理を行った。次に、国家建設をつうじたオーナーシップの確立が、しばしば構造的なジレンマを抱えることを指摘した。さらに、国家建設がオーナーシップ原則を戦略的に取り組んだ実例として、シエラレオネについて触れた。

　オーナーシップ原則は、けっして自由主義的な国家建設と矛盾するわけではない。むしろ国家建設のほうがオーナーシップ原則を必要不可欠な戦略的な指針として強調している。国家建設におけるオーナーシップ原則の戦略的な取り込みは、どのような評価を施すとしても、現実の重要な一断面なのである。

注
1）篠田、2007。
2）Shinoda, 2015。
3）Rousseau, 1989；McDonald, 1965；Cranston, 1988；Wright, 1994。
4）Shinoda, 2000；Skinner, 1978。
5）Bach and Gazibo, 2012；Young, 1994；Herbst, 2000；Schraeder, 2004。
6）武内、2009。
7）篠田、2007；篠田、2012。
8）Newman, Paris and Richmond, 2009；Tadjbakhsh, 2011。
9）Paris, 2004。
10）Richmond, 2005, Chapter 5；Richmond, 2011；Roberts, 2011。
11）Shinoda, 2012；Boulden, 2013。
12）M'Cormack-Hale, 2013。

引用参考文献
【日本語文献】
篠田英朗、2007、『国際社会の秩序』東京大学出版会。
篠田英朗、2012、『国家主権の思想――国際立憲主義の歴史』勁草書房。
武内進一、2009、『現代アフリカの紛争と国家――ポストコロニアル家産制国家とルワン

ダ・ジェノサイド』明石書店。

【外国語文献】
Bach, D. C. and Gazibo, M., eds., 2012, *Neopatrmonialism in Africa and Beyond*, Routledge.
Boulden, J., ed., 2013, *Responding to Conflict in Africa: The United Nations and Regional Organizations*, Palgrave/Macmillan.
Cranston, M., 1988, "The Sovereignty of the Nation" in C. Lucas, ed., *The French Revolution and the Creation of Modern Political Culture, Volume 2, The Political Culture of the French Revolution*, Pergamon Press, pp. 97-104.
Herbst, J., 2000, *States and Power in Africa: Comparative Lessons in Authority and Control*, Princeton University Press.
McDonald, J., 1965, *Rousseau and the French Revolution 1762-1791*, The Athlone Press.
M'Cormack-Hale, F.A.O., 2013, "Partner or Adversaries?: NGOs and the State in Sierra Leone" in C. R. Veney and D. Simpson, eds., *African Democracy and Development: Challenges for Post-conflict African Nations*, Lexington Books, pp. 137-154.
Newman, E., R. Paris, and O. P. Richmond, eds., 2009, *New Perspectives on Liberal Peacebuilding*, United Nations University Press.
Paris, R., 2004, *At War's End: Building Peace after Civil Conflict*, Cambridge University Press.
Richmond, O. P., 2005, *The Transformation of Peace*, Palgrave/Macmillan.
Richmond, O. P., 2011, "The Rule of Law in Liberal Peacebuilding" in C. L. Sriram et al., eds., *Peacebuilding and Rule of Law in Africa: Just Peace?*, Routledge, pp. 44-59.
Roberts, D., 2011, *Liberal Peacebuilding and Global Governance: Beyond the Metropolis*, Routledge.
Rousseau, J. J., 1989, *Œuvres Politiques*, Classiques Garnier.
Schraeder, P. J., 2004, *African Politics and Society: A Mosaic in Transformation*, Wadsworth.
Shinoda, H., 2000, *Re-examining Sovereignty: From Classical Theory to the Global Age*, Macmillan.
Shinoda, H., 2012, "The Sierra Leonean Model of Peacebuilding? The Principle of Local Society's Ownership and Liberal Democracy in Africa" in H. Shinoda, ed., *IPSHU English Research Report Series No. 27: Peacebuilding and the Ownership of Local Society in Sierra Leone*, Hiroshima University, pp. 2-22.
Shinoda, H., 2015, "Local Ownership as a Strategic Guideline for Peacebuilding" in S. Y. Lee and A. Özerdem, eds., *Local Ownership in International Peacebuilding: Key Theoretical and Practical Issues*, Routledge, pp. 19-38.
Shinoda, H., 2018, "Peace-building and State-building from the Perspective of the His-

torical Development of International Society," *International Relations of the Asia-Pacific*, Vol. 18, Issue 1, pp. 25-43.

Skinner, Q., 1978, *The Foundations of Modern Political Thought, Volume Two, The Age of Reformation*, Cambridge University Press.

Tadjbakhsh, S., ed., 2011, *Rethinking the Liberal Peace : External Models and Local Alternatives*, Routledge.

Wright, J. K., 1994, "National Sovereignty and the General Will : The Political Program of the Declaration of Rights" in D. V. Kley, ed., *The French Idea of Freedom : Tthe Old Regime and the Declaration of Rights of 1789*, Stanford University Press.

Young, C., 1994, *The African Colonial State in Comparative Perspective*, Yale University Press.

第4章
国家建設と平和構築をつなぐ「ハイブリッド論」

上杉勇司

第1節 「ハイブリッド論」の本書における立ち位置

(1) 本章の前提

　主権国家に対して国際社会が「国家建設」や「平和構築」と称して介入するためには、その介入を正当化する根拠が必要になる。五十嵐元道は、「病理化」と「処方箋」という言説で国際社会による紛争後の国家建設を正当化する根拠を明らかにした。[1] 国際社会による介入を正当化するためには、対象国家を脆弱国家であると「病理化」する必要がある。

　国際社会の最大の関心事は、脆弱国家と診断された紛争後社会が、国際秩序にとっての脅威とならないために、どのような国家建設をすればよいのか、という「処方箋」にあった。そのために、国家像を明らかにし、国家建設の方法を論じ、その先の目標としての平和構築が議論されてきた。[2]

　この思考法を本章では国際安全保障論のアプローチと位置づけ、紛争解決学のアプローチとは区別する。[3] 国家建設と平和構築は、これまで国際安全保障論でも紛争解決学でも、同義語のように使われてきた。しかし、本章の論旨を明快にするために、以下では便宜的に両者を異なった概念として定義する。国家建設とは「脆弱国家への対応策であり、国内紛争／内戦で荒廃した国々を立て直し、既存の国際秩序を維持するという目的に基づく行動であ

る」と武内進一は定義づけた。篠田英朗は「国家建設とは、脆弱な国家を構成要素として抱え込んでいる国際社会が、全構成要素を一定水準以上に安定的な状態に置くために行う活動でもある」と論じた。本章で「国家建設」と記す場合は、思考の根幹に国際秩序維持の思想がある国際安全保障論のアプローチのことを指す。

他方、本章で「平和構築」と記すときは、レデラック（John Paul Lederach）やミッチェル（Christopher R. Mitchell）に代表される紛争解決学のアプローチを指す。平和構築とは、紛争後社会の綻んだ社会関係をつなぎ直すことで、社会変革を可能とするプラットフォームをつくる営みである。平和構築は、支援の対象国内に平和な社会をつくることが目的で、その上位目標に国際秩序維持の思想が提示されているわけではない。よって、国際秩序維持を目的とする国家建設とは質的に異なる。そこで本章では、国家建設をマクロなアプローチ、平和構築をミクロなアプローチと分類した。

（2）本章の目的

国家建設のマクロな視点と平和構築のミクロな視点を架橋することが、本章の第一の目的である。両者を往復する視点を本章で整理することで、本書の焦点である「ハイブリッドな国家建設」の理論的な基盤を提示してみたい。これまで国家建設が平和構築につながらず失敗してきたのは、二つの取り組みに断層があったからだと考える。両者がつながれば、主権国家が成立する前提としての国際秩序が維持できることになる。

本章では断層を架橋する手段として「ハイブリッド論」という遠近両用レンズを用いる。ミッチェルは、国政レベルの和平交渉と草の根レベルの平和構築との相互作用という視点から中央と地方の折衷を議論した。移行期の正義の文脈で語られるのは、近代司法と伝統司法の折衷である。ルワンダで1994年に発生した大虐殺をめぐる裁きでは、国際刑事法廷と慣習的なガチャチャ裁判が折衷された。近代と伝統、国家と非国家の断層を架橋した試みもある。中央と地方、国家と非国家の折衷としてイラクで試みられた「覚醒評議会」への治安維持任務の委託は、地方部族集団の中央政界への進出を

促し、非国家主体の国家機構への取り込みにつながった[11]。「競争的権威主義体制」の議論[12]は、権威主義と民主主義の断層に焦点を当てたものである[13]。

以下では、これらの断層をめぐる議論によって浮き彫りにされる、国家建設では見過ごされた視点や平和構築において看過されてきた視点を、「ハイブリッド論」を用いることで補強していく。この作業をつうじて、国家建設と平和構築をつなぐ理論の構築に向けた思索的で試作的な議論を展開することが、本章の第二の目的である。既存の視角の盲点を突き、その盲点を補うような追加の視点を本章では提示したい。

そのことは、第三の目的につうじる。既存の視角の死角をなくす試みは、国家建設のマクロ理論と平和構築のミクロ理論を架橋するメタ理論を形成する。本章では、「ハイブリッド論」の精緻化を図り、メタ理論を提示したい。

(3) 本章の特色

本章の特色は次の三つである。まず、本章は次の前提に立つ。国際社会による介入をつうじた取り組みと現地社会に根差した取り組みを適切に折衷することが、紛争後社会に平和を根づかせていくうえで効果的である。そして、効果的な折衷の組み合わせにたどりつくには、国際社会の介入戦略と現地社会の受入戦略の関係性を理解することが欠かせない。

しかし、多様な主体が織りなす作為・無作為の言動の影響を予測して、折衷の調合を処方することは不可能に近い。そこで、第二の特色として、処方箋を重視してきた従来のアプローチとは異なり、状況を改善できる「橋架け人（Bridge Builders）」を重視するアプローチを採用する。複雑に絡みあった人間関係の「こじれ」を治す糸口を見出し、「しこり」を解きほぐす人物が、平和構築の鍵を握る「橋架け人」となる。このことをレデラックは「ノウハウ（know how）」から「ノウフウ（know who）」への発想転換と呼び、「だれを知っているのか」によって解決策が変わる現実を指摘した[14]。処方箋中心の世界観から人脈を中心に据える世界観に移行することで、新しい現実がみえてくるだろう。折衷の実現可能な組み合わせは絶えず変化していく。「橋架け人」をつなぎ、人脈の網を張りめぐらし、人間関係・社会関係・社会構造

を絶えず調整していく過程のなかで、実現可能な折衷の組み合わせが導き出される。

　第三の特色として、レデラックの理論をふまえ、現地社会を上中下の三層に分けて捉えている[15]。しかし、レデラックは次の問いも発する。上層での和平交渉と草の根の共同体のあいだを行き来し、両者をつなぐことができるのはだれか。紛争で分断された自分の共同体と敵とのあいだを行き来できるのはだれか。縦の人脈と横の人脈を兼ね備えた逸材を見出すことは難しい。1人の逸材が縦横無尽に駆け回ることを期待することも非現実的であろう。しかし、プラットフォームという「橋架け人」が集う磁場を形成することで、不断の対話をつうじた関係調整が可能になる[16]。このプラットフォームをミクロな社会だけのものと捉えず、外界とつながった水路として位置づける。

　以上から導き出される仮説は、国家建設によって国際社会と現地社会をつなぐ国際プラットフォームが形成され、それが平和構築の国内プラットフォームと結びつくことで、両者の折衷の組み合わせを調整する対話の場が出現する、というものである。これにより、国家建設と平和構築の目的が重なりあい、両者のあいだに横たわる断層がつながっていく。

　ただし、本章ではこの仮説を実証によって支えることはしない。それは事例を取り扱った本書の各章に託す。本章では、あくまでも理論的な断層をつなぐ視点を提供することに主眼を置く。とはいえ、本章は思考の散策の域を出ていないかもしれない。しかし、試行錯誤や推敲の末にみえてきたものを共有することで、本書の事例を取り扱った各章のための分析枠組みを提供したい。

第2節　マクロ理論の盲点

　平和構築の実践的研究者のレデラックやミッチェルは、みずからも第三者として紛争解決のプロセスに関与し、実務をつうじて試行錯誤を重ねるなかで、既存の理論の修正や変更を試みてきた。ところが、批判的議論を展開している次世代の研究者たちは、その批判の鋭さによって旧来の理論の盲点を

第4章　国家建設と平和構築をつなぐ「ハイブリッド論」

抉る。本章では、批判理論の論客のような鋭利な刃物を分析視角として用いることはしない。むしろ、実践的研究者として、みずからを実務のなかに置くことで、理論を実地で検証している。実践との格闘のなかからみえてきた新しい何かに、勘を頼りにかたちを与える作業を以下では試みたい。

（1）国家建設が失敗する理由

　誤解を恐れずに、これまでの国家建設の問題を単純化して記してみよう。既製品として存在する西洋由来の近代主権国家の雛形を国際社会は現地社会の特性を熟知することなく押しつけてきた。ではなぜ、そのようなことをしてきたかといえば、2通りの説明が可能だろう。第一に、現地社会の歴史や実情に疎い国際社会が支援を主導することの制約から生まれる技術的な課題がある。「当たり前」であるはずの現地社会の価値観や制度との折衷が試みられなかったのは、そのようなアプローチは、実務的な「割り切り」の結果として選択肢から意識的に排除されてきたことがある（技術論的説明）。いま一つは、認知論的説明である。西洋的価値観をもつ実務家が、非西洋的なものを無意識のうちに認知過程から排除してきたために、折衷が選択肢として意識されることがなく、結果として忘却された。国際社会には、西洋の自由主義的な価値観や制度を基盤とする思考枠組みが確立しており、その枠組み内での微修正はできても、その枠組みを超えた多様な現実との接合を図ることは想定外であった。これは「思考の壁（限界）」といえよう。

　たとえば、鞭打ちの刑などの慣習を悪習として忌み嫌う態度は、国際社会の側になかったとはいえまい。土着の慣習を廃止すべきであると唱えれば、あからさまな差別となるため、明文化は避けられてきた。とはいえ、人権擁護の立場からは、現地社会の「悪習」との折衷の余地はない。何が「悪習」として排除されるのかは、国際社会の価値観によって選別されてきた。つまり、折衷が試みられるさいの筋書きは、現地社会の伝統や実態に即して書かれるのではなく、国際社会の価値判断にもとづいて書かれてきた。

　しかし、国際社会からトップ・ダウンでもたらされる近代主権国家制度は、現地社会のなかで異質な存在として浮遊する。少なくとも制度上は近代化さ

第Ⅰ部　理論

れた中央と伝統的なしきたりを重んじる周縁とのあいだに乖離が生じる。そこで、トップ・ダウン式「国家建設」によって生じたズレを現地社会がボトム・アップ式に是正する試みが一方で生まれる。これまでは国際社会と現地社会の関係は、トップ・ダウンやボトム・アップと表現されてきた。しかし、その実態を正確に表せば、アウト・インであって、必ずしもトップ・ダウンではない。国際社会と現地社会の上層指導者が共同作業を進める場合はトップ・ダウンだが、国際社会が現地社会の上層指導者から反発を受けていたり、現地社会の中層指導者と共同で上層部に圧力を加えていたりする場合は、トップ・ダウンとは呼べない。現地社会の抵抗が上層部から発せられているのであれば、現地社会の声を尊重することはボトム・アップでもない。

（2）国家建設論批判の概要

次に、「自由主義的平和構築（liberal peacebuilding）」（本章では、便宜的に「自由主義的国家建設」と呼ぶ）に対する批判を整理しよう[17]。批判の背景には、国際社会が主導する国家建設が失敗を重ねてきたという共通認識がある[18]。この共通認識が生まれたきっかけに、本書第1章で詳しくみたパリス（Roland Paris）による『戦争のあとで（*At War's End*）』での問題提起があった[19]。なぜ国際社会による介入が平和をもたらさないのか。その理由をパリスは次のように論じた。国際社会が主導してきた民主化や市場経済化を支柱とする自由主義的な価値観にもとづく国家建設は、その価値観が根づくために必要な制度が現地社会に欠けている状態で取り組まれるがゆえに、民主化や市場経済化にともない発生する問題に対応できず、社会が不安定化する。つまり、国家建設が成功するためには、国際社会によって注ぎ込まれる自由主義的な価値観を受け入れる器を現地社会につくらなくてはいけない、という主張である。これは、「自由主義化の前の統治制度構築論」と呼ばれ、実務においても主流化した。たとえば、国連の国家建設において、本書の事例における共通トピックであるSSRを中心とした国家制度、法の支配や民主的選挙を実施するうえでの基盤となる統治制度、またこれら諸制度を運用するさいに欠かせない公務員の育成などが盛んに取り組まれるようになった。

第 4 章　国家建設と平和構築をつなぐ「ハイブリッド論」

　砂上の楼閣をつくってきたような、これまでの国家建設の手順をパリスは批判したが、国家建設の究極の目標としての自由主義的な価値観にもとづく社会の構築については異論を挟んでいない。ところが、マクギンティ（Roger Mac Ginty）やリッチモンド（Oliver P. Richmond）は、自由主義的な価値観が育まれてきた西洋社会とは異質の社会に対して、同様の制度を持ち込んだとしても、西洋社会のように機能するとはかぎらないと警鐘を鳴らす。[20]

　「自由主義的国家建設」は植民地統治にかわる押しつけであり、それは現地社会からの反発や抵抗を呼ぶ。新しく持ち込まれた制度上の「弱者」（伝統的権力者や守旧派と呼ばれる勢力）が新しい紛争の火種となる。2003 年のイラク戦争後イラクにおけるバース党を否定した新制度により、バース党をはじめとするスンニ派が権力の座から少数派へと転落したことで、内戦を引き起こす要因となったのは記憶に新しい。とはいえ、現地社会の主体性を尊重しすぎると、既得権益をもつ権力集団や伝統的で権威主義的な集団によって、社会構造上の歪みが是正されることなく、ただ再生産されるだけになってしまう。社会的弱者に対する目配りが行き届かない社会になってしまうかもしれない。

　批判理論家のチャンドラー（David Chandler）に至っては、「自由主義的国家建設」こそが、現地社会の平和構築を阻む諸悪の根源であると批判する。[21] 批判理論家は、鳥の目から国家建設に対する批判を展開し、国際社会の関与自体を否定する。だが、どうすれば国家の脆弱性という病気が治るのかについては、明快な代案を示していない。

　以上の批判の流れを受けて、「現地重視への旋回（Local Turn）」と呼ばれる一連の研究潮流が生まれた。[22] これまでの国家建設では、現地社会の参加、主体性、アイデンティティ、規範、歴史的な権力構造などが十分に考慮されておらず、西洋先進諸国の懸念や優先順位が反映された国家建設の戦略にもとづいていた点が批判の的となった。対案として現地の知識や制度のうえに平和を構築することが提案された。[23]

第3節　ミクロ理論の鍵概念と盲点

　鳥の目から空中戦を繰り広げる国際安全保障論の批判理論家と比して、虫の目で地上戦を展開してきたのが、実践との往復を大切にする紛争解決学の研究者たちだ。レデラックやミッチェルは、国際秩序の維持という上位目標を考慮することなく、平和な社会を構築するには、どうすればよいのかを探求してきた。次にミクロな虫の目線で紛争後社会の平和構築をみてみよう。

（1）中層発論

　レデラックは、社会を三層構造とし、国家的な政治・軍事・宗教指導者による上層での和平交渉、民族・宗教・学界・市民社会などの各界で信頼を集める中層指導者を交えた紛争解決ワークショップやトレーニング、下層での草の根指導者による平和委員会など、各層での異なる主体の取り組みを分類した[24]。ここで強調されたのは、持続可能な平和のための基礎構造をつくるうえでの中層指導者の役割である。中層指導者とは、上層と下層をつなぐ垂直的能力と対立する集団間をつなぐ水平的能力をもつ人材である[25]。この認識は、上層と下層間の垂直的相互作用と水平的な相互作用を重視するミッチェルの主張と重なる[26]。垂直的な断層と水平的な断層を架橋する役割を中層指導者に見出す議論が、「中層発（middle out）論」である。

　しかし、外部者が現地社会の中層指導者と連携して影響力を発揮した実例は少ない。むしろ、現地社会の上層発のトップ・ダウンな決定が、中層や下層に及ぼした影響のほうがはるかに大きかった[27]。上層指導者から中層をへて下層にまで及ぶ影響力の行使に加えて、「中層発論」が示すように中層指導者の働きかけが重要だとすれば、中層指導者に求められる上層指導者との関係構築と外部者の活用法と下層の動員戦略の三つについて、より深い理解が必要になる。

　その後、レデラックは「中層発論」を進化させ、「蜘蛛の巣（web）論」を展開した[28]。蜘蛛は戦略的に巣づくりをしている。風雨を計算しながら、糸を

第 4 章　国家建設と平和構築をつなぐ「ハイブリッド論」

張る枝と枝のあいだの空間把握に努めつつ、獲物の飛来ルートを計算する一方で、みずからが紡ぎ出せる糸の残量を確認しながら巣をつくる。この比喩を平和構築に当てはめれば、だれが平和構築の巣づくりをするのかという問いが浮かぶ。だれが戦略家になるのか。だれが製作を担うのか。つまり、平和構築の巣づくりの戦略・計画策定、資源提供、製作、管理運営といった一連の取り組みにおける蜘蛛になるのはだれか、という問いである。「中層発論」では、中層指導者が蜘蛛の役割を果たすとされていたが、「蜘蛛の巣論」ではプラットフォームという新しい鍵概念が提示された[29]。

（2）プラットフォーム

　人間関係や社会関係を調整することで社会変革を引き起こし続けるためのプラットフォームをつくることが、平和構築には肝要である。下からのボトム・アップと上からのトップ・ダウンを結びつける接点としてのプラットフォームの役割は、「中層発論」の取り組みを支える肝となる。

　統治とは網の目の人脈をつうじてなされる。だから、国家が機能するためには、網の目のように人脈を張りめぐらすことが必要になる。つまり、プラットフォームとは、レデラックの比喩を使えば「蜘蛛の巣」となる。ただし、この呼び方は、「中層発論」に比べるとあまり普及していない[30]。「蜘蛛の巣」という概念の実態が、つかみどころがないのが、その要因である。具体的な機能を連想するためには、「蜘蛛の巣」よりも、駅構内にある鉄道のプラットフォームを想像したほうがよい。その機能は、連結点であり、各層の指導者たちの調整や対話の場である。じつは、この利害調整や意思決定の機能は、国家に求められてきたものであった。国家の統治制度としては、国政レベルだけではなく、むしろ中層でのプラットフォームをつうじた利害調整のメカニズムが重要になってくる。

　これには、紛争を根本治療ができる病理として処方するのではなく、体調を整える不断の努力が大切だという発想が前提にある。体調調整のための臨床的な取り組みとしての社会変革（社会関係の再調整）を支えるのがプラットフォームである。

（3）ミクロ理論に対する批判

　これまでの議論では、社会変革を推進する善玉現地指導者に注目する傾向があった。マクロ理論家が「和平破壊者（spoilers）」として、取り込みや排除の対象とする現地社会の悪玉勢力についての考察がたりない。潜在的な「和平破壊者」は、国際社会のなかにも、現地社会にも存在する。その立場は静的で固定化されたものではなく、相互の関係や環境の変化によって可変する。この特徴が従来のミクロ理論では見落とされてきた。

　立場や関係の可変性を視野に入れた議論が、香川めぐみの「門番（gate-keepers）」論である[31]。「門番」とは、現地社会における草の根レベルの民衆へのアクセス権を握り、民衆の動向に強い影響力を及ぼす現地の特定層のことを指す。ミッチェルによる上層（国政レベル）と下層（草の根レベル）の相互作用の議論のなかでは、少数派として軽視されたり排除されたりしかねない集団を明示的に検討していない。ただし、「現地社会の影響力者（local influentials）」が、「門番」として機能し、民衆を方向づけることで、特定の集団が和平を推進する側にも破壊する側にもなることを示唆してはいる[32]。平和を希求する勢力であったとしても、その置かれた状況が変化し、その境遇が変われば、「和平破壊者」になりかねない。したがって、「和平破壊者」としてレッテルを貼って白黒をはっきりさせるマクロ理論家よりは、ミッチェルの思考は現実に即しているといえよう。しかし、「現地社会の影響力者」を「和平破壊者」とさせないための配慮や「門番」の影響で民衆が「和平破壊者」に加わらないための工夫を、その理論の射程に入れる必要がある。

　さらに、上層から下層までを包み込む社会全体から独立した層として中層を捉える傾向は、ミクロ理論に死角を生む。国際社会の介入（影響や支援）によって設立された市民社会組織を、これまでの平和構築では、中層指導者と位置づけてきた。とりわけ、啓蒙的で知的な中層指導者を介して、上層や下層への波及効果を狙った紛争解決ワークショップが企画されることはよくある。しかし、外部者に見初められた中層指導者が上層や下層に根差した人物や組織でない場合、彼らの取り組みは中二階に押しとどめられ、上層にも下層にも拡散していかない。

ハンコック（Landon E. Hancock）とミッチェルの議論では、中層を独立した固定層とみなすのではなく、国政指導者（上層）と草の根指導者（下層）とのあいだの相互作用の過程や空間を「中層」と位置づけている[33]。レデラックも、「関係性プラットフォーム（relational platforms）」という概念を出すことで、中層が固定的な層ではなく、上下左右から「橋架け人」が乗り入れる磁場として機能する網の目の結節点として位置づけている[34]。「橋架け人」が現れ、彼らがつながることで、影響力発信の磁場となる中層という空間が生まれる。これが、試行錯誤の末にレデラックがたどりついた境地である。つまり、中層指導者を触媒として社会関係の変革を処方するというイメージではなく、「橋架け人」が結集するプラットフォームを介して、絶え間ない修正と適応（つまり、折衷）が繰り返される諸行無常の調整というイメージが平和構築の真の姿に近い。

　レデラックは、蜘蛛の巣の製作過程について驚くべき観察眼をもつものの、その蜘蛛の巣が、いかに外界へとつながっていくのかについては、その視野に入れておらず蜘蛛の巣と外界との相互作用については、十分に考察できていない。国際社会という全体秩序のなかで紛争後社会をどう再建していくのかというマクロの視点に欠けている。この断層を架橋する視点を提供することが、本章の目的である。ミクロ理論に対する批判をつうじて浮かび上がってきた「門番」やプラットフォームといった概念を「ハイブリッド論」に結びつけながら、国家建設を捉え直していく。

第4節　メタ理論としての「ハイブリッド論」

（1）理論の前提

　「ハイブリッド論」では、現地社会の器を整えるだけではなく、現地社会の器になじむように国際社会の酒を熟成させる必要性を唱えている。現地社会に根差した価値観や制度を生かしつつ、現地社会に適したかたちで自由主義的な価値観や制度を溶け込ませていくことが、国家建設が成功するためには重要である。これが「ハイブリッド論」の中核的主張である。

この主張については、次の二つのただし書きがともなう。第1点目は、本章が分析視角として採用している国際社会と現地社会という二分法についての留保である。現実には国際社会と現地社会を明確に線引きすることは難しい。国際機関やNGOの現地職員は、境界線の双方に軸足を置く折衷的な存在である。紛争中は難民となっていたが、和平後に返り咲いて現地政府の有力ポストに就いた指導者のなかには、国際社会とのパイプをうまく利用する者もいる。彼らは、現地社会の土着の勢力からは国際社会の手先として糾弾されるだろう。たとえば、アフガニスタン第2代大統領のガニー（Ashraf Ghani）は、アメリカに移住して世界銀行やアメリカの大学に勤務した経歴をもつ。このようなエリートは、ハイブリッドな平和構築を担う有望な人材であるとともに、現地社会の土着の勢力からは、既存の力関係を揺るがす脅威とみられてしまう。「ハイブリッド論」では、外（国際社会）と内（現地社会）の相互作用を重視するが、実際には外と内では括れない多様性が内在する。

　第2点目は、すべての異文化交流には相互作用が働くため、つねに折衷になるという事実である。したがって、「ハイブリッド論」を主張するまでもなく、国家建設の実態は、外部より持ち込まれた価値観や制度と現地社会の価値観や制度の混合物となる。現在、国家建設中の国々の多くは、かつての被植民地化をつうじて、外の価値観や制度が現地社会のそれと混ざりあっており、完璧な純度を保つ現地社会は存在しない。それでは、この「当たり前」の事実をわざわざ理論や方法論として主張しなくてはならないのはなぜか。そこには、国際社会の立場で国家建設を支援する側の認識から、この自明の事実が抜け落ちてしまったことが深く関連している。

（2）ローカル・オーナーシップ論

　忘却を自覚し反省する動きとして「ローカル・オーナーシップ（Local Ownership）論」が生まれた[35]。「ローカル・オーナーシップ論」の前提として、その社会には、そもそも紛争という病理が存在し、現地社会の構成員だけでは、その病理を治癒できないために、国際社会が治療に乗り込んできたと考

第4章 国家建設と平和構築をつなぐ「ハイブリッド論」

える。したがって、現地社会の主体性にまかせるということは、そもそも紛争を生んだ社会構造や関係を復元するだけにならないか、あるいは現地社会の諸勢力による権力闘争が再燃するだけではないか、といった疑念がともなう。他方で、効果的で持続可能な治療を施し、病原を完全に断つためには、症状に対する正確な認識と長期的な治療体制が欠かせない。それができるのは、現地社会の構成員だけであり、第三者による治療が成功して病理が治癒されるためには、現地社会が主体的に治療に関わらなくてはならない。これが「ローカル・オーナーシップ論」の主張である。

現地社会の利害関係者は、外部者にはみえない状況を把握し、現地社会の歴史や文化や慣習などの観点からも適切な平和構築の設計図を描くことができる。国際社会の押しつけではなく、現地社会が主体的に取り組むことで、みずからが何を取捨選択するのかを決めていく。さらには、いずれ現地を立ち去ることになる国際社会ではなく、現地社会が主体的に取り組むことで、平和構築の持続性が高まるという付加価値も「ローカル・オーナーシップ論」にはある。

しかし、現地社会をどのように捉えるのかを考え出すと、「ローカル・オーナーシップ論」はすぐに行き詰まる。何を指して現地社会とするのか、だれが現地社会を代表するのか、という難問から逃れることはできない。現地社会には、それぞれに固有の利害関係者が存在し、それぞれに固有の文化や価値観がある。現地社会の利害関係者が激しく対立するような状況で、どの利害関係者の意向を優先するのか。伝統的な体制下での指導者層を現地社会の代表とするのか。紛争中に活躍した軍事的英雄を現地社会の代表とするのか。紛争中は国外に逃れた亡命組を現地社会の代表としてもよいのか。NGOで活躍する青年指導者などの新しい世代を現地社会の声を代弁する者として重視すべきなのか。

ここに中核的な権力政治が生まれる余地がある。ときに、国際社会の存在を後ろ盾として、綱引きや駆け引きがはじまり、権力政治が権力闘争へと激化する。たとえば、和平合意後に帰国した亡命組が、価値観を共有する国際社会と協力して、国家建設に取り組むとしよう。国際社会の援助を背景に、

第I部　理論

国際社会がつくる制度を利用して、彼らが守旧派との権力闘争をはじめるかもしれない。国際社会が推進する価値観に賛同する見返りとして、彼らが国際社会の後ろ盾を得ることで、権力闘争に勝利したとしよう。この場合に、このような勢力は、現地社会のどのニーズを代表しているといえるのか。

現地社会の歴史や実情に疎い国際社会が国家建設を主導することから生まれる技術的な課題があると先に述べた。かりに折衷的アプローチを試みるとしよう。その場合に、現地社会のどのような価値観や制度を、どのような国際社会の価値観や制度と、どのように組み合わせていけばよいのか。無数の組み合わせが理論的には可能な状況で、適切な組み合せを国際社会はどうやってみつけることができるのか。最適な組み合わせは、ケースバイケースだ、といってしまっては身も蓋もない。とはいえ、現状では、この実務的課題を解決する術が示されていない。しかし、この課題を克服しないかぎり、実務家にとっての有益な理論とはなりえない。

（3）原始的指導者論と折衷のジレンマ

東ティモールで国連事務総長特別代表の重責を担った長谷川祐弘は、みずからの経験をふまえ、「ローカル・オーナーシップ論」の課題を乗り越える実務的な方策を導き出した。国際社会ができること、すべきことは、現地社会の「原始的指導者（primordial leaders）」を見出し、彼らが平和構築を主体的に取り組めるように側面支援することである[37]。このような「割り切り」は、実務家の知恵なのかもしれない。どういう意味で「割り切り」なのか説明しよう。現地社会の「原始的指導者」は、現地社会における正当性の付与という「洗礼」を受けて、みずから頭角を表すのではなく、国際社会に見出されなくてはならない。その場合に、先に「思考の壁」として描いた認知論的課題を克服することはできなくなるが、そこは不問にするという意味で、「割り切り」となる。

しかしながら、「ハイブリッド論」に付随する「思考の壁」について意識化しなければ、実態としては、国際社会による自由主義的な価値観や制度の現地社会への盲目的な押しつけとなってしまわないか。国際社会の一員とし

第4章　国家建設と平和構築をつなぐ「ハイブリッド論」

て国家建設を支援するだれもが、自分と価値観が近い相手や「話がつうじる」相手を仕事上のパートナーに選ぶ傾向がある。[38]これまで取り組まれてきた問題解決ワークショップや紛争解決トレーニングの弱点は、パートナー選びにみられる無意識の偏向にあるのかもしれない。これらの取り組みは西洋の研究者が中心となって企画立案されるため、現地社会の相手はインテリなどの開明的エリートから選ばれる傾向が強い。それゆえ、本章にて「門番」として整理される草の根社会に根を張った土着の地方政治家や任侠団体の親分を招き入れることは、なかったのではないか。

そもそも、国際社会の側面支援を受けた「原始的指導者」が「主体的」に取り組む国家建設の施策は、現地社会との適切な折衷をもたらす可能性が高くなるのか。あるいは、どうすれば、その可能性が高くなるのか。適切という場合、だれにとって適切なのか。あるいは、どういった基準にもとづいてだれが適切か否かを判断するのか。「ハイブリッド論」を肯定する立場に立脚すると、芋づる式に検討を重ねなくてはならない。

そこで本章では、「割り切る」ことで生じかねない弊害を自覚し、「ハイブリッド論」に付随する「思考の壁」を意識化したのちに、その「思考の壁」にとらわれずに、現地社会に根差す価値観や制度を議論していくことが大切ではないか、と主張する。ただし、このような思考法は、現地社会に存在する価値観や制度を無批判に受け入れる態度と結びつく。つまり、逆の意味での盲目的な受け入れとなってしまいやすい。国際秩序の維持や「普遍的」価値観の共有を目指す国際社会の立場から譲ることができない一線を認めるのか。しかし、そうすることで、みずからの価値観で善悪を判断していることにならないのか、といった「折衷のジレンマ」[39]に直面してしまう。

（4）現地社会の受入戦略

では、どうすればよいのか。答えは、「門番」を「橋架け人」にしていくことにある。この方法を明らかにするため、次に現地社会内部の視点から検討する。国際社会による干渉や支援を、どのように抵抗、回避、受容、活用、応用していくのか、という現地社会の当事者の視点から「ハイブリッド論」

第Ⅰ部　理論

を見直す。

　現地社会は、国際社会が推進・推奨する、どのような提案を、どのような条件で、どのような動機にもとづいて受け入れるのか。そのような取捨選択を現地社会のだれが、どのような権限や枠組みによって、決定しているのか。その決定には、どのような要素が影響を及ぼしているのか。現地社会の指導者による意思決定の過程を考察することで、「ハイブリッド論」を内側からみることができるだろう。国際社会は、本来の意図とは無関係に、外圧や援助によって、現地社会の指導者が利用できる機会を提供する。これまで国際社会は、外圧や条件つき援助をつうじて、現地社会の指導者の意思決定に影響を及ぼし、国際社会が望むような決定がなされるように苦心してきた。その点から、外圧や援助は、現地社会の指導者にとって彼らの行動の自由を縛る足枷や制約となることもあった。しかし、国際社会からもたらされる価値観や制度が、現地社会に根づくためには、現地社会の指導者が面従腹背ではなく、みずからにとっての利用価値を見出して積極的に取り入れる必要がある。国際社会の存在を利用して国内の権力闘争に勝利するといった利点や物質的な欠乏を国際社会の援助によって補うといった動機が、現地社会の指導者に自覚されていなくてはならない。

　この議論は、チュルヒャー（Christoph Zürcher）らの『高価な民主主義（*Costly Democracy*）』によって展開されてきた。[40] 外来の制度や価値観を受け入れるさいの「適用コスト」を低く抑えることで、現地社会の指導者が外来の制度や価値観の導入に対して抵抗を示す可能性は低くなる。これを現地社会の指導者の視点から論じ直してみよう。外来の制度や価値観を取り入れることが、みずからの物理的・政治的・経済的な安全に資するのか否かがもっとも重要な判断材料となる。[41] 援助や投資といった物質的なものから国際承認や正当性といった象徴的なものに至るまで国際社会が持ち込むものが、みずからにとって有利に働くのか否かに現地社会の指導者は敏感である。[42]

　折衷の塩梅や真偽のほどに影響力を及ぼす現地社会の指導者は、外来の制度や価値観のどこに利用価値を見出しているのか。さらには、現地社会の上層指導者の決定事項を覆すことはできないにしても、その決定の実現を邪魔

第4章　国家建設と平和構築をつなぐ「ハイブリッド論」

したり、遅延させたりする能力がある「門番」の視点も重要になる。「門番」という特別な立場にある者が、平和の配当を受け取っていない下層（民衆レベル）の不満や支持を背景に一定の政治勢力として頭角を表すことがある。「門番」に率いられ分派した勢力は「和平破壊者」として暗躍する。利益の分配に与れるか否かという観点も「門番」にとっては、死活的に重要な判断材料となる。たとえ、一般民衆が直接裨益していなくても、上層指導者と「門番」が一枚岩となって、外来の制度や価値観の受け入れを選択・推進すれば、そのような制度や価値観は、現地社会に根を張る可能性が高い。

　たとえば、現地社会における富の分配が、利益分配と忠誠にもとづく私的な「ポストコロニアル家産制[43]」をつうじて上から下に流れていたとしよう。その場合に、現地社会の仕組みや慣わしを打破するのではなく、活用するという視点に立つと、平和の配当を下層に届けるために、汚職を増殖させかねない。それを不可とすれば、代替案が求められる。現地社会にとってまったく異質な価値観や制度を導入すれば、チュルヒャーのいう「適用コスト」が高くつく。よって、対案は「適用コスト」を抑えつつも、汚職撲滅が上層指導者や「門番」に危機感を抱かせないような工夫が必要になる。天然資源の保有によって潤沢な財源を確保できれば、上層指導者や「門番」に対する富の分配をつうじたトリクルダウン効果を求めることが一案といえよう。しかし、分配する富が社会全体に行き渡らない場合、分け前に与らない「門番」が不満を募らせ、さらに不満を抱いている下層集団を率いて反旗を翻すかもしれない。かぎりある富を薄く広く分配しようとすれば、分け前が減ることで不満を抱いた「門番」に、これまた分派して反旗を翻す動機を与えかねない。

（5）「門番」を「橋架け人」に

　よって、現地社会の上層指導者や「門番」の安全や利益分配のニーズの正確な把握は、「ハイブリッドな国家建設」を推進するうえで欠かせない。現地社会には、長老のような伝統的指導者、軍閥のような紛争時に暗躍した指導者、紛争後の国家建設のなかで実権を握った政治指導者、市民社会活動家のような国際社会の後ろ盾で台頭した指導者など多様な指導者が存在する。

第Ⅰ部　理論

　指導者間の力学、指導者と民衆の関係といった社会的な関係に対する深い洞察が、「ハイブリッド論」には求められる。新秩序が生まれつつあるなかで、どのような関係を各指導者が相互に構築しようとしているのか。特定の指導者と外部介入者との結びつきが、指導者間の力学や総和に、どのような影響をもたらすのか。明らかにすべき点は多い。

　もちろん、多様な利害関係が複雑に交錯する現地社会において、大多数が満足する解を導き出すことは容易ではない。それも現地社会の異なる指導者間で先鋭化された利害関係を円満にまとめる能力をもった「橋架け人」を現地社会のなかでだれが、どうやって見出すか、という問題に戻ってくる。そのような逸材を現地社会のなかから見出して支援することが、国際社会の役割であるとする「原始的指導者論」は、すでに紹介した。国際社会の方針や意向を汲んだ原始的指導者は、国際社会にとって好都合かもしれない。しかし、「ローカル・オーナーシップ」を唱えながらも国際社会が支援をする原始的指導者を国際社会の価値観で選別しているとすれば、それは、国際社会が選択し、主導する現地社会の主体性にしかなりえない。このようなかたちでの国際社会による現地社会の特定勢力への肩入れは、現地社会内の勢力構図を塗り替えてしまうかもしれない。そうした場合に、それは本当に現地社会が尊重された現地社会が主導する国家建設といえるだろうか。

　この点についての新たな視点として、「橋架け人」の属性を動的に捉えることを提案したい。香川が提示した「門番」という概念を導入することで、特定の中層指導者は、人々を結びつける「伝導体（connectors）」としても機能するし、人々を分断する「絶縁体（dividers）」としても機能することがわかる。[44)]「門番」を「伝導体」として取り込んでいくことで、絶え間なく求められる社会関係の調整に欠かせない触媒として機能してもらう。「伝導体」は具体的な人物である場合が多いが、必ずしも人物である必要はない。本章で議論してきたプラットフォームも「伝導体」になる。とりわけ、複雑な社会関係の調整を担うのは1人の「門番」であるとはかぎらない。多様な共同体への門を開く鍵をもつ複数の「門番」が集う場所、出入りする空間としてのプラットフォームは、「伝導体」として機能するだろう。

第4章　国家建設と平和構築をつなぐ「ハイブリッド論」

第5節　国家建設と平和構築をつなぐプラットフォーム

　本章の起点は、「ハイブリッド論」の精緻化にあった。折衷の組み合わせを規定するのは、現地社会側の取捨選択の戦略と国際社会との関係性の連立方程式であると考え、その方程式を探していた。しかし、複雑で流動的な現実の文脈に即した連立方程式を処方することは、実際には不可能ではないかと思い至った。

　そこで、レデラックの「中層発論」を補助線として「ハイブリッド論」の精緻化に迫るという方針に切り替えた。現実世界のなかで平和構築を実現するには、壊れた関係の再構築のための「橋架け人」による調整を積み重ねていくしかない。変わりゆく状況や諸種の制約のなかで、多様な「橋架け人」が入れ替わり立ち替わり、ときに協力したり補完しあったりして織りなしていく営みこそが平和構築の真髄である。

　本章では、「中層発論」を「橋架け人」とプラットフォームという概念によって補強することにした。「橋架け人」による網の目状の人脈形成を図り、プラットフォームを形成するという視点を取り入れることで、「ハイブリッド論」の精緻化を試みたのである。「中層連結磁場」という「国内プラットフォーム」での利害関係者の対話と交渉をつうじた平和構築に着目して、折衷にかかる関係構築と関係調整のメカニズムを考えていくことにした。関係構築も関係調整も、当然のことながら、排除という選択もあれば、摂取という選択もある。国際社会も現地社会も互いに取捨選択の機会を得る。「中層連結磁場」に引き寄せられた「橋架け人」を縦横無尽につなぎ合わせ、つなぎ直すのが、平和構築の重要な取り組みになる[45]。ただし、戦略的に上からだれかがつなげるのか、それともアメーバ運動のように状況に適応しながら各「橋架け人」が自在につながっていくのか、明らかにはなっていない。この点は、今後の研究課題といえよう。

　本書の焦点である国家建設に目を転じたとき、国家の機能というのは、「門番」が「橋架け人」となるように動機づけ、彼らをプラットフォームに

結集させて「伝導体」にする点にある。たとえば、酒井啓子がイラクの選挙の分析をつうじて明らかにしたように、「選挙」という制度は、異議申し立てや利害調整を図るプラットフォームになりうる。アザール（Edward Azar）は、かつて「長期化した社会紛争（Protracted Social Conflict）理論」において、このような国家機能を議論した。国家内の多様な利益共同体間の利害調整を国家がうまく管理できない場合に、国家は内戦に陥る可能性が高い。また、多様な利益共同体間の対立が生じたときに国家が秩序や治安の維持に失敗すれば、その国家は内戦に陥ってしまう。このような国家の役割に対する認識は、じつは国際秩序維持のための国家建設の思考法と類似している。紛争を抱えた国家が紛争を解決するためには、国家の利害調整能力と秩序治安維持能力を再構築することが不可欠で、国際社会は、国家の主要な二大機能の復元と強化を目指して介入するのである。ここに、国際社会と現地社会のあいだでの折衷を調整する国際プラットフォームが設立される余地が生まれる。どのような橋が架かるのかは、どのような「橋架け人」がプラットフォームに結集するかで変わってくる。「門番」がつねに自由に乗り降りして、人間関係や社会関係を調整することができるプラットフォームとして国家が機能するのであれば、国家の将来は盤石となる。そして、国家建設の照準が、プラットフォームという国家機能の再建に定められるとき、国際秩序維持という目標に平和構築がつながっていく。

〈付記〉本章は、上杉勇司「国家建設と平和構築をつなぐ「折衷的平和構築論」の精緻化に向けて」『国際安全保障』第45巻第2号（2017年）を再録したものである。なお、再録にさいし、表記を微修正した。

注
1）五十嵐、2016、20頁を参照。「病理化」と「処方箋」の言説は、「主権責任論」や「保護する責任論」においても顕著であった。この点は、『国際安全保障』第40巻第2号（2012年9月）を参照。
2）この議論については、上杉、2008を参照。
3）上杉・長谷川、2016、7頁。
4）武内、2013、1頁。
5）篠田、2013、14頁、17頁。

6) 篠田、2012、336 頁。
7) Mac Ginty, 2011 ; Richmond, 2011 ; Richmond and Mitchell, 2012.
8) Mitchell, 2012, pp. 1-18.
9) 武内、2009。
10) 古澤、2013、41-53 頁。
11) 山尾、2013、176-207 頁。
12) 船田クラーセン、2013、65 頁；Levitsky and Way, 2010.
13) こちらの分析については Uesugi, 2017 を参照。
14) Lederach, 2005, p. 77.
15) Lederach, 1997, pp. 37-55.
16) Lederach, 2005, pp. 48-49.
17) 先行研究の整理は次を参照。篠田、2011、137-159 頁；古澤、2013、43-45 頁。
18) Doyle and Sambanis, 2006.
19) Paris, 2004.
20) Richmond and Mac Ginty, 2015, pp. 171-189.
21) Chandler, 2017.
22) Leonardsson and Rudd, 2015, pp. 825-839.
23) Richmond and Mac Ginty, 2015, pp. 178.
24) Lederach, 1997, pp. 37-61.
25) Lederach, 2005, pp. 77-79.
26) Mitchell, 2012, pp. 1-18.
27) Hancock and Mitchell, p. 172.
28) Lederach, 2005, pp. 75-86.
29) Ibid., pp. 48-49.
30) Paffenholz, 2013, pp. 1-17.
31) 香川、2016、12 頁。
32) Mitchell, 2012, pp. 4-5.
33) Hancock and Mitchell, 2012, pp. 161-178.
34) Lederach, 2005, pp. 48-49.
35) Richmond, 2012, pp. 354-375；篠田、2009；篠田、2011、137-159 頁。
36) 篠田、2011、141 頁。
37) Hasegawa, 2013.
38) 篠田、2009、176 頁。
39) Richmond, 2015, pp. 50-68.
40) Zürcher et al, 2013.
41) Ibid., p. x.
42) Ibid.
43) 「ポストコロニアル家産制」については、武内、2009、54-75 頁を参照。
44) Anderson, 2001, p. 258.
45) 現在のレデラックは、紛争によって分断されたり、歪められたりした関係を再構築し

ていく「和解」の問題として平和構築を捉えるようになっている。Lederach, 1999 ; Lederach and Lederach, 2011.
46) 酒井、2013、69-82 頁。
47) Azar, 1986, pp. 28-39.

引用参考文献
【日本語文献】
五十嵐元道、2016、『支配する人道主義——植民地統治から平和構築まで』岩波書店。
上杉勇司、2008、「破綻国家再建の課題と民軍関係への含意」上杉勇司・青井千由紀編『国家建設における民軍関係——破綻国家再建の理論と実践をつなぐ』国際書院。
上杉勇司・長谷川晋、2016、『紛争解決学入門——理論と実践をつなぐ分析視角と思考法』大学教育出版。
香川めぐみ、2016、「対テロ戦争と内戦の力学——国際関係論と紛争解決論の相克」2016年度日本国際政治学会分科会セッション B-5 報告論文。
酒井啓子、2013、「紛争と選挙、アイデンティティの相互連関——戦後イラクの国家建設過程」『国際政治』第 174 号、69-82 頁。
篠田英朗、2009、「平和構築における現地社会のオーナーシップの意義」『広島平和科学』、163-202 頁。
篠田英朗、2011、「平和構築における現地社会のオーナーシップと国家建設のジレンマ——シエラレオネとスリランカの事例を中心にして」『広島平和科学』第 33 巻、137-159 頁。
篠田英朗、2012、『「国家主権」という思想——国際立憲主義への軌跡』勁草書房。
篠田英朗、2013、「国際社会の歴史的展開の視点から見た平和構築と国家建設」『国際政治』第 174 号、13-26 頁。
武内進一、2009、『現代アフリカの紛争と国家——ポストコロニアル家産制国家とルワンダ・ジェノサイド』明石書店。
武内進一、2013、「序論——紛争後の国家建設」『国際政治』第 174 号、1-12 頁。
船田クラーセンさやか、2013、「モザンビークにおける民主化の後退と平和構築の課題——2009 年選挙を中心に」『国際政治』第 174 号、54-68 頁。
古澤嘉就、2013、「国家建設と非国家主体——ケニアのコミュニティ宣言が示唆する国家像」『国際政治』第 174 号、41-53 頁。
山尾大、2013、『紛争と国家建設——戦後イラクの再建をめぐるポリティクス』明石書店。

【外国語文献】
Anderson, M. B., 2001, "Enhancing Local Capacity for Peace : Do No Harm," in L. Reychler and T. Paffenholz, eds., *Peacebuilding : A Field Guide*, Lynne Rienner Publishers, pp. 258-264.
Azar, E., 1986, "Protracted International Conflicts : Ten Propositions," in E. Azar and J. Burton eds., *International Conflict Resolution : Theory and Practice*, Wheatsheaf, pp. 28-39.

Chandler, D., 2017, *Peacebuilding: The Twenty Years' Crisis, 1997-2017*, Palgrave Macmillan.
Doyle, M. W. and N. Sambanis, 2006, *Making War and Building Peace: United Nations Peace Operations*, Princeton University Press.
Hancock, L. E. and C. Mitchell, 2012, "Between Local and National Peace: Complementarity or Conflict," in C. R. Mitchell and L. E. Hancock eds., *Local Peacebuilding and National Peace: Interaction between Grassroots and Elite Processes*, Continuum International Publishing Group, pp. 161-178.
Hasegawa, S., 2013, *Primordial Leadership: Peacebuilding and National Ownership in Timor-Leste*, United Nations University Press.
Lederach, J. P., 1997, *Building Peace: Sustainable Reconciliation in Divided Societies*, USIP Press.
Lederach, J. P., 1999, *The Journey Toward Reconciliation*, Herald Press.
Lederach, J. P., 2005, *The Moral Imagination: The Art and Soul of Building Peace*, Oxford University Press.
Lederach, J. P. and A. J. Lederach, 2011, *When Blood and Bones Cry Out: Journeys Through the Soundscape of Healing and Reconciliation*, Oxford University Press.
Leonardsson, H. and G. Rudd, 2015, "The 'Local Turn' in Peacebuilding: A Literature Review of Effective and Emancipatory Local Peacebuilding," *Third World Quarterly*, Vol. 36, No. 5, pp. 825-839.
Levitsky, S. and L. A. Way, 2010, *Competitive Authoritarianism: Hybrid Regimes after the Cold War*, Cambridge University Press.
Mac Ginty, R., 2011, *International Peacebuilding and Local Resistance: Hybrid Forms of Peace*, Palgrave Macmillan.
Mitchell, C. R., 2012, "Introduction: Linking National-level Peacemaking with Grassroots Peacebuilding," in C. R. Mitchell and L. E. Hancock, eds., *Local Peacebuilding and National Peace: Interaction between Grassroots and Elite Processes*, Continuum International Publishing Group.
Paffenholz, T., 2013, "International Peacebuilding Goes Local: Analysing Lederach's Conflict Transformation Theory and Its Ambivalent Encounter with 20 Years of Practice," *Peacebuilding*, Vol. 20, Issue 1, pp. 11-27.
Paris, R., 2004, *At War's End: Building Peace after Civil Conflict*, Cambridge University Press.
Richmond, O. P. and R. Mac Ginty, 2015, "Where Now for the Critique of the Liberal Peace?" *Cooperation and Conflict*, Vol. 50, No. 2, pp. 171-189.
Richmond, O. P. and Mitchell, A., 2012, *Hybrid Forms of Peace: From Everyday Agency to Post-Liberalism*, Palgrave Macmillan.
Richmond, O. P., 2011, *A Post-Liberal Peace*, Routledge.
Richmond, O. P., 2012, "Beyond Local Ownership in the Architecture of International Peacebuilding," *Ethnopolitics*, Vol. 11, No. 4, pp. 354-375.

Richmond, O. P., 2015, "The Dilemmas of a Hybrid Peace : Negative or Positive?" *Cooperation and Conflict*, Vol. 50, No. 1, pp. 50-68.

Uesugi, Y., 2017, "Neo-Authoritarian Peace in Timor-Leste," in Brendan Howe, ed., *National Security, Statecentricity and Governance in East Asia*, Palgrave Macmillan, pp. 107-126.

Zürcher, C., C. Manning, K. D. Evenson, R. Hayman, S. Riese, and N. Roehners, 2013, *Costly Democracy : Peacebuilding and Democratization after War*, Stanford University Press.

第Ⅱ部
事例

第 5 章
東ティモール
国連と政府のせめぎあいから生まれた国家建設の方向性

クロス京子

第1節　東ティモールの国家建設と SSR

　2012 年、東ティモールで大統領選挙および国民議会選挙が平和裏に実施されたことを受け、国連は同年末に 13 年に及ぶ同国における国連 PKO にピリオドを打った。選挙の成功は、2006 年の危機以降の治安の回復を示すものとして、国連東ティモール統合ミッション（United Nations Integrated Mission in Timor-Leste : UNMIT）撤退の前提条件であった。国連撤退後も治安は比較的安定し、2017 年には、国連の管理なく、東ティモール政府の手によってはじめての総選挙が大きな混乱なく行われた。[1]

　1976 年にインドネシアに併合された東ティモールは、2002 年の独立回復から 15 年をへてようやく民主主義が定着したとされる。[2] 国連は、計五つの国連ミッションを派遣し、国家の基盤となる制度構築から独立後のガバナンス能力強化まで、長期にわたって東ティモールの国家建設支援を行ってきた。とりわけ、1999 年のインドネシアからの独立を問う住民投票前後の騒乱を受けて設置された、国連東ティモール暫定行政機構（United Nations Transitional Administration in East Timor : UNTAET）は、2002 年同国の独立にともない任務を終了するまで、東ティモールの立法・行政・司法に関わるすべての権限を暫定的に有し、治安維持や人道支援の実施に加え、政府機構を一か

ら作り上げた。

　このうち、国家建設の主要な政策アジェンダの一つであるSSRは、多くの課題を残した。治安部門の能力不足や職業意識の低さをもっとも露呈したのが、2006年に起こった大規模な暴動であった。東ティモール国家警察（Polícia Nacional de Timor-Leste：PNTL）と東ティモール国軍（Forças de Defesa de Timor Leste：F-FDTL）が民間人を巻き込んで相互に攻撃しあう事態に陥ったのである。治安部門の壊滅により事態を収拾できなくなった政府は、オーストラリアやポルトガルなどに対し国際治安部隊の派遣を要請した。さらに2008年には、2006年の危機の際に国軍を離脱した反乱集団による、大統領と首相を狙った暗殺未遂事件が発生した。

　この2006年の治安危機を受けて、国連安全保障理事会（以下、安保理）は、SSRを主要任務とするUNMITを新たに設立した。国連は、本来現地警察が行使すべき法執行権を国連警察（United Nations Police：UNPOL）が代行する措置をとり、UNMITの支援の下、PNTLの組織改革を行おうとした。しかし、東ティモール政府は国連のSSRとは逆行する方針をとり、武装警察の導入と警察・国軍との共同作戦の制度化により治安回復を推し進めた。UNMITはSSR支援に6年に及ぶ歳月をかけたが、結局のところ民主的な治安部門の構築という目標を十分達成できないまま任務を終了した[3]。

　このように、国連が創設から携わった東ティモールの治安部門は、能力不足、人権や職業意識の欠如等の課題を抱えたまま、UNMITの撤退にともない再び自立の道を歩みはじめた[4]。だがこうした不安をよそに、国連が撤退してから5年後に行われた自前の選挙は成功し治安は安定している。民主主義の定着の証左ともいえる選挙の成功によって、同国の国家建設は一定の成果を達成したといえよう。では不完全に終わったSSRは、国家建設に影響を及ぼさなかったのであろうか。国連撤退後、東ティモール政府がドナー国の支援を受けSSRを継続しているが、そのアプローチは抑圧的でときにインドネシア時代を彷彿させるものである。しかしその一方で、治安の回復後は、SSRの一環として伝統的・慣習的な治安維持制度を民主的なものに改変し採用している。東ティモールの治安安定の鍵は、政府のとったSSRのアプ

ローチにあるのか。あるいは、これまでの国連が主導したSSRの成果とみるべきなのであろうか。

　本章では、上記の問いに答えるために、UNMIT撤退後の東ティモールのSSRが、リベラルとローカルな規範や制度とを混成したハイブリッドな特徴をもつことに着目し、その変化の過程を国際とローカルなアクター間の相互作用の観点から明らかにする。つまり、アクター間の交渉、協力、衝突、妥協によって、どのようなハイブリッドSSRが生み出されたのかを分析し、それがいかに治安の安定に寄与したのかを検討する。以下では、まず第2節で、東ティモールのSSRを三つのフェーズに分け、現地の政治社会情勢がいかにSSRを形成し、変容させたのか、とくに警察と国軍改革に焦点を当て、SSRの実施主体との関係から考察する。そして第3節において、東ティモールのSSRがどのように特徴づけられるのかを分析し、最後に国家建設支援におけるSSRの意義を考えてみたい。

第2節　東ティモールのSSR

(1) 第1フェーズ——国連による治安部門の創設 (1999〜2006)

　東ティモールの独立を決めた1999年の住民投票後、警察・軍を含むインドネシアの行政組織が東ティモールから撤退したため、国連は早期に安全保障・国内治安維持組織の空白を埋める必要に迫られた。UNTAET派遣にはじまる第1フェーズでは、UNTAET撤退後に設置された平和ミッションにおいても、継続して治安部門の制度構築と能力強化支援に重点が置かれた。[5]

　国内治安維持の任務が付与されたUNTAET[6]は、派遣後ただちにUNPOL（2005年までの名称は「文民警察（Civilian Police: CIVPOL）」）に現地の治安維持と法執行に当たらせ、2000年にはPNTLを新設した。そのさい、UNTAETは即戦力として訓練の必要がないインドネシア占領期の東ティモール人警察官340人を採用し、幹部レベルに据えた。[7] 新たに採用された警察官のほとんどは、経験のない若者であったが、12週間という短期の初期訓練を受けただけで現場に派遣された。PNTLの育成に当たったUNPOLにも一貫

第Ⅱ部　事例

した戦略的な訓練プログラムがなく、その訓練の質が問題とされた[8]。それゆえ、UNPOLは、職業意識の醸成はおろか、基本的な警察業務の能力育成もなしえないまま、警察権限をPNTLに移譲することになった[9]。

　その一方で、国軍設立については、UNTAETは距離を置いた。国境地帯の安全はUNTAETによって早々に回復されていたため、外的脅威のない島の半分を領土とする小国に国軍を新設する必要性について、国連内で批判的な意見があった[10]。しかし、インドネシア統治に対抗し独立闘争を戦ったゲリラ組織である東ティモール民族解放軍（Forças Armadas da Libertação Nacional de Timor-Leste: FALINTIL）が、その処遇に対して不満を募らせるようになると、治安の悪化を懸念したUNTAETはFALINTILを国軍の中核として昇格させることを決定した[11]。2001年、UNTAETは国軍に志願する1736人の元戦闘員から650人を選出し、F-FDTLに採用した[12]。しかし、選考については、FALINTILの元司令官であったグスマン（Xanana Gusmão）にゆだねられており、選考は秘密裏に行われた[13]。F-FDTLの訓練、装備支援についても国連は関与することはなく、オーストラリアやポルトガルが二国間支援で実施した。

　UNTAETの計画性のない拙速な治安部門の設立は、その後の国家建設プロセスに大きな禍根を残した。2006年の治安危機の一因は、警察と国軍の新設時に、インドネシア寄りの西部地域（統合派）と独立派の牙城である東部地域という東ティモール紛争の対立の構図をそのまま持ち込んでしまったことにある[14]。しかし、これはたんに両組織間の対立を誘発しただけでなく、組織のアイデンティティと正統性に影響を与えた。つまり、抑圧の象徴であったインドネシア警察のイメージを払しょくできないPNTLの正統性は低く、他方で、独立の英雄であるFALINTILを中心とするF-FDTLは、住民のあいだでPNTLよりも大きな信頼を得ていた[15]。これはのちにも述べるように、国家警察と国軍との役割分担を不明瞭にする一因ともなった[16]。また、グスマンの独断による元戦闘員の選択的な正規軍への採用は、グスマン支持者（loyalists）を国軍内部に形成することになった[17]。こうした独立闘争時代にさかのぼる「主従関係」は、国家ではなく個人への忠誠にもとづく「私

兵」を生み出し、治安部門内の政治的中立性が失われることになった。[18] 他方で、国軍や国家警察への採用から漏れ、恩恵を受けられない「ヴェテラン」と呼ばれる元戦闘員やゲリラ闘争の地下活動協力者らは、不満を代弁してくれる新たな「司令官」の下、「私兵」として政治的に動員されるようになった。[19]

このように、第1フェーズのSSRの主眼は、既存の組織を基盤とした早急な治安部門の構築と治安維持能力の向上にあった。国連は、住民投票後のインドネシア軍と民兵による焦土作戦によって崩壊した治安の立て直しを優先し、現地指導者やコミュニティとの十分な協議なくSSRを進めた。しかし、抑圧的で汚職体質のある元インドネシア警察官と経験のない若者からなる国家警察と、独立闘争を戦った元ゲリラ兵を中核とする国軍を、士気の高い、規律を重んじる、実行力のある治安組織に改革するのは容易ではなかった。むしろ国連のSSR支援をつうじ、東ティモールの治安部門は政治化され、分裂した組織となってしまったといえる。そして国連のもう一つの失敗は、軍や警察の脆弱性を強く懸念する声が多く聞かれていたにもかかわらず、PKOミッションの縮小・撤退の時期を見誤ったことにある。[20]

（2）第2フェーズ——国連と東ティモール政府による治安部門の再建（2006〜2012）

2006年の治安危機は、F-FDTLの西部地域出身の兵士が、採用や昇給における差別的待遇の改善を訴えて同年2月にデモ行進したことが発端で起こった。同年3月、ルアック（Taur Matan Ruak）司令官は、F-FDTLのおよそ半数を占めた594名のこうした「陳情兵」を解雇した。4月に入り、解雇された「陳情兵」とその支持者たちが、4日間にわたる抗議活動をディリ市内で行ったが、このデモに暴徒化した若者が乱入し、政府庁舎を襲撃するなど混乱に陥った。これに対し、鎮圧に投入されたPNTLのなかには暴徒に加勢する者もいたため、アルカティリ（Mari Alkatiri）首相がF-FDTLを出動させた。しかし、F-FDTLの一部も暴徒と反乱軍を形成し、ギャング集団に武器を支給するなど、事態は悪化の一途をたどり、ついに5月25日には、F-

FDTLがPNTL本部を襲撃、警察官8名を殺害する事態に至った。この一連の暴動により、オーストラリア主導の多国籍軍が介入するまでの約2か月間で、少なくとも民間人を含む37人が殺害され、15万人を超える住民が国内避難民となった。[21]

　この治安危機に対して、安保理は同年8月に安保理決議第1704号を採択し、UNPOLを中心とする国連PKO、UNMITの派遣を決定した。暴動時に警察官が職場放棄をして実質的な崩壊状態に陥ったことをふまえ、UNMITの主要任務は、暫定的な国内治安維持とPNTLの再建、および関連省庁である内務省の能力強化支援とされた。UNTAET同様、国軍改革については明示的に言及されておらず、警察改革に主眼が置かれていたことがうかがえる。具体的には、同年12月に国連と東ティモール政府が結んだ協定で、PNTLが再建されるまで警察権限をUNPOLが代行することや、UNPOLからPNTLに権限を移譲するプロセスなどについて合意された。[22]

　上記合意にもとづき、UNMITは改革・再編・再建（RRR）プランを構想し、政策や法案を作成したが、この過程におけるローカル・オーナシップの欠如が大きな問題となった。RRRプランの策定にあたり、当事者のPNTLや東ティモール政府との協議がなく、UNMITのSSRのヴィジョンが共有されることがなかったのである。[23] 東ティモール政府は、当初はUNMITの派遣を歓迎していたが、暫定統治時代に後退するかのような警察権の停止については、独立国家として屈辱的に捉えるようになっていた。それゆえ、政府は国連のSSR支援に反発しただけでなく、改革を次第に拒否するようになり、独自のSSRを進めるようになった。[24] 以下でみていくように、国家の中枢機能に関与するSSRに東ティモール政府の承認や協力がないことは、実施のうえで大きな障害となった。

① **UNMIT主導のSSR**

　UNMITが主導したSSRは、大きく二つに分けられる。一つ目は、PNTLの人物調査による公職追放（vetting process）と再教育である。これは、警察を民主的で信頼される組織に改革するために、警察官の過去の汚職や違法

行為の有無を調査し、該当者を公職から排除するとともに、クリーンな警察官を再教育することであった。仮合格の警察官は1週間の再訓練と6か月の現場での実地教育を修了すると、現場復帰が認められた[25]。しかし、指導にあたるUNPOLの技術や能力に差異があったことから、プログラムの質や妥当性が課題となった。さらに、再教育プロセスは時間がかかるうえ、仮合格者数が少なかったため、警察官は実際になんらかの職務をこなしており、プログラムは実質的に形骸化していた[26]。2008年の首相と大統領の暗殺未遂事件後は、治安維持を強化するために、東ティモール政府は早期の警察権の返還を求めUNMITに圧力をかけるようになった[27]。

　国連主導で行われたもう一つのSSRが、2006年の治安危機における犯罪の責任追及である。上記の人物調査による公職追放もこの方針の一環であるが、法的な責任追及をするかどうかが異なる。国連は、真相解明のために、独立調査特別委員会を設置した。調査委員会は報告書を公表し、2006年の暴動に加わった63人の訴追を勧告した[28]。また報告書には、当時の首相のアルカティリをはじめ、国防大臣、内務大臣、警察長官の訴追についても言及があり、国防大臣以外は辞任に追い込まれた。このうち、ロバト（Rogerio Lobato）内務大臣は訴追され、懲役7年半の実刑判決を受けた[29]。UNMITは警察改革に主眼を置いていたが、2008年の安保理決議第1802号で司法システムの強化支援が明示されたように、法の支配や人権を尊重するSSRを目指していた。

　しかし実際には、2008年の大統領・首相暗殺未遂事件も含めて、責任者の訴追はわずかに行われたのみで、不処罰が横行した。この背景には、能力不足で脆弱な司法制度自体に問題があるだけでなく[30]、政治エリートに説明責任（アカウンタビリティ）を追及する政治的意思がなく、しばしば司法に介入したことがあった。これは後述するように、西洋的な懲罰的正義ではない、東ティモールの政治エリートが主張する「和解」アプローチとされ、法の支配にもとづく民主的な組織改革を目指した国連への対抗策ともいえるものであった。

②東ティモール政府主導のSSR

　東ティモール政府が国連とは異なる独自のSSRを実施する契機になったのは、2008年の大統領・首相の暗殺未遂事件であった。当時PNTLはUNPOLの管理下にあったが、政府は事前に国連に知らせることなく、同年2月にF-FDTLとPNTLの共同作戦を実施し、反乱集団を掃討することに成功した。[31] これまで対立していた両組織の共同作戦を可能にした背景には、2007年に国防省と内務省が統合されていたことがあった。2006年の危機をへて、当時首相であったグスマンは、軍と警察の対立関係を緩和する目的で監督官庁を統合し、自ら国防治安相を兼務していた。[32] 共同作戦も、緊張関係にあった両組織間の「和解」促進を目的としていたが、PNTLをF-FDTLの指揮下に置くことで、PNTLの制圧能力と政治的な正統性を強化する狙いもあった。

　共同作戦は両組織の関係を強化し、実際に治安状況の改善に有効であったが、他方で政府のSSRを国連のSSRの方針から大きく異なる方向性に導くことになった。第一に、大統領と首相の暗殺未遂事件の残党討伐以降も、政府は共同作戦／巡回を実施したが、[33] これは国軍と警察の共同運用の常態化をもたらしただけでなく、国軍が国内治安に関与することを制度化することにつながった。東ティモール政府は、2009年から2010年にかけて策定した一連の国家安全保障政策のなかで、「国家安全保障統合システム（Integrated System of National Security）」を打ち出し、災害や人道危機におけるF-FDTLとPNTLの協力に加え、両治安組織が「国内秩序を揺るがす脅威の監視」と「紛争予防戦略の策定」にともに当たることを定めた。[34] 統合部隊の派遣には、国会と大統領の承認が必要であるなど一定の制約は設けられたが、法的プロセスは骨抜きにされており、本来PNTLが担うべき国内治安維持業務へのF-FDTLの関与が増加した。[35]

　SSRでは、対外的な脅威に対応するのが主要任務である国軍と、国内治安維持を主要な任務とする国家警察との役割を明確に区別することが求められる。[36] 一連の安全保障に関する法案は、国連との協議なく提出された。国軍が暴動の制圧に動員されたことが2006年の危機を深刻化したとみる国連は、両治安組織の異なる役割と責任が不明瞭になる同法に批判的立場をとった。[37]

国連のSSRから大きく乖離する政府のSSRとして、第二に、「和解」のアプローチがとられたことが挙げられる。国内の反乱分子を討伐するための共同作戦という「例外」によって生み出された多くの人権侵害や暴力が事実上の不処罰となった。2008年の共同作戦で人権侵害を行った疑いのある警察官や兵士についての情報が、UNMITや国連人権高等弁務官事務所によって多数報告されたが、訴追されたケースはない[38]。「和解」の方針は、反乱集団側にも適用され、ラモス＝ホルタ（José Ramos-Horta）大統領は、自身に対する襲撃容疑者までも免責にした。2008年には、大統領令により、1999年から2006年の重大犯罪に関して有罪判決を受けた人物に恩赦や減刑がなされた[39]。ホルタが主張した「和解」は、法の支配よりも治安の安定を優先する「移行期正義」の手法であるが、法的根拠の弱い共同作戦中の過剰な暴力や違法行為を不処罰にするレトリックともいえる[40]。国連は一貫して重大犯罪の責任者は法的正義で処罰されることを求めており、東ティモール政府のアプローチとは相容れないものであった。

東ティモール政府は、警察改革においても国連のSSRの方針とは異なる独自の方向性を模索しはじめた。この方針は2009年のPNTL基本法で提示されたが、同法もまた事前に国連との協議なく作成された[41]。PNTL基本法は、PNTLを軍隊的組織に改革することを目指しており、強力な階級制と指揮系統を導入することで、結束の強い組織として生まれ変わらせることを目的とした[42]。具体的に以下の三つの改革が打ち出された。第一に、能力主義を重視する階級制と昇進プロセスが明示された。給与と連動する軍隊式の階級制を導入し、縁故や派閥、出身に影響されない、透明性の高い昇進システムが採用された[43]。第二は、重武装の特別警察部隊（Special Police Unit：SPU）の設立である[44]。この部隊は、セミオートマチックのライフルをつねに携帯し、テロや武装集団などによる極度に暴力性が高い状況に対応することを任務としている。

上記二つのPNTLの軍事化は、ポルトガル政府に支援された。ポルトガルは、東ティモールがインドネシアに占領される前の宗主国であり、1999年から安全保障や司法分野で主に二国間支援を行ってきたが、そのSSRの

方針は国連や他のドナー国とは異質なものであった。すなわち、他のドナー国が犯罪予防と説明責任の確立、警察活動の監督アクターとしての市民の参加を重視したのに対し、ポルトガルは物理的な力の行使や準軍事的アプローチで法執行することの意義を強調したのである。東ティモール政府は、2007年にポルトガル政府が作成したPNTLの機構改革案を高く評価し、東ティモールに派遣されていたポルトガル共和国国家警備隊（Guarda Nacional Republicana: GNR）をモデルとしたSPUの設立支援をポルトガルに依頼した。

　第三のPNTLの改革は、コミュニティ・ポリシングの導入であった。コミュニティ・ポリシングには、さまざまなアプローチがあるが、①コミュニティと有効な協力関係がある、②警察官は問題解決型のアプローチをとる、③意思決定が柔軟で、警察官が現地コミュニティについての深い理解を得られる構造や管理手続きがある、という共通の特徴がある。国連は、国家警察や国軍を設立し、中央政府による暴力の独占を確保しようとしたが、同時にコミュニティ・ポリシングもつねに警察改革のアジェンダの一つとして挙げていた。しかし、紛争後の脆弱な治安状況のなかで、国連やドナー国が示すコミュニティ・ポリシングのモデルは、東ティモールが必要とする警察組織ではなかった。とくに首都ディリにおいては、強い制圧力を備えた警察が求められていた。

　転機が訪れたのは、2008年の反乱分子の制圧後である。治安が改善したことにより、PNTLは国際的なコミュニティ・ポリシング・モデルを国内の社会・文化的事情に適応させるべく、試行しはじめた。国土の7割が交通アクセスの悪い、貧しい地方からなる東ティモールでは、警察権がほとんど及ばない地域が多数あり、都市部とは異なる警察活動が必要とされていた。このPNTLの試みは、ニュージーランドと国際NGOのアジア財団（The Asian Foundation）によって支援された。コミュニティと警察との協力関係を醸成することで、市民からの信頼を構築し、警察活動を改善するコンセプトは、PNTLや政治家から広く支持され、2009年のPNTL基本法では、PNTLがコミュニティに根差す組織であることが謳われるとともに、コミュニティ・ポリシングの専門局の設置が盛り込まれた。これを受け、同年アジア財団の協

力のもと、パイロット・プロジェクトがはじめられた。

　第2フェーズでは、SSRは当初国連主導で開始されたが、現地のニーズと国連の掲げるアジェンダのあいだで齟齬が生まれ、2008年の反乱分子の制圧をきっかけに、国連ではなくドナー国の援助を受けながら、東ティモール政府は独自のSSRを推し進めるようになった。政府のSSRは、治安維持アプローチに軸足を置きながらも、治安の安定後はよりリベラルなものに関心を寄せている。この背景には、SSR支援ドナー国が長期的な視点に立ち、現場のニーズにあわせた支援のプログラムを策定するようになったことがある[51]。以下では、国連撤退後の東ティモール政府のSSRをみていく。

（3）第3フェーズ——東ティモール政府主導のSSR（2012〜）

　2012年末の国連撤退後は、創造的で柔軟な、よりローカル目線の手法を議論するスペースが生まれ、さまざまなSSRのアプローチが、ドナー国と東ティモール政府・治安部門とのあいだで協議されるようになった[52]。地域警察局（National Department for Community Policing: NDCP）が2014年に承認した東ティモールのコミュニティ・ポリシング・モデルは、こうしたドナーとの協力関係の下、NDCPやPNTLの地方指揮官、村（suco）警察官の現場での取り組みや、他の地域との比較をもとに意見交換が重ねられ、プログラムの骨格が練られたものである[53]。

　コミュニティ・ポリシング導入の背景には、東ティモールの人々の警察に対する意識の変化があった。国連の暫定統治以降、PNTLがUNPOLとともに地域の現場に配置され、警察活動を展開するようになると、次第に村長らがPNTLの常駐を求めるようになっていた[54]。そこで、伝統的・慣習的な治安維持・紛争解決を担うアクターやその制度の正統性や実用性を重視しながら[55]、これまで信頼が欠如していた警察活動を地域に浸透させ、日々の暮らしの治安上の不安感を協力して取り除く取り組みが検討されたのである。モデル構築に当たっては、国際的なコミュニティ・ポリシングのモデルを参照しながら、東ティモールの人々の暮らしの知恵や経験を公式システムに活かすことが試みられた[56]。

第Ⅱ部　事例

　策定されたコミュニティ・ポリシング・プログラムは、東ティモールの442村すべてに村警察官を駐在させ、各村にコミュニティ・ポリシング委員会（Community Policing Councils：CPCs）を設置するものである。CPCsは、長老など伝統的権威らから構成され、村で起こる紛争の解決を担う組織である。民事事件については、CPCsは被害者が望めば伝統的・慣習的紛争解決法を用いて仲裁を行うが、殺人や家庭内暴力などの刑事事件については、CPCsではなく、村警察官が取り扱う[57]。基本的な形態としては、CPCsに村警察官とコミュニティ・セキュリティ・ボランティアらが立ち会い、被害者・加害者らと対話をつうじて紛争を解決する。
　コミュニティ・セキュリティ・ボランティアは、ヴェテランや若者からなるインフォーマルな治安提供者（security provider）である[58]。警察官が立ち入ることが難しい、ギャング集団の動きや家庭内暴力の情報などを村警察官に提供し、紛争予防に貢献する役割を担う。このように、東ティモールのコミュニティ・ポリシングは、警察と住民間の信頼構築による紛争解決・予防という包括的SSRの方針に則りながら、伝統的・慣習的紛争解決と公式の紛争解決の併用という「リベラル・ローカル」なハイブリッドの特徴を有している。
　上記のように住民からの信頼と正統性を得られるような警察改革が計画された一方で、国連撤退後も、F-FDTL・PNTLによる共同作戦や、SPUのオペレーションのさいの人権侵害が問題化した[59]。たとえば、2014年と2015年の反政府ヴェテラン集団に対して実施された共同作戦の成功は、治安部門の制圧能力を誇示するものであったが、そのため作戦にともなう違法逮捕や拘留、拷問などの人権侵害が、治安維持を理由に正当化された[60]。しかし実際は、2008年以降、徐々にではあるが確実に治安が改善しており、人権侵害がともないやすいPNTLの軍事化やF-FDTLの国内治安への関与を積極的に正当化する理由はなくなっていた。
　このことは、F-FDTLの存在意義そのものを否定することを意味する。つまり、外的脅威がほとんどなく、防衛すべき領土が狭い東ティモールでは、国防に対する優先順位が低くなる。実質的には、ほとんどのF-FDTL兵士は、

法的根拠に乏しい国内治安業務に従事している。治安が安定すればF-FDTLの国内での動員の必要性は減るはずだが、F-FDTLの設立後、SSRの議論のなかでF-FDTLの縮小や解体がアジェンダに上がったことはない。むしろ、F-FDTLは、国連撤退後の2012年時点で1332人であった兵士数を将来3000人まで増加する計画をもっている[61]。生き残りをかけた拡大戦略は、かぎられた資源や権力を保持するための競争を引き起こす懸念がある。紛争後のSSRでは、治安部門の最適化、すなわち紛争によって肥大した軍や警察を現地の政治社会状況に適合するように縮小・改編がなされるが、F-FDTLの拡大路線はその逆の方向に向かっているといえよう。

　第3フェーズでは、東ティモール政府がSSRの主導権を握った。コミュニティ・ポリシングのように、現地のニーズに適したプログラムの策定が可能になった背景には、国連の撤退によって、長期的な視点に立ったSSR支援を行う二国間援助ドナーや国際NGOとのコミュニケーションが向上したことがある。SSR支援ドナーは、現地住民の治安部門に対する意識調査を定期的に行い、現地のニーズや反応を視覚化し、政府や治安部門に進むべき方向性を説得的に助言した[62]。むろん、政府のSSRが紛争の予防を主眼に置く方向に徐々にシフトして行ったのは、治安が安定したからにほかならない。その一方で、政府は治安部門の軍事化路線を堅持している。第3フェーズにおける東ティモールのSSRは、SSRの狭義の治安維持アプローチと包括的アプローチ、さらにローカルな規範や制度が混在するハイブリッドの様相をみせている。次節では、このような複雑なハイブリッドの要素について検討し、国家建設におけるSSRの役割を考えてみたい。

第3節　ハイブリッドSSRの行方

　東ティモールのSSRは、国連による治安部門創設期から、国連撤退後に東ティモール政府が主導権を握る過程で大きく変化した。その分水嶺ともいえるのが、2006年の治安危機であった。治安部門みずからが引き起こしたこの危機は、国連が1999年以来主導してきたSSRが失敗したことを露呈し

た。国連は汚名返上すべく、治安部門の再建に取り組んだが、その方向性をめぐって東ティモール政府と対立するようになった。政府は治安の安定を優先させるために、治安部門の軍事化を進めたが、国連は治安部門、とくに警察を民主的組織に改革することに主眼を置いた。2008年の大統領・首相の暗殺未遂事件を F-FDTL と PNTL の共同作戦で乗り切った政府は、独自の SSR 路線に自信を深め、さらに PNTL の軍事化を進めた。その一方で、信頼される市民警察を目指して、地域の多様な治安提供者と協力しながら、コミュニティの安全を高めるコミュニティ・ポリシング・プログラムの採用を決定した。政府が独自の SSR を実施できた背景には、ドナー国や NGO からの現地ニーズに柔軟に対応する支援があった。

　このように、東ティモールにおける SSR の変化の背景には、政府、国連、SSR 支援アクター間の SSR の方針をめぐる対立と協力の双方があった。こうしたアクター間の相互作用によって、国連撤退後の東ティモールでは、複数の治安アプローチが併存するようになった。つまり、地方のコミュニティ内の紛争や犯罪に対応する「リベラル・ローカル」なハイブリットの治安アプローチと、国内の脅威に対して軍事的措置も辞さない高度な治安アプローチである。両者は相反しながらも、補完的に東ティモールの国内の治安に作用しており、安定、説明責任、正当性の微妙なバランスに立つ「リベラル・ローカルと非リベラル」なハイブリッドな SSR モデルを生み出したともいえる。[63]

　国家建設としての SSR が抱える課題の一つとして、外部主導に陥りやすくローカル・オーナーシップが欠如することが従来から指摘されてきた。[64]他方で過度なローカル・オーナーシップの尊重は、SSR の中身を形骸化してしまう恐れがある。このような課題を克服するアプローチとして、ハイブリッドな SSR モデルは注目に値しよう。東ティモールでは、国連が提示した SSR のアジェンダは現地の政治社会情勢に対応していなかっただけでなく、現地の人々になじみのない概念や制度であった。SSR におけるオーナーシップが、政策策定や実施に対する影響力、能力、責任を指すことを考えれば、[65]現地政府が外来規範にもとづく制度を主体的に実施することには困難がとも

なう。これは東ティモール政府が国連の方針に反して、2006年から2008年のあいだの重大犯罪を「和解」と称して不処罰にしたことに表れている。東ティモールの社会では懲罰的な近代司法より、修復的な紛争解決法が機能してきた。加えて人々にとって、インドネシア統治時代の警察や裁判所は外来制度だっただけではなく、抑圧の象徴であった。司法への信頼を高め、重大な人権侵害は処罰されるべきだという規範が人々のあいだで共有されるためには、現実的に機能する制度が構築されなければならない。むろん和解が政治的レトリックとして利用されたことは否めないが、和解や恩赦が容認されたのは、正当性のある司法制度が整っていないためでもあるといえる。

　では、「リベラル・ローカルと非リベラル」からなるハイブリッドなSSRは、どのような点で現地の人々になじみのある概念や制度といえるのであろうか。まず、コミュニティ・ポリシングは、これまで他の国や地域で実施されてきた多様なモデルに東ティモールの人々の文化・社会的慣行に共通点が見出され、現地仕様に再編されたものである。つまり、警察や司法の一部の機能を長老や伝統的権威が担うことによって、コミュニティ・ポリシングは人々により身近で利用しやすい制度に改編された。

　この根底には、各村に警察官が常駐することは、じつは東ティモールではなじみの慣行であったことがある。インドネシア統治時代には、ゲリラ活動やそれを支援する地下活動を監視する警察官（binpolda）が各村に派遣されていた。また、セキュリティ・ボランティアも、各村でインドネシア軍や警察、民兵の動向を村の住民に情報提供した非武装の治安維持隊に由来している。さらに、F-FDTLとPNTLの共同作戦や、SPUもインドネシア統治時代の遺産であるといってよい。インドネシア警察は、民主化以前は国軍の付属組織であり、日ごろから軍と警察で共同作戦（brimob）を実施していた。東ティモールの人々にとって、警察や軍は抑圧的であったが、他方で圧倒的な制圧力をもつ「強い」治安維持組織でもあった。事実、独立後の治安危機にさいし、国内の治安維持に必要なのは、警察に対する恐怖心だとの声が聞かれた。たとえそれが暴力的であったとしても、住民にとって記憶のある警察はインドネシア警察であり、治安が不安定なときには、重武装の警察が好ま

れたと考えられる。このように、人々になじみの慣行とは、抑圧の歴史と記憶に由来するものであった。しかしその一方で、それらの利用は非常に実利的なものであったといえる。過去の抑圧的な慣行や制度の利用は、必ずしも「先祖返り」を意味するものではない。インドネシア時代の抑圧の象徴であった村の駐在警察は、住民のニーズに応えるリベラルな市民警察の素地となった。

最後に、国家建設におけるSSRの意義について考えてみたい。東ティモールでは、2006年の治安危機によって、SSRの失敗の印象が強いために、国連やドナー国が推進したSSR支援による国内社会への影響が見落とされがちである。たとえばSSRの重要な取り組みの一つに、監督アクターとしての市民社会の育成がある。この成果は、国軍と警察の共同作戦の承認プロセスに法的不備があることや、ミッション実施時の人権侵害について、東ティモール社会の内側から批判が上がるようになったことに確認できる[71]。また現地慣習法は現地社会から支持を受けやすいと思われがちだが、必ずしもそうとはかぎらない。たとえば、女性市民団体は伝統的紛争解決法の利用に否定的である[73]。女性団体や女性議員団は、むしろ国連と協力しながら、DV禁止法など女性を暴力から保護する法律の制定に取り組んだ[74]。

このように、リベラルな価値や規範を共有するローカル・アクターと国連やドナーとの連携によって、東ティモール社会においても少しずつ人権や法の支配、ジェンダー平等などの概念が受容されつつある。ハイブリッドSSRもまた、リベラルな規範や制度の部分的な受容を促すものであるが、政治社会情勢の変化と時間の経過とともに、リベラルとローカルの混成度も変化すると考えられる。治安が安定し、民主主義が定着した東ティモールでは、リベラルな規範や概念が年月をへて浸透しており、治安部門が今後いっそうの軍事化路線を目指すことは困難であろう。したがって、国家建設におけるSSRの意義は、警察や軍といった治安アクターの短期的な改革にではなく、むしろ長期的な社会変化に見出すべきであろう。

紛争は一つとして同じものがない。ゆえに、SSR支援には、それぞれの紛争や紛争後社会に適した手法が採用されるべきである。しかし同時に、SSR

をめぐる政治社会情勢は変化し、さらに人々の治安部門に対する考え方も変容することに留意する必要がある。東ティモールでは、治安部門、とくにPNTLに対する信頼度が漸進的ではあるが確実に向上し、コミュニティ・ポリシングへのニーズが高まった。今後SSRがリベラルな方向に向かうのか、あるいは非リベラルに変化するのかは、SSRを策定・実施するアクターのアイデンティティに影響を与える、市民社会を含む監視アクターの成熟にかかっているといえるだろう。

〈付記〉本章は、クロス京子「東ティモールの治安部門改革（SSR）――国連と政府のせめぎあいから生まれた国家建設の方向性」2018年度日本国際政治学会研究大会・平和研究Ⅱ分科会報告論文（2018年11月3日、大宮ソニックシティ）として発表されたものである。なお、本書収録にあたり、表記を微修正した。

注
1) 選挙では第2党であった東ティモール革命戦線（フレティリン）が、与党第1党であった東ティモール再建国民会議（CNRT）を僅差で破り勝利した。
2) たとえば、フリーダム・ハウスは、東ティモールの2017年の自由度を「部分的自由」としている。これは民主化の後退や停滞が顕著な東南アジアにおいては高い自由度であり、インドネシアと同率一位であった。Freedom House, 2017.
3) Wilson, 2012, p. 74.
4) ICG, 2013, pp. 20-24.
5) UNTAET期、UNMISET期、UNOTIL期をつうじて「SSR」という用語は各ミッションの任務に登場しない。警察改革や能力強化支援等の個別支援が任務として付与されていた。
6) 当初は東ティモール国際軍（INTERFET）に対し、治安維持とCIVPOLの協力を得て国家警察の訓練を行うことが任務に課されていた。Andersen, 2011, p. 4.
7) Rees, 2003.
8) 石塚、2008、150-153頁。
9) Wilson, 2012, pp. 75-77.
10) 独立闘争を率いたホルタやグスマンらも、独立後はコスタリカ式の軍隊のない国家を目指すと表明していた。しかし、住民投票時の騒乱を経験し、国軍の設立を訴えるようになった。Simonsen, 2009, p. 586.
11) 国軍の正式名称がF-FDTL（ファリンティル国防軍：Falintil-FDTL）であることからも、FALINTILを母体にしていることがわかる。F-FDTL設立の背景については以下が詳しい。石塚、2008、147-148頁。
12) Rees, 2003.

第Ⅱ部　事例

13) Simonsen, 2009, p. 579.
14) Ibid.
15) 石塚、2008、187-190頁。
16) 同上、188頁。たとえば、能力不足のPNTLに代わってF-FDTLが警察業務を代行することもあった。
17) 同上、182頁。
18) Wilson, 2012, p. 77.
19) たとえば、後述するロバトは、亡命から2000年に帰国後、不満を抱える元戦闘員を組織化することで権力の基盤を築き、2002年には内務大臣のポストを手に入れた。Simonsen, 2009, pp. 579-580.
20) King's College London, 2003. UNTAET活動終了後、規模の縮小されたUNMISETが展開し2005年5月に任務を終了した。その後は政治ミッションであるUNOTILが活動していた。
21) Simonsen, 2009, pp. 580-581.
22) Wilson, 2012, p. 79.
23) Ibid.
24) Dewhurst et al., 2016, p. 18
25) Simonsen, 2009, p. 587.
26) ICTJ, 2009, p. 15.
27) Wilson, 2012, p. 81.
28) United Nations, 2006.
29) 民間人への不正な武器供与で有罪判決を受けた。しかし、刑が確定する前に国外での病気治療を許され、その後大統領から恩赦されたため、実際に服役はしていない。
30) UNTAET下で行われた東ティモールの移行期正義については、以下を参照のこと。クロス、2016。
31) Wilson, 2009, p. 1.
32) IPAC, 2014, p. 7.
33) 共同作戦は非常事態への対応として、いったん2008年6月に打ち切られた。
34) CIGI, 2010, pp. 7-8.
35) Dewhurst et al., 2016, pp. 20-21.
36) 東ティモールの憲法においても、F-FDTLは対外的な脅威から市民を保護することに責任を負い、PNTLは国内秩序維持に責任をもつと明記されている。
37) Wilson, 2009.
38) Ibid., pp. 4-7.
39) 大統領令により、94人の受刑者が減刑された。そのなかには、1999年の騒乱で逮捕された9名の民兵とロバト元内務大臣も含まれた。ICTJ, 2009, p. 14.
40) Dewhurst et al., 2016, p. 27.
41) Ibid.
42) Dewhurst and Greising, 2017, pp. 21-22.
43) Ibid., p. 25.

44) CIGI, 2010, p. 13.
45) Dewhurst and Greising, 2017, p. 20.
46) Belo et al., 2011, p. 2.
47) Dewhurst et al., 2016, p. 24.
48) Ibid., p. 25.
49) 日本も警察庁の協力を得て、JICA が 2008 年からコミュニティ・ポリシングの支援を行っている。
50) Organic Law of Timor-Leste's National Police（PNTL）9/2009, Article 1（2）, 18.
51) PNTL がはじめてコミュニティ・ポリシングの訓練を受けたのは、2008 年の暗殺未遂事件の際である。大量に発生した国内避難民に対する PNTL の対応が悪かったことから、オーストラリア警察が訓練に取り入れた。
52) Dewhurst and Greising, 2017, p. 19.
53) Ibid., p. 27
54) Dewhurst and Greising, 2017, p. 31.
55) 東ティモールでは、都市部の住民以外は警察や裁判所へのアクセスがないため、住民は、家族間や住民間で起こる問題の解決を、村の長老や伝統的権威が執り行う慣習的な紛争解決法に依拠してきた。しかしこうした伝統的紛争解決法は正統性がある一方で、家父長的で恣意的な裁決が行われることが懸念されることもあった。Wallis, 2012, p. 749.
56) Belo and Rajalingam, 2014, p. 1.
57) Dewhurst and Greising, 2017, p. 31.
58) コミュニティ・セキュリティ・ボランティアについては、アジア財団のパイロット・プロジェクトを参照のこと。Belo and Rajalingam, 2014, pp. 4-7.
59) Amnesty International, 2016, pp. 5-8.
60) 反政府ヴェテラン集団の騒擾事件に関しては、以下が詳しい。IPAC, 2014.
61) Dewhurst et al., 2016, p. 29.
62) Dewhurst and Greising, 2017, p. 29.
63) 第二世代の SSR とも呼ばれる。Ibid., p. 37.
64) Sedra, 2017, pp. 32-36.
65) Mobekk, 2010, p. 232.
66) 東ティモールの伝統的正義システムについては、以下が詳しい。Wallis, 2012.
67) 石塚、2008、146 頁。
68) Dewhurst et al., 2016, p. 24.
69) Wilson, 2009, pp. 3-4.
70) ICG, 2013, p. 23.
71) 上杉、2012、26-30 頁。
72) Dewhurst and Greising, 2017, p. 41.
73) 筆者による FOKUPERUS 代表へのインタビュー、2009 年 8 月、ディリ。
74) 2009 年から 2010 年、女性と女子を性的暴力から保護する一連の法律が、UNMIT のジェンダー支援チームの下、策定された。

第Ⅱ部　事例

引用参考文献
【日本語文献】
石塚勝美、2008、『国連 PKO と国家建設——国際社会における東ティモールの対応』創成社。
上杉勇司、2012、「SSR の概念整理と分析枠組み」上杉勇司・藤重博美・吉崎知典編『国家建設における治安部門改革』国際書院、25-36 頁。
クロス京子、2016、『移行期正義と和解——規範の多系的伝播・受容過程』有信堂。

【外国語文献】
Andersen, L. R., 2011, *Security Sector Reform and the Dilemmas of Liberal Peacebuilding*, DIIS Working Paper 31, Danish Institute for International Studies.
Amnesty International, 2016, "Still No Justice for Past Human Rights Violations," Amnesty International Submission to the UN Universal Periodic Review.
Belo, N. C., M. R. Koenig and S. Everett, 2011, *Institutionalizing Community Policing in Timor-Leste : Exploring the Politics of Police Reform*, Occasional Paper No. 9, The Asian Foundation.
Belo, N. C. and G. Rajalingam, 2014, *Local Leadership of Community Policing Practices in Timor-Leste*, The Asian Foundation.
Dewhurst, S., J. Saraiva and B. Winch, 2016, *Assessing the Impact of Orthodox Security Sector Reform in Timor-Leste*, CSG Papers No. 12, Centre for Security Governance.
Dewhurst, S. and L. Greising, 2017, *The Gradual Emergence of Second Generation Security Sector Reform in Timor-Leste*, CSG Papers No. 16, Centre for Security Governance.
Freedom House, 2017, "Freedom in the World 2017, Timor-Leste Profile." 2018 年 1 月 10 日アクセス確認。
Institute for Policy Analysis of Conflict (IPAC), 2014, *Timor-Leste : After Xanana Gusmão*, IPAC Report No. 12.
International Center for Transitional Justice (ICTJ), 2009, *Security Sector Reform in Timor-Leste*, Initiative for Peacebuilding.
International Crisis Group (ICG), 2013, *Timor-Leste : Stability at What Cost?* Asia Report No. 246.
King's College London, 2003, *A Review of Peace Operations : A Case for Change*, King's College.
Mobekk, E., 2010, "Security Sector Reform and the Challenges of Ownership," in M. Sedra ed., *The Future of Security Sector Reform*, pp. 230-243.
Rees, E., 2003, "The UN's Failure to Integrate FALINTIL Veterans May Cause East Timor to Fail," *Australia's e-Journal of Social and Political Debate*. 2018 年 6 月 20 日アクセス確認。
Sedra, M., 2017, *Security Sector Reform in Conflict-Affected Countries : The Evolution of A Model*, Routledge.

Simonsen, S. G., 2009, "The Role of East Timor's Security Institution in National Integration and Disintegration," *The Pacific Review*, Vol. 22, Issue 5, pp. 575-596.

The Centre for International Governance Innovation (CIGI), 2010, *Security Sector Reform Monitor: Timor-Leste*.

United Nations, 2006, *Report of the United Nations Independent Special Commission of Inquiry for Timor-Leste*.

Wallis, J., 2012, "A Liberal-local Hybrid Peace Project in Action? The Increasing Engagement between the Local and Liberal in Timor-Leste," *Review of International Studies*, No. 38, pp. 735-761.

Wilson, B. V. E., 2009, *The Exception Becomes the Norm in Timor-Leste: The Draft National Security Laws and the Continuing Role of the Joint Command*, Issues Paper 11, Centre for International Governance and Justice.

Wilson, B. V. E., 2012, "To 2012 and Beyond: International Assistance to Police and Security Sector Development in Timor-Leste," *Asian Politics and Policy*, Vol. 4, No. 1, pp. 73-88.

第Ⅱ部　事例

第 6 章
シエラレオネ
チーフダム警察改革にみる国家のかたち

古澤嘉朗

第 1 節　シエラレオネの平和構築と SSR

　1991 年 3 月に国内紛争がはじまった西アフリカのシエラレオネでは、2002 年 3 月に国家非常事態宣言が解除され、2004 年 9 月に国土全体の治安権限が国連シエラレオネ派遣団（United Nations Mission in Sierra Leone：UNAMSIL）からシエラレオネ政府へと返還され、2005 年 12 月に UNAMSIL の撤退が完了した。シエラレオネの紛争は、映画『ブラッド・ダイヤモンド』（2006 年公開）にも描かれたように「血塗られたダイヤモンド」が紛争を長期化させ、エグゼキュティブ・アウトカムズ社などの民間軍事警備会社が戦況に多大な影響を与え、反政府武装勢力による子ども兵士の多用や手足の切断といった暴力の残虐性により国際社会の注目を集めた紛争であった。
　2018 年現在、紛争終結から 15 年以上が経過しても紛争の再発がないことなどから、シエラレオネは「成功例」と語られることが多い。イギリス王立防衛安全保障研究所（Royal United Services Institute：RUSI）は、シエラレオネ国軍の訓練を担当していた国際軍事顧問訓練チーム（International Military Advisory and Training Team：IMATT）が 2013 年 3 月に任務を完了したこと、紛争が再発していないことをふまえ、シエラレオネは「平和構築の成功例」であり、とくに治安部門はその顕著な一例と肯定的に評価している。[1]

本章では、成功したか否かではなく、現状を整理・理解するところからはじめ、シエラレオネの経験から何を学ぶことができるのかについて考えたい。第一に、1996年から2015年に至るシエラレオネのSSRを概観し、その特徴を整理する。第二に、「人口の70％が司法制度にアクセスできない状況」をふまえた2008年以降のSSRのシフトに注目したい[2]。このシフトにより、シエラレオネ警察（Sierra Leone Police）や司法制度といった政府機関だけでなく、人々により近い存在である慣習組織にも焦点を当てた改革が実施されることになった。本章では慣習組織のなかでもとくに法執行や国内秩序維持に直結するチーフダム警察（Chiefdom Police）に注目する[3]。最後に、平和構築やSSRにとってシエラレオネのチーフダム警察改革が何を意味するのかについて考えてみたい。それは言い換えると、1961年に独立を果たし、2002年に国内紛争を乗り越えたシエラレオネという主権国家が、今後どのような道を歩むことになるのかということである。

第2節　シエラレオネのSSR

本節ではシエラレオネにおけるSSRの変遷を概観する[4]。

（1）国軍と警察の再建に重きを置いた国際社会主導のSSR（1996～2005）

シエラレオネの紛争後初期の国際社会が主導したSSRは、紛争中の90年代半ばから当時のカバ政権（Ahmad Tejan Kabbah）によるイギリス政府への要請というかたちではじまったということ、そして国軍と警察に重きが置かれていたことが特徴である。シエラレオネ共和国軍（Republic of Sierra Leone Armed Forces）の改革はIMATTなどを介してイギリスが主導し、シエラレオネ警察については当初は英連邦を介してイギリスが、のちに国連PKOが主導した。

シエラレオネの国軍改革は、1999年6月、イギリス国際開発省（Department for International Development：DFID）がシエラレオネSSRプログラム（Sierra Leone Security Sector Reform Program：SILSEP）という支援スキーム

を立ち上げたことに端を発し、同年にはSILSEPにより治安部門の新しい調整メカニズムとして国家安全保障室（Office of National Security）が新設されている。また、シエラレオネ国軍改革のために多国籍の軍事要員により構成されるIMATTは、その活動を2000年6月から開始した[5]。イギリスやカナダ、ナイジエリア、ガーナなどの軍事要員からなるIMATTは、2013年3月に撤退するまで13年間、「ホートン軍事アカデミー（Horton Military Academy）」という士官養成学校の設立・運営など国軍の教育や訓練、組織改革にたずさわった。

シエラレオネの警察改革は、カバー政権からイギリス政府への支援要請を受け、国軍改革よりも一足早く1996年にはじまった。1996年から2002年まではイギリスが、2002年から2005年までは国連が主導した[6]。1998年7月、イギリスの拠出金をもとに英連邦警察開発タスクフォース（Commonwealth Police Development Task Force: CPDTF）がシエラレオネに派遣された[7]。CPDTFの提案を受けて「警察憲章（Police Charter）」や「使命表明（Mission Statement）」という改革の方向性を示す公的文書が策定され、1999年11月にそのチームリーダーであるイギリス人のビドル（Keith Biddle）が警察長官に任命される。2000年10月には後継組織として英連邦地域安全・治安プロジェクト（Commonwealth Community Safety and Security Project: CCSSP）が開始され、ビドルとCCSSPの二人三脚で過去の腐敗や体制と決別し、地域社会の要請に応える「ローカル・ニーズ・ポリシング（Local Needs Policing）」という基本方針に向けて改革が推し進められた。その一環として、警察内に地域と警察の関係改善・強化を図るコミュニティ対策部（Community Relations Department）、家庭内暴力や児童虐待などに対応する家族支援ユニット（Family Support Unit）といった部署が新設された。2003年6月には、イギリスで訓練を受けたシエラレオネ人のカマラ（Brima Acha Kamara）が警察長官に任命され、イギリス主導の警察改革は一区切りを迎える。

2002年3月に国内の非常事態宣言が解除され紛争終結が正式に宣言されると、10名程度にすぎなかったCCSSPの重要性は相対的に低下し、より大

規模な UNAMSIL に派遣されている国連警察（United Nations Police：UNPOL）の存在感が高まる[8]。同年9月に国連安全保障理事会決議1436号が採択、この決議にもとづき国連 PKO の任務にシエラレオネ警察に対する支援が含められ、UNPOL の増員が承認された。2002年以降は規模を拡大した UNPOL が、DFID や国連開発計画などと協力しながら、各地の警察学校を再建することで現地警察組織の規模回復に力を入れ、2005年12月には現地警察官が紛争前の9500名に回復したことを受けて UNAMSIL は完全撤退をする。

（2）司法部門改革へと拡大するシエラレオネ政府主導のSSR（2006～2015）

2006年以降、シエラレオネのSSRはDFIDによる司法部門開発プログラム（Justice Sector Development Program：JSDP）の下、シエラレオネ政府が主導するかたちで企画・実施されるようになる。その活動は始動期（2006～07年）と事業実施期（2008～10年）に大別できる[9]。JSDPは「シエラレオネにおける警察の発展はその他の司法部門の犠牲の下に成り立っていた」という認識を反映し[10]、司法制度全体をその支援の対象とし、包括的なアプローチが採択されたのが特徴といえる[11]。

始動期のJSDPでは、シエラレオネ警察の中長期戦略の策定、警察内に新設された家族支援ユニットや犯罪情報局に対する支援から裁判所や刑事施設の整備、刑事施設の記録管理など、幅広い活動に取り組んだ[12]。しかし、その最大の成果は中長期的な改革の方向性を示した『司法部門改革戦略・投資計画（2008～10年）』（以下、『戦略・投資計画』）の策定ともいわれており、この報告書が一つの転機になる[13]。

『戦略・投資計画』策定後の事業実施期では、始動期は主に警察、裁判所や刑事施設など司法サービスの「供給者側」に対する支援が目立つのに対して、司法サービスの「需要者側（demand-side）」に働きかける方針が明確に打ち出されていた[14]。司法サービスの「需要者側」に働きかけるということは、改革の対象が司法制度からインフォーマル・ジャスティス制度へと軸足を移しはじめたことを意味した[15]。その背景には、人口の70％が司法制度にアク

セスできていない状況をふまえ、人々の生活により近い存在である慣習組織が政府の司法部門を補完しているという認識が存在した。[16]

慣習組織であるチーフダム警察改革は、「需要者側」に働きかける試みの一環として位置づけることができる。2009年に紛争後はじめて実施されたニーズ・アセスメントをもとに、2010年5月、南部州モヤンバ県でチーフダム警察に対する支援がはじめて開始される。2010年度にJSDPはその活動を終了するが、「治安・司法アクセス・プログラム（Access to Security and Justice Program: ASJP）」という後継プロジェクトが2011年から2015年まで実施され、チーフダム警察改革はASJPへと引き継がれた。次節ではチーフダム警察改革に着目する。

第3節　紛争後に置き去りにされたチーフダム警察とチーフダム警察改革（2008〜2015）[17]

本節では、チーフダム警察の概要、シエラレオネ警察との旧保護領における併存に至る歴史的な経緯、その任務、そしてどのような改革がシエラレオネ政府によって実施されているのかについて整理する。

(1) チーフダム警察とは

シエラレオネの行政単位は「州（province）」、「県（district）」、そして「チーフダム（chiefdom）」の順になっており、2017年8月までは四つの州、14の県、149のチーフダムが存在した（資料6-1）。[18] 各チーフダムは、県弁務官（District Officer）の監督下、パラマウント・チーフ（Paramount Chief）が統治している。シエラレオネ憲法第72条1項はチーフダムと慣習法の存続を明記し、2004年3月に施行された地方自治法（Local Government Act）第28条ではチーフダム・レベルの法の執行や犯罪予防を引き続きパラマウント・チーフが担うと明記している。県弁務官により各チーフダムに配属され、パラマウント・チーフを支えるのがチーフダム警察である。

チーフダム警察は、地方自治地域開発省（Ministry of Local Government

資料 6-1　シエラレオネの州・県・主要都市名とチーフダム警察の規模

州名	県名	主要都市名	チーフダム警察の規模（人）		
			各県	各州	合計
北部州	ボンバリ県	マケニ市	110	392	1,013
	コイナドゥグゥ県	カバラ市	78		
	ポート・ロコ県	ポート・ロコ市	73		
	トンコリリ県	マグブラカ市	80		
	カンビア県	カンビア市	51		
東部州	ケネマ県	ケネマ市	116	290	
	コノ県	コイドゥ市	89		
	カイラフン県	カイラフン市	85		
南部州	ボー県	ボー市	86	331	
	ボンセ県	マトルー・ジョン市	83		
	プジェフン県	プジェフン市	65		
	モヤンバ県	モヤンバ市	97		
西部地域	西部地域アーバン	フリータウン市			
	西部地域ルーラル	ウォータールー市			

出典：地方自治地域開発省会計担当者へのインタビュー（2017年3月14日）をもとに筆者作成。

and Rural Development）の管轄下に置かれ、警察とは異なる組織である。チーフダム警察官は、2017年3月時点、シエラレオネ全土に1013人配属されている（資料6-1）。各チーフダムに配属されるチーフダム警察官の人数は、その規模により異なる。原則として、1万人以上の住民がいるチーフダムは最大で12人のチーフダム警察官（クラスA）、8000人から1万人の住民がいるチーフダムは最大で8人（クラスB）、8000人以下は最大で6人を配備することができる（クラスC）。首都圏である西部地域の郊外で通常の警察であるシエラレオネ警察とチーフダム警察が併存する現状を理解するためには、イギリス植民地時代（1808～1961年）へと遡る必要がある。

(2) チーフダム警察の歴史

シエラレオネ警察という名称は1894年から正式に使われ、1964年の警察

法（Police Act）の施行にともない誕生した。その起源は解放奴隷の移住地としてイギリス直轄植民地が誕生した1808年にまで遡ることができる。他方、チーフダム警察の前身にあたる組織は1896年に保護領の制定と同時に発足したコート・メッセンジャー（Court Messenger）である。[20] 保護領とコート・メッセンジャー設立には、少数の外国人が圧倒的多数の「原住民」をいかに統治するかという「原住民問題」が関係していた。[21]

当時、欧州の植民地宗主国は「原住民問題」を克服するために直轄植民地と保護領という二つの空間をつくるという対応策を編み出した。一方の直接統治が行われた直轄植民地では欧州系植民者が宗主国の法制度にもとづいて、他方の保護領では慣習法にもとづく間接統治といったかたちで、2種類の政治構造を有する植民地国家が築かれた。[22] イギリスの植民地だったシエラレオネも例外ではなく、直轄植民地と保護領に区分され、後者ではパラマウント・チーフを中心とした統治が確立されていた。[23]

シエラレオネ警察は主に直轄植民地を管轄し、1896年以降に保護領として制定された内陸地に警察は存在しなかった。[24] その空白は1901年まではフロンティア警察隊（Frontier Police）、それ以降はコート・メッセンジャーにより埋められた。1895年まで英仏間に植民地の領土境界線に関する合意が形成されていなかったことから、隣国を植民地とするフランスを念頭に、イギリスは1890年にフロンティア警察隊という準軍事組織を内陸地に配備した。[25] しかし、1898年に起きた小屋税反対暴動（Hut Tax Rebellion）が契機となり、[26] 植民地政府は脱軍事路線へと舵を切ることになる。そして、1901年にフロンティア警察隊はフランスの植民地拡張に対抗するために創設された西アフリカ・フロンティア軍（West Africa Frontier Force）へと統合される。[27] フロンティア警察隊の空白を埋めることを期待されたのがコート・メッセンジャーであった。

コート・メッセンジャーに関しては「正式には警察ではないが、警察のような仕事を担っている」という記述が残されているが、その背景にはこのような当時の直轄植民地と保護領という区分が関係していた。[28] シエラレオネ警察が保護領に進出し、両組織が内陸地において併存するようになったのは第

二次世界大戦後の1954年のことである。コート・メッセンジャーが現在の名称へと変わるのは1960年のことだが、シエラレオネ警察とチーフダム警察という構図の原型は植民地時代にその出自をみることができるのであった。

(3) チーフダム警察の任務

植民地時代、慣習法にもとづいて統治された保護領では、法秩序の維持や徴税を担うパラマウント・チーフを支えるために、「ネイティブ・コート（Native Court）」と呼ばれる慣習法廷、そして慣習法廷の運営を補佐するために警察のような役割を担う「コート・メッセンジャー」が各チーフダムに設置された。2017年6月現在、前者は「ローカル・コート（Local Court）」、後者は「チームダム警察」と呼ばれている。現在のローカル・コートとチーフダム警察、植民地時代のネイティブ・コートとコート・メッセンジャーの関係という観点からすると、そこに大きな変化はない。これは必ずしもローカル・コートを取り巻く環境が植民地時代から変わっていないということを意味しない。たとえば、2011年7月に改定されたローカル・コート法（Local Courts Act）では、ローカル・コートの所管が従来の地方自治地域開発省から司法省へと移行し、慣習組織を取り巻く環境は変化している。しかし、植民地時代にコート・メッセンジャーがパラマウント・チーフやネイティブ・コートを補佐したように、現在のチーフダム警察がパラマウント・チーフとローカル・コートを支えている構図は変化していない。

現在のチーフダム警察の任務はチーフダム・レベルにおける①犯罪の防止、②被疑者の逮捕、③法と秩序の維持、④法の執行、⑤税金の徴収の補助、以上五つが主である。また、パラマウント・チーフとローカル・コートの補佐という視点からは次のように説明することもできる。植民地時代のコート・メッセンジャーはパラマウント・チーフのメッセンジャーとして情報伝達、チーフダム・レベルにおける税金の徴収作業に従事していた。現在もチーフダム警察は同様に徴税を行い、必要に応じて情報伝達の任にも従事している。また、ローカル・コート法第11条2項には、令状の執行時、必要に応じてチーフダム警察官を招集できること、そして第25条には捜査令状の執行時

第Ⅱ部　事例

にはチーフダム警察官が従事することが明記されている。このようにチーフダム警察はパラマウント・チーフとローカル・コートを支え、チーフダム・レベルにおける法秩序の維持と法執行に貢献している。

　たとえば、南部州モヤンバ県を構成する 14 のチーフダムの一つであるカイヤンバ・チーフダムの場合、人口が 2 万 5770 人とクラス A のチーフダムであることから、上限 12 人に対して、男性 7 人／女性 3 人の計 10 人のチーフダム警察官が配属されている[31]。カイヤンバには二つのローカル・コートがあることから、ローカル・コート A にはチーフダム警察官が 6 人、ローカル・コート B には 3 人が配属され、証人のローカル・コートへの召喚、令状の出た被疑者の逮捕等、ローカル・コートの日々の仕事を支えている。残る 1 人のチーフダム警察官は税金の徴収やチーフダム内の情報伝達をはじめ、パラマウント・チーフの日々の仕事を補佐していた[32]。次節では、チーフダム警察に対して、どのような改革が行われたのかに着目する。

（4）チーフダム警察改革と『チーフダム警察用研修マニュアル』

　シエラレオネ警察と異なり、チーフダム警察は 2000 年代前半に国際社会から支援を受けることはなかった。2009 年 8 月、紛争後にはじめて南部州モヤンバ県でチーフダム警察を対象とした『ニーズ・アセスメント』がシエラレオネ警察と JSDP により合同で実施された。『ニーズ・アセスメント』は研修・訓練を受けたことがなく職務に必要な知識・技術を欠き、給料未払いが続き、制服や必要な装備すら支給されていないチーフダム警察の窮状を明らかにした[33]。この『ニーズ・アセスメント』をもとに、研修カリキュラム案が作成され、2010 年 5 月にモヤンバ県でチーフダム警察に対するはじめての研修が実施された[34]。同年 11 月には、モヤンバ県の経験をふまえた『チーフダム警察用研修マニュアル』（以下、『研修マニュアル』）が JSDP により作成され、2011 年以降に順次同様の研修を全国で行うための準備が進められることになる。

　『研修マニュアル』は「1．政策・法的枠組み」（pp. 4-23）、「2．コミュニティ・ポリシングと犯罪予防」（pp. 24-52）、「3．女性・子どもへの保護措

置」(pp. 53-74)、「4. 情勢分析」(pp. 75-87)、「5. 人権」(pp. 88-117)、「6. 事務手続き」(pp. 118-146) の六つにより構成されている。「1. 政策・法的枠組み」では、チーフダム警察官が遵守しなければならない法律について、「2. コミュニティ・ポリシングと犯罪予防」では犯罪を予防するためにもコミュニティとの関係を築くことが大切であること、「3. 女性・子どもへの保護措置」では社会的弱者と位置づけられることが多い女性と子どもに対してどのような配慮をすべきなのか、「4. 情勢分析」では現状分析の手法について、「5. 人権」では遵守すべき人権規範について、「6. 事務手続き」では職務上必要な事務手続きについてわかりやすくまとめている。

　2011年3月、『研修マニュアル』をもとに、チーフダム警察官92人を対象とした研修が東部州コノ県ではじめて開催された[35]。講師にはシエラレオネ警察や司法省、地方自治地域開発省、社会福祉ジェンダー児童省といった関係省庁から職員が派遣された。その目的はチーフダム警察官の「職務効率の向上」と銘打たれていたが、身辺調査という側面もあり、研修中に飲酒や素行不良といった名目で2人が解雇されている。そして、研修後には各チーフダム警察官に対して、制服や手錠、警笛、鞄、レインコート、長靴、警棒といった装備一式が提供された。

　2014年6月から2016年1月にかけて、エボラ出血熱がシエラレオネを含む西アフリカで大流行した。その間、20人以上の集会が禁止、郊外への移動が制限されるなど、チーフダム警察改革への影響は多大なものであった[36]。当初の予定より時間はかかっているが、2017年の時点で12県のうち7県で訓練は完了している[37]。

第4節　チーフダム警察改革とSSR

　チーフダム警察改革や2008年以降のSSRのシフトをどのようにシエラレオネのなかに位置づけ、理解することができるのだろうか。シエラレオネの事例から何を学ぶことができるのだろうか。本節ではシエラレオネという事例とSSRの関係について理解したうえで、チーフダム警察とシエラレオネ

警察の関係、そしてシエラレオネの人々のチーフダムに対する認識に着目する。

（1）シエラレオネという事例と SSR

　シエラレオネの SSR は、SSR の政策議論とともに歩んできたといっても過言ではない。シエラレオネの SSR はイギリス政府による支援により 1990 年代半ばからはじまったが、90 年代後半にはじまる SSR に関する議論を主導してきたのはイギリスである。たとえば、公の場で SSR という用語をはじめて使ったのはイギリスの当時の国際開発省大臣ショート（Clare Short）の 1998 年の演説といわれている[38]。

　また、SSR の議論は当時から「何が問題かを明らかにすることではなく、どのような対応策を提案するのかが難しい」と指摘されていたが、その苦悩の痕跡もシエラレオネの事例にみることができる[39]。たとえば、SSR の政策論では早い段階から「包括性」の重要性が指摘され、支援対象として軍隊と警察だけでなく、治安部門を監視・監督する行政機関をも含む広義の解釈が採択されていた。他方、シエラレオネでは 1999 年に国軍改革がはじまった当初、97 年からはじまっていた警察改革との調整の必要性は指摘されたが、実際に調整がなされることはなかった。当時のシエラレオネの SSR が「必ずしも包括的だったわけではなく、喫緊のニーズに対応していた」ことが垣間みえる[40]。

　このようにシエラレオネにおける実践と SSR の政策論が同時代的に進んでいたことをふまえると、2008 年以降の SSR のシフトが SSR 全般の政策論にとっても示唆に富んでいることがわかる。これを、どう位置づけることができ、また何をシエラレオネの事例から学ぶことができるのかについて次に考察する。

（2）チーフダム警察とシエラレオネ警察、そして政治の力学

　シエラレオネ警察官がチーフダム警察官の研修の講師を務めるなど、両組織間に接点がないわけではない。また、シエラレオネ警察との関係に関して

は、「(チーフダム警察は)郊外におけるシエラレオネ警察のプレゼンスを補完している[41]」、「コミュニティとシエラレオネ警察を橋渡ししている」という肯定的な発言を耳にすることも多い[42]。他方、「なぜチーフダム警察を支援するのか、私には理解できない」という否定的な発言を耳にすることもあり、シエラレオネ警察とチーフダム警察の関係は一言で説明できない難しさがある[43]。その難しさは両組織の歴史にも垣間みえる。

過去に両組織を統合しようという機運が高まったことが2度ある。1度目はシエラレオネ警察が全国展開した1956年のことだった。シエラレオネ警察が全国展開したさいに、職務の重複を理由にチーフダム警察の前身であるコート・メッセンジャーとの統合が案として挙がったが、当時の警察長官が二つの組織を統合することは財政的にも、組織的にも非効率的であると主張し拒否した[44]。2度目は2000年代前半のイギリス主導の警察改革の最中であったが、当時の警察長官のビドルはシエラレオネ警察を発展させればチーフダム警察は淘汰されると考え、見送っている[45]。

このような歴史的経緯を有する二つの組織の関係を考慮すると、2000年代の国際社会が主導したSSRはシエラレオネ警察、2008年以降はチーフダム警察といったかたちで、だれが国内秩序を担うべき主体なのかを暗に選択してきたともいえる。チーフダム警察をシエラレオネ警察へと統合し一本化するか否かということであり、この政治的な意味合いを有する政策判断と関係していることを考慮すると、両組織間で緊張関係が生じていても不思議なことではない。だが、この緊張関係はたんなる組織間の縄張り争いでもなければ、国による組織構成の違いというだけでもない。シエラレオネの事例は政治の力学を意識することの重要性を教えてくれている[46]。

地域研究者のハリス(David Harris)は独立後のシエラレオネ政治の力学を①シエラレオネ政府、②解放奴隷の子孫で主に西部地域に居住する「クリオ(Krio)」、③旧保護領の土着の政治指導者(indigenous：パラマウント・チーフを頂点とするチーフダム制度)、この三者の駆け引きと解説する[47]。この力学を援用すると、シエラレオネ警察改革とチーフダム警察改革の関係は、①と③の駆け引きの延長線上にみえてくる。つまり、ミクロな組織間の政治

力学だけでなく、マクロなシエラレオネ政治の力学のなかに位置づけて理解することも重要なのである。

(3) 岐路に立つチーフダム警察

　チーフダム警察をシエラレオネ警察へ統合するのか否かに関しては、政治の力学が作用していることを考慮すると、シエラレオネの人々のチーフダムに対する評価を理解することも重要である。その点では元政府高官であり、現在はローカル・ガヴァナンス・フォーラムという現地シンクタンクの代表を務めるガイマ（Emmanuel Gaima）が実施した、チーフダム制度に関するアンケート調査が興味深い[48]。その結果によると回答者の85％が「チーフダム制度はシエラレオネにとって重要である」と回答し、78％が「チーフダム制度が郊外の人々の役に立っている」、そして49％が「チーフダム制度が現在十分に機能していない」と回答した。このアンケート調査からシエラレオネの人々のチーフダム制度に対する肯定的評価と同時に、現状の不十分さがうかがえる。チーフダム警察をはじめとする慣習組織全般としてのチーフダム制度に対する人々の肯定的感情を配慮すれば、チーフダム警察とシエラレオネ警察との共存という選択肢も現実味を帯びてくる。しかし、チーフダム警察を維持するという選択肢も容易な選択肢ではない。

　すでに指摘したように慢性的な給料未払い問題が起きており、装備や制服の支給も不十分である。また、チーフダム警察官の高齢化も進む一方、他方では若者が都市部に職を求めることで人材不足も起きている[49]。チーフダム警察を取り巻く状況は厳しく、チーフダム警察は「パラマウント・チーフの意思のみで維持されているのが現状」と揶揄されることもある[50]。

　だが、かりにチーフダム警察とシエラレオネ警察の両組織を存続させ、チーフダム警察改革を推し進めるということであれば、最終的にどう国家とチーフダム、シエラレオネ警察とチーフダム警察を共存させていくのかについて議論を深めていくことが不可欠になる。つまり、予算の確保、両組織の棲み分け、チーフダム警察への定期的な訓練の導入、リクルートメント基準の明確化など制度・運営面に関する山積する喫緊の課題に取り組まなければ

第6章　シエラレオネ

ならない。チーフダム警察改革は、今後の対応次第によってその場しのぎの研修にも、意味のある中長期的な改革への一歩にもなりうる岐路に立たされている。

第5節　ジレンマなのか、「国家の亜型」なのか

　一見すると、シエラレオネ警察とチーフダム警察の共存は職務の重複という意味では非合理的にもみえる。また、国家の本質をある一定の領域内部で「正当な物理的暴力行使の独占」とするヴェーバー（Max Weber）の見解とも相容れない[51]。しかし、見慣れない・理解できないものが必ずしも非合理的とはかぎらないことをわれわれは過去の経験から学んでいる[52]。では、チーフダム警察改革をどのように理解することができるのだろうか。

　大国間の政治を主な対象とするリアリズム／リベラリズムが暗黙の前提としてきた分析単位としての国家を軸とした場合、チーフダム警察は乗り越えられるべき壁、そしてヴェーバーの見解がその基礎とされる国家建設においてはチーフダム警察改革は逆行するジレンマと解釈することもできる。だが、「当時の欧州の時代背景に何が適していたのかは別として、現在のアフリカ社会の的確な描写ではない」と地域研究者ベーカー（Bruce Baker）が指摘するように[53]、暗黙の前提とされてきた国家自体を問題化する「下からの視座」に近年のアフリカ研究では注目が集まっている。

　アフリカの国家をめぐる現象は現代的、かつ現在進行形で生起する共時的現象であり、「国家変容とそのフロンティア」とも指摘されている[54]。この「下からの視座」の延長線上にチーフダム警察やチーフダム警察改革を位置づけると、それらは乗り越えられるべき壁やジレンマではなく、フロンティアの一例なのではないかと解釈することも可能になる。シエラレオネ警察とチーフダム警察の共存を、ハイブリッドな国家建設（支援）の帰結による「国家の亜型」の一形態と捉え直すのである[55]。

　シエラレオネのSSRのなかにどのようにチーフダム警察改革を位置づけるかは、シエラレオネ政府が今後どう国内秩序を維持するのかという政策判

141

断に直結する。もし最終的にシエラレオネ警察に一本化するのであれば、チーフダム警察改革はその場しのぎの対策でしかない。ただ、かりに警察に一本化するのではなく、別組織としてチーフダム警察を強化し二つの組織を共存させていくということであれば、チーフダム警察改革の意味するところも大きく変わってくる。

　国内秩序をどう維持するのか、主権国家がどのような道を歩むのかという判断はきわめて政治的であり、第三者である国際社会ではなく、その国の人々が判断すべきことである。ジレンマなのか、それとも亜型なのか。シエラレオネ警察とチーフダム警察を一本化するのか、それとも共存させる道を模索するのか。シエラレオネという国家が今後どのような道を歩むことになるのか、引き続き注視していきたい。

〈付記〉本章は、古澤嘉朗「シエラレオネのチーフダム警察改革にみる国家の形——治安部門改革の変遷に着目して」『国際安全保障』第45巻第2号（2017年）を再録したものである。なお、再録にさいし、表記を微修正した。

注
1) Twort, 2013.
2) Republic of Sierra Leone, 2008, p. 4.
3) チーフダムとチーフダム警察は北部州と東部州、南部州には存在するが、首都フリータウンを有する西部地域には存在しない。これは後述するように歴史的に西部地域は直轄植民地であり、北部州と東部州、南部州は保護領だったという歴史的経緯が関係している。西部地域にはメトロポリタン警察（Metropolitan Police：旧市議会警察）が存在するが、シエラレオネ警察のプレゼンスが強い首都やその近郊のみで活動するメトロポリタン警察は本章では扱わないこととする。
4) 元兵士の武装解除・動員解除・社会への再統合（DDR）をSSRの一領域と位置づけることもあるが、本章では紙面の関係でDDRは扱わない。シエラレオネのDDRについては次の論文などがある。モロイ、2011。国軍改革については以下の論文もある。落合、2014。
5) Jackson and Albrecht, 2011, pp. 66-67.
6) シエラレオネの警察改革については次の論文をもとにしている。古澤、2011。
7) CPDTFは1997年に派遣される予定が、クーデターの影響で1998年に派遣された。筆者による元シエラレオネ警察長官ビドルへの電話インタビュー。2010年4月6日。
8) 2005年までは、「文民警察（CIVPOL）」と呼ばれていたが、本章では、便宜的に「国連警察（UNPOL）」で統一する。

9）JSDP, 2004, p. 11.
10）Howlett-Bolton, 2008, p. 5.
11）JSDP, *Project Memorandum*, p. 5.
12）JSDP, 2006a；JSDP, 2006b；JSDP, 2007.
13）JSDP, 2010, p. 1.
14）JSDP, 2008, p. 4.
15）Ibid., p. 5.
16）Republic of Sierra Leone, 2008, p. 4.
17）詳細に関しては次の論文を参照。Furuzawa, 2018.
18）2018年3月の選挙を見据え、2017年8月に県が14から16、チーフダムが149から190へと再編された。植民地化以前は217あったチーフダムが植民地時代に149に削減されたことを当時「合併」（amalgamation）と呼んだことをふまえ、今回の再編は「合併の否定」（de-amalgamation）と呼ばれている。合併したことによる不満がチーフダム・レベルで蓄積しており、その陳情を考慮しての再編という説明がなされている。本章では2017年8月再編以前の県／チーフダムの名称・数を使用している。
19）筆者による地方自治地域開発省幹部職員（匿名希望）へのインタビュー。2017年3月9日、フリータウン。
20）Foray, 1977, p. 200.
21）Hailey, 1951, p. 1.
22）マムダニ（Mahmood Mamdani）は、こうしたアフリカ植民地国家を「分枝国家」（bifurcated state）と呼んだ。Mamdani, 1996.
23）落合、2007。
24）Brooke, 1953, p. 49.
25）Crowder, 1978, p. 62.
26）1898年2月から11月にかけて小屋税反対暴動が起きた。当時の直轄植民地のカーデュー総督（Frederick Cardew）が保護領の人々に対して植民地政府の財政を負担させるべく、1898年1月から一律1戸5シリングの小屋税を導入したことが直接的な引き金となって起きた暴動である。小屋税の徴収作業を担当していたのはフロンティア警察であり「小さな裁判官・総督」として振る舞うフロンティア警察隊に対する人々の評判の悪さ、また1896年の保護領制定にともなう権限縮小に対するチーフの不満などさまざまな要因が間接的に暴動の発生につながったともいわれている。Fyle, 1981, p. 105.
27）Crowder, 1978, p. 70.
28）Hollins, 1932.
29）Foray, 1977, p. 200.
30）African Human Security Initiative, 2009, p. 108. 1点補足すると、チーフダム警察官が逮捕した被疑者はシエラレオネ警察に引き渡す取り決めになっている。筆者によるチーフダム警察官（匿名希望）へのインタビュー。2017年3月10日、モヤンバ県モヤンバ市。
31）筆者によるパラマウント・チーフのグラマ（F. M. Gulama）へのインタビュー。

第Ⅱ部　事例

2017年3月10日、モヤンバ県モヤンバ市。
32) 筆者によるチーフダム警察官（匿名希望）へのインタビュー。2017年3月10日、モヤンバ県モヤンバ市。
33) JSDP and SLP, 2009, p. 3.
34) 筆者によるブリテイッシュ・カウンシル職員マグビティ（John Magbity）へのインタビュー。2010年7月6日。フリータウン。
35) Lansana and Kpanga, 2011.
36) この間、DFIDは68％のプログラムを停止したが、ASJPは継続されていた。筆者によるDFIDシエラレオネ事務所職員バティア（Samina Bhatia）へのインタビュー。2017年3月3日、フリータウン。
37) これまでに支援が提供されていない県は、ケネマ県、コイナドゥグゥ県、トンコリ県、ボー県、そしてポート・ロコ県の5つである。筆者による司法調整事務局長バウア（Henry Mbawa）へのインタビュー。2017年3月7日、フリータウン。
38) Short, 1998.
39) Quoted in Chanaa, 2002, p. 11 [originally from Malcolm Chalmers, "Structural Impediments to Security Sector Reform," unpublished paper presented to IISS/GCDCAF conference, Geneva, 2001].
40) Albrecht and Jackson, 2009, p. 29.
41) 筆者によるシエラレオネ警察幹部職員（匿名希望）へのインタビュー。2017年3月13日、フリータウン。
42) 筆者によるパラマウント・チーフのグラマへのインタビュー。2017年3月10日、モヤンバ県モヤンバ市。
43) 筆者によるシエラレオネ警察幹部職員（匿名希望）へのインタビュー。2010年7月2日、フリータウン。
44) 厳密には1952年にコート・メッセンジャーはチーフダム・メッセンジャー（Chiefdom Messenger）、そして1960年に現在の名称へと変わっている。
45) 筆者による元シエラレオネ警察長官のビドルへの電話インタビュー。2010年4月6日。
46) たとえば、警察といっても分権的国家志向の英米法系諸国と集権的国家志向の大陸法系諸国では組織構成は異なり、後者では武装警察と呼ばれる準軍事組織が存在する（例：フランスのジャンダルムリ）。Ferret, 2004.
47) Harris, 2013, p. 7.
48) ガイマは東部州の二つの県（ケネマとコノ）、南部州の二つの県（ボーとボンセ）、そして北部州の一つの県（ボンバリ）にて555人を対象としたアンケート調査を実施した。Gaima, 2017.
49) 筆者によるチーフダム警察官（匿名希望）へのインタビュー。2017年3月10日、モヤンバ県モヤンバ市。
50) 筆者によるシエラレオネ政府司法省職員（匿名希望）へのインタビュー。2017年3月7日、フリータウン。
51) ヴェーバー、1980、9-10頁。

52）ジャーナリストのカプラン（Robert D. Kaplan）は「アナーキーの到来」（Coming Anarchy）という論文のなかで、1990年代前半に多発したサブサハラ・アフリカの紛争について「無法者による犯罪、将来に絶望した兵士、ならず者、そして麻薬漬けの子ども兵士による紛争」と断定した。しかし、実態としては民族の違いに沿った政治闘争であり、必ずしもカプランの指摘したような非合理で無目的な野蛮な暴力ではなかったことが明らかにされ、カプランの記事は「新野蛮主義」（new barbarism）と痛烈に批判された。Richards, 1996.
53）Baker, 2010, p. 12.
54）遠藤、2009、157頁、171頁。

引用参考文献
【日本語文献】
ヴェーバー、M.／脇圭平訳、1980、『職業としての政治』岩波文庫。
遠藤貢、2009、「アフリカと国際政治」日本国際政治学会編『地域から見た国際政治』有斐閣、157-174頁。
落合雄彦、2007、「分枝国家シエラレオネにおける地方行政」『アフリカ研究』第71巻、119-127頁。
落合雄彦、2014、「紛争後のリベリアとシエラレオネにおける治安部門改革」『龍谷法学』第46巻4号、1007-1027頁。
古澤嘉朗、2011、「警察改革支援（1998-2005年）」落合雄彦編『アフリカの紛争解決と平和構築』昭和堂、157-171頁。
モロイ、D.／徳光祐二郎訳、2011、「武装解除・動員解除・社会再統合（DDR）」落合雄彦編『アフリカの紛争解決と平和構築』昭和堂、75-99頁。

【外国語文献】
African Human Security Initiative, 2009, *Sierra Leone: A Country Review of Crime and Criminal Justice, 2008*, Institute for Security Studies.
Albrecht, P. and P. Jackson, 2009, *Security System Transformation in Sierra Leone, 1997-2007*, University of Birmingham.
Baker, B., 2010, *Security in Post-Conflict Africa*, CRC Press.
Brooke, N. J., 1953, *Report on the Native Court System in Sierra Leone*, Government Printer.
Chanaa, J., 2002, *Security Sector Reform*, Oxford University Press for IISS.
Crowder, M., 1978, *Colonial West Africa*, Frank Cass.
Ferret, J., 2004, "The State, Policing and 'Old Continental Europe,'" *Policing & Society*, Vol. 14, No. 1, pp. 49-65.
Foray, C. P., 1977, *Historical Dictionary of Sierra Leone*, Scarecrow Press.
Furuzawa, Y., 2018, "Chiefdom Police Training in Sierra Leone (2008-2015): An Opportunity for a More Context-based Security Sector Reform?" *Journal of Peacebuilding & Development*, Vol. 13, No. 2, pp. 106-110.

Fyle, C. M., 1981, *The History of Sierra Leone*, Evans Brothers Limited.
Gaima, E., 2017, *Knowledge, Attitude and Perception of Chiefdom Administration in Sierra Leone*, Local Governance Forum.
Hailey, L., 1951, *Native Administration in the British African Territories (Part IV)*, Colonial Office.
Harris, D., 2013, *Sierra Leone : A Political History*, Hurst & Company.
Hollins, N. C., 1932, "A Note on the History of the Court Messengers Force," *Sierra Leone Studies*, No. 18, pp. 78-80.
Howlett-Bolton, A. C., 2008, *Aiming for Holistic Approaches to Justice Sector Development, Security System Transformation in Sierra Leone 1997-2007*, Working Paper No. 7, Global Facilitation Network for Security Sector Reform.
Jackson, P. and P. Albrecht, 2011, *Reconstructing Security after Conflict*, Palgrave Macmillan.
Justice Sector Development Program, 2004, *Sierra Leone Justice Sector Development Program : Project Memorandum*, JSDP.
Justice Sector Development Program, 2006a, *Justice Sector Development Program : Progress Report, July-December 2005*, JSDP.
Justice Sector Development Program, 2006b, *Justice Sector Development Program : Progress Report, January- June 2006*, JSDP.
Justice Sector Development Program, 2007, *Justice Sector Development Program : Progress Report, July-December 2006*, JSDP.
Justice Sector Development Program, 2008, *Justice Sector Development Program : Demand-Side Strategy-Civil Society and Citizen Involvement in Justice Sector Reform*, JSDP.
Justice Sector Development Program, 2010, *Justice Sector Development Program : A Government of Sierra Leone Initiative*, JSDP.
Justice Sector Development Program and Sierra Leone Police, 2009, *Chiefdom Police Training Needs Assessment: Moyamba District*, JSDP and SLP. Unpublished document.
Lansana, T. B., and J. E. L. Kpanga, 2011, *Report of the Chiefdom Police Training in Kono District (February 28-March 10)*, Unpublished Document, Justice Sector Coordination Office.
Mamdani, M., 1996, *Citizen and Subject : Contemporary Africa and the Legacy of Late Colonialism*, Princeton University Press.
Republic of Sierra Leone, 2008, *Government of Sierra Leone Justice Sector Reform Strategy and Investment Plan (2008-2010)*, Republic of Sierra Leone.
Richards, P., 1996, *Fighting for the Rain Forest*, James Currey.
Short, C., 1998, "Security, Development and Conflict Prevention." A speech at the Royal College of Defence Studies, London, May 13.
Twort, L., 2013, "Sierra Leone : A Post-Conflict Success Story?" *RUSI Commentary*, May 22.

第7章
ボスニア・ヘルツェゴヴィナ
軍および警察の統合過程にみるハイブリッド性

中内政貴

第1節　ボスニアの国家建設の進展とその危機

　第二次世界大戦後の欧州において最大といわれる戦禍をもたらしたボスニア・ヘルツェゴヴィナ（以下、ボスニア）の武力紛争が終結してから23年が経過した。アメリカを中心とする国際ドナーによる強力な仲介の結果として1995年末に成立した和平合意「ボスニア・ヘルツェゴヴィナの平和のための一般的枠組み合意」（デイトン合意）は、この紛争が「民族紛争」であったとの理解に立ち、ボスニアをセルビア系住民を中心とするスルプスカ共和国（Republika Srpska：RS。セルビア人共和国の意）と、ボシュニャク（ムスリム）系住民とクロアチア系住民を中心とするボスニア・ヘルツェゴヴィナ連邦（以下、連邦）という二つの国家構成体（エンティティ）に分け（資料7-1）、主要3民族（人口の多い順にボシュニャク系、セルビア系、クロアチア系（資料7-2））のあいだで徹底的に権力を分有する事実上の民族連邦制度を導入した。

　悲惨な紛争の再発を懸念する国際ドナーは最大時で6万人規模のNATO指揮下の国際軍事部隊「履行部隊（Implementation Force：IFOR）」（のちに「安定化部隊（Stabilization Force：SFOR）」に改組）を駐留させることでこの和平体制を維持し、多くの分野において政府機能を代替・補助しつつボスニ

第Ⅱ部　事例

資料 7-1　ボスニア地図（エンティティ間の境界）

■　ボスニア・ヘルツェゴヴィナ連邦
■　スルプスカ共和国（RS）

出典：Global Security Org., "Bosnia and Herzegovina(BiH)-Republika Srpska"（2018 年 6 月 21 日アクセス確認）をもとに筆者作成。

資料 7-2　ボスニアの総人口に占める主要 3 民族の比率

	1991 年	2013 年
総人口	4,374,403	3,531,159
ボシュニャク（ムスリム）系	43.5%	50.11%
セルビア系	31.2%	30.78%
クロアチア系	17.4%	15.43%

（出典：Agency of Statistics of Bosnia and Herzegovina）

アの国家機構の整備を進めてきた。この間、国際軍事部隊に対する敵対行動はほとんどみられず治安もおおむね良好に保たれた[1]。また、国際ドナーは人口1人当たりでみるとどの事例よりも多いともいわれる経済援助によって復興を促し、ボスニアはすでに1人当たり国民総所得で約5000ドルと中進国の水準に達している。2004年末にEUがNATO主導のSFORから引き継いだ国際軍事部隊、EU部隊アルテア（EU Force（EUFOR）Althea）は現在も駐留しているものの、600人規模と象徴的なプレゼンスにとどまっており、ボスニアはEU加盟申請を行う段階に到達した。

　しかしながら、表面上の順調な進展とは裏腹にボスニアの国家建設は多くの危機に直面してきた。紛争後に行われた8回の国政選挙のほとんどにおいて、主要3民族のそれぞれで民族主義政治家が権力を握り、これらが互いに反発することで国家レベルでの意思決定が停滞する状態が続いてきた。とくにRS側では、ドディク（Milorad Dodik）が権力を掌握して以降、ボスニアからの独立を問う住民投票の実施可能性に繰り返し言及して、和平体制に対する揺さぶりをかけてきた[2]。一方でボシュニャク系の指導者からは、RSは紛争時のセルビア系勢力による非人道的行為の結果として設立されたものであり、これを廃止して国家を改編すべきであるとする意見がしばしば述べられてきた[3]。さらに、クロアチア系の指導者は、ボシュニャク系とともに連邦を形成しながらも、自らの自治権の維持・拡大を働きかけてきた[4]。

　なぜ、精巧な権力分有体制を備え、国際ドナーが手厚い支援を行ってきたボスニアにおいて、安定的な平和が達成されないのだろうか。これは多くの研究が明らかにしようとしてきた問いであり、本章もこれを共有する。とくに、本書の主題であるSSR分野には、ボスニアの国家建設における最重要課題というべき位置づけが与えられ国際ドナーが強力な介入を行いながらも、現地の政治勢力、とくにRS側から強い抵抗が示され、改革は道半ばにとどまってきた。本章ではボスニアのSSR過程に検討を加えることで、和平体制が不安定である理由の一端を明らかにすることを試みる。

　結論を先取りするならば、ボスニアの治安部門は民族主義政治家の権力基盤という性質を強く有しており、これを改革しようとする国際ドナーの介入

によって表面上の合意こそ達成されるものの、実施の段階で現地の政治指導者の抵抗によって多くが骨抜きにされてきた。そして、国際ドナーは介入と懐柔のあいだで揺れ動き一貫しないアプローチをとってきており、これが現状に影響を及ぼしてきたのである。以下では、ボスニアの国家建設およびSSRに関する先行研究について概観したうえで、軍および警察の改革過程を検討する。

第2節　ボスニア和平体制が安定しない理由

なぜボスニアの和平体制が安定的なものとならないのか、という問いに対して先行研究が提示してきた理由は主に四つに分けられる。すなわち、①国際ドナーによる過度な介入、②現地政治勢力による抵抗の大きさ、③上記二者の連関、④デイトン体制自体の問題点である。

①国際ドナーによる過度な介入

ボスニアにおける国家建設は、国際ドナーが過度な介入を行うことによって、当事者の意思に沿わないかたちで行われてきた代表例として扱われることが多い。アメリカ政府を代表して和平交渉をリードしたホルブルック（Richard Holbrooke）は、デイトン合意に至る1995年の交渉でいかにして紛争当事者に圧力をかけたのかを回顧録で明らかにしている[5]。また、国際ドナーが派遣した「上級代表」が強大な権限をもち、デイトン合意の最終的な解釈権や政治家や官僚の罷免権を含む特殊な権限「ボン・パワー」すら与えられていることも、国際ドナーがローカル・オーナーシップを損なうかたちで国家建設を進めてきた証左として指摘されてきた[6]。こうした、植民地主義とさえ評されるような国際ドナー優位のあり方こそが、ボスニアの国家機構が脆弱な状態にとどまり、安定的な平和も実現されない原因として批判されてきた[7]。

②現地政治勢力による抵抗

　逆に、現地の政治勢力が和平後も民族主義に固執し、デイトン合意に定められた拒否権条項を多用することで政策決定を阻害してきたこともしばしば指摘され[8]、やはり国家建設、平和構築が進展しない原因として批判の対象とされる。上級代表のボン・パワーは、そもそもデイトン合意時には規定されておらず、まさに現地政治勢力が将来の方向性について合意できないゆえに1997年になって後付け的に与えられたものなのである[9]。本書第1章で検討されているパリス（Roland Paris）の論文では、ボスニアの民族主義政治家に対して国際ドナーが行った介入はむしろ評価を受けており、同様に2004年の『戦争のあとで（At War's End）』でもパリスは、より介入主義的な政策を支持してすらいる[10]。

　はたして、国際ドナーの介入が強すぎてローカル・オーナーシップを損なってきたのだろうか、あるいは弱すぎたがために、現地の民族主義勢力の抵抗を排除できずにきたのだろうか、そしてそのどちらが今日のボスニアの状況をもたらしてきたのだろうか。先行研究の多くは両方の側面を指摘しており、答えは明確になっていない。

③両者の連関

　近年は、国際ドナーと現地政治勢力とが、意図せざる共同作業によって現状を作り出しているとする見方も強まっている[11]。たとえば、政治的決定の最終的な権限を国際ドナーが握るがゆえに、現地政治勢力は結果に対する説明責任を問われることがなく、自民族の有権者からの支持を得ることだけを目的として、民族主義的な主張を行うことをむしろ促されるとするものである。これは強い説得力をもつ説明であるが、本章で扱うボスニアのSSRにおいては必ずしも当てはまらない。ボスニアでは、国際ドナーが繰り返し推進しようとする軍や警察の統合に対してRSのセルビア系政治家が根強い抵抗を行ってきたが、このような政治勢力の動きは、軍や警察の非効率性や腐敗を問題視している市民からの支持を得ることにはつながっていないのである[12]。

④デイトン体制自体の問題点

　また、近年は、デイトン和平合意による政治体制（デイトン体制）自体の是非を問う研究も積み重ねられている[13]。まず念頭に置かなければならないのは、デイトン合意は、紛争の停止を最優先として、国際ドナーが軍事力の行使を含む強力な介入によって便宜的に作り上げたものであるという点である。

　紛争中に三民族勢力が三つ巴となって争っていた状況下で、アメリカを中心とする国際ドナーはボシュニャク系とクロアチア系に同盟を組ませることでセルビア系に対して有利な立場を確保させ、両者の支配地域がおおむね同等になった時点で、二つのエンティティの面積がボスニア全体の51％（連邦側）対49％（RS側）になるよう線引きを行った。すなわちデイトン合意の本質は、あくまでも武力紛争を止めることを目的とし、そのための方策として紛争当事者間で権力の分有を行うものであり、そこに一つの国家としての中・長期的な将来像は存在しなかった。ホルブルック自身が指摘したように、デイトン合意の成立はそれ自体が紛争の終結を意味するものではなく、その後の実施にこそより多くがゆだねられていたのである[14]。

　そして二層にも三層にも政府機構が重ねられたデイトン合意下の政治体制は、主要三民族の指導者に既得権益を約束するものとなった。主要三民族がそれぞれ大統領や閣僚ポスト、議会議席を分配される政治体制は、それらのポストに付随する膨大な権益の配分でもあり、それぞれの政治勢力が自分たちの権益の枠内で利益を最大化するべく行動することを促してしまったのである。このような体制では、一般に民族主義的として理解される政治勢力についても、むしろ実際の目的はさまざまな権益を保持し続けることに置かれ、民族主義はそのためのレトリックにすぎないとする見方が多くの文献において示されている[15]。

　国家建設として行われる中央レベルへの権限の集中は、中央政府以外のアクターの既得権益を奪うことにほかならず、不可避的に大きな抵抗を生み出す。とくにセルビア系の側では、紛争中に制裁を受けていたセルビア本国が国際社会への復帰を目指してボスニアの和平体制を支持し、さらにコソヴォ紛争をへて2000年にミロシェヴィッチ政権が倒れ、新たに親欧米路線をと

る政府が誕生したことでRSは孤立を強めた。さらに、人口面ではボシュニャクの比率が上昇し逆にセルビア系の比率が減少するなかで（資料7-2）、国土のほぼ半分の領域での自治権を与えるデイトン合意は、セルビア系の政治指導層にとって既得権益を守る防壁となったのである。

　こうした指摘は、強制力をもち社会に対する支配手段となりうる治安部門にはとくに当てはまると考えられ、SSRに対して示されてきたRS側からの根強い抵抗を説明することができる。ただし、それは国際ドナー側の行動に対する新たな疑問につながる。ボン・パワーによって軍の統合を進めた国際ドナーは、警察の統合に対する強い抵抗に直面し、強権的な姿勢からEU加盟プロセスの進展という誘因によって改革を進める方向に転換するのである。しかも、警察の統合が進展しないなかでも、この試みは10年以上にわたって継続され、遅々とした歩みながらも加盟プロセスは前進してきた。なぜ国際ドナーは、一応の成果を生み出した強権的な手法を変えたのだろうか、そして、そのことはボスニアのSSR、ひいては国家建設にどのような影響を与えてきたのだろうか。これらの問題を念頭に置きつつ、以下でSSRの過程を検討する。

第3節　ボスニアにおけるSSRの進展と抵抗

（1）SSRの経緯

　デイトン合意はボスニアを二つのエンティティに分割し、明示的に中央政府の権限と規定される事項を除くすべての権限をエンティティに与えている。すなわち主要三民族間で徹底した権力の分有が図られているのであり、それは治安部門においても同様である。

　ただし、このような仕組みは部分的には旧ユーゴスラヴィア社会主義連邦共和国（以下、旧ユーゴ）時代の伝統を引き継いだものである。旧ユーゴにおいては、まずソ連に範をとった憲法によって民族別連邦制がとられ、ソ連との関係悪化後も、各共和国に比較的大きな権限を与え、民族間のバランスを取る体制は維持された。とくに1974年に改定された憲法においては、来

るべきチトー（Josip Broz Tito）大統領の死後を見据えて国家の権限の多くを共和国や自治州レベルに置く体制がとられた。過半数を占める民族が存在しなかったボスニアにおいては、主要三民族による権力分有体制がとられ、これは1990年の民主化後に民族主義政治勢力が権力を握ったあとも継続されたのである。この伝統があればこそ、1992年の紛争勃発後、国際ドナーは民族間で権力分有を基本とする和平案を繰り返し提案してきたのである[16]。

　デイトン体制が、国際ドナーが一方的に導入したものではなく、現地の文脈をふまえたものであったことは明記に値する。ただ、主要三民族間の権力分有がその後の紛争を止められなかったのと同様に、デイトン体制でも民族間の関係改善や、合意形成を促すことはできていない。デイトン合意では、主要三民族にはそれぞれの「死活的な利益」を守るための拒否権が与えられているが[17]、その定義は曖昧であり、選挙をつうじて民族主義的な政治指導者が支配的な地位を占めることで、事実上、それぞれの民族主義勢力が国家レベルでのあらゆる決定をブロックできる状況がしばしば発生してきた。

　紛争後のボスニアは、民主主義や人権といった自由主義的な価値観を受け入れた一方で、人口規模に比してきわめて大きい重層的な政府をもち、そこに民族主義的な政治勢力が介在することで、効率的な政策決定や国家建設が阻害され、しかも一見民主的な制度がそれを後押しするという矛盾をはらんだ状態となったのである。これを乗り越えて改革を進めるために1997年に上級代表に与えられたのがボン・パワーであった。以降、歴代の上級代表は、のべ900回以上にわたってボン・パワーを行使してボスニア政府の決定を覆したり、民族主義的な政治家や官僚を排除したりしながら国家建設を進めてきたのである。

　こうして、デイトン体制のボスニアにおいては、機能不全の国家制度を整理して機能化・効率化を図ろうとする国際ドナーと、自民族の利益に固執する民族主義政治指導者（とくにセルビア系）とが綱引きを行う状況が続き、SSR、とくに軍および警察の統合問題はその中心的な課題となってきた。

　ボスニアの治安部門のなかにも、部分的に旧ユーゴ時代の名残が存在する。旧ユーゴでは連邦政府の所管するユーゴ人民軍が治安部門の中心であり、基

本的には連邦政府が物理的強制力の独占を実現していたと考えられる。ただ、一方で、第二次世界大戦時の対独パルチザンの経験にもとづく全人民防衛ドクトリンによってソ連の侵攻に対する備えがなされており、ユーゴ人民軍の補助的な位置づけとして地域防衛隊が各地で組織され、多くの家庭に武器が蓄えられた。少なくともドクトリンとしては、分権的な考え方が存在していたのである。

　また、警察については旧ユーゴ時代から、基本的な警察権は共和国や自治州レベルに存在しており、1990年代の武力紛争時には地域防衛隊および警察が核となって各共和国の軍隊が整備されていった。ボスニア紛争では、地域防衛隊および警察もおおむね民族別に分裂し、ここに、セルビア系にはユーゴ人民軍やセルビア本国からの民兵、クロアチア系にはクロアチア本国からの民兵、ボシュニャク系にはイスラム諸国からの義勇兵などが加わり、規模が拡大していった。デイトン合意以降は、事実上、紛争を戦った各民族軍がそれぞれのエンティティの軍および警察の中心を担うこととなった。

　ただし、国家財政が逼迫するボスニアにおいて、軍や警察を維持することは容易ではなく、動員解除、武装解除、社会再統合（DDR）、SSRによって治安組織をスリム化することが重要な課題となった。加えて国際ドナーはSSRをとおして治安部門を中央集権化することで、実質的に武力紛争が起こりえない体制を目指すとともに、民族主義政治家の権力基盤に切り込むことも狙った。紛争中に存在感を増した軍や警察は、政治指導者にとって手足のような存在であり、権力の基盤ともなっていたのである[18]。ただし、本来国際ドナーはデイトン合意の履行とデイトン体制の維持を図る立場にあり、ボン・パワーを含む上級代表の権限もそのために与えられたものである。国際ドナーや上級代表がデイトン体制の変革を図るSSRの過程では、こうした矛盾が如実に表れてきた。

（2）DDR過程、SSRに潜む対立

　紛争終結の1995年末時において、各民族勢力は、正規・非正規の数多くの兵士からなる軍や警察部隊を動員していた。その数は双方あわせて43万

人に達しており、紛争直後からこのDDRが進められた。武力紛争の再発も懸念されたが、国際軍事部隊のプレゼンスによって抑止が働き、またセルビア本国政府が和平を支持したこともあり、この過程は大きな混乱なく進行した。

ただし、もともとボスニアは旧ユーゴの経済後進地であり、さらに紛争によって荒廃し失業率が28〜40％にも及ぶ状態で、元兵士が社会に復帰して職につくことは決して容易ではなかった。[19] 武器回収が不十分ななかで職にあぶれて不満を抱く元兵士の存在は、平和構築においてもっとも懸念される事項の一つであり、SSRには元兵士の雇用対策という側面が避けられない。ボスニアにおいても、デイトン体制で整備された各エンティティの軍・警察の多くは、紛争に参加した元兵士たちから採用されることとなった。

しかしながら、紛争を戦った兵士が、平和構築過程において軍や警察の主要な部分を担うことには大きな問題点が存在する。第一に、一般市民も攻撃の対象とされた武力紛争において戦闘を担った兵士は、しばしば市民にとって恐怖や憎悪の対象である。市民に対する攻撃など戦争犯罪を犯した者に対して裁きを与える移行期正義によってトラウマを乗り越えることが必要とされるが、民族構成員が幅広く動員された紛争においては、そもそも容疑者の数が膨大であるうえ、戦闘員と非戦闘員、戦闘行為と戦争犯罪行為の線引きも容易ではない。そもそも、自分たちが裁かれることを認識していれば和平に合意しないという勢力もあったはずである。これを乗り越えるためにも、ボスニアにおいては、旧ユーゴ国際刑事裁判所において規定された戦争犯罪以外の武力紛争時の行為については、特赦が与えられることとなった。事実上、正義よりも秩序を重視する解決策がとられたといえよう。

第二に、元兵士が和平後の国家において治安部門を担うことは、紛争の大義を守り、神聖化することにつながりかねないという問題をはらむ。紛争が「民族紛争」であると規定されるかぎり、紛争に参加した兵士は民族のために生命を賭した英雄であり、元兵士を治安部門に組み込むことは、この構図を固定化させかねない。そして、その兵士たちの頂点に、民族主義政治エリートの存在があるのである。こうして、DDR、SSRは民族主義政治勢力

第7章　ボスニア・ヘルツェゴヴィナ

と、彼らの基盤に切り込んでリベラルな国家建設を進めようとする国際ドナーとの対立の前線となったのである。

（3）軍の統合の「成功」

　SSRでまず着手されたのは軍の統合であった。デイトン合意では、国防についての権限が中央に置かれなかったため、事実上、二つのエンティティがそれぞれ軍をもつことが認められており、紛争を戦ったそれぞれの民族の軍の構造が維持されるかたちとなった。ホルブルックは、この点をデイトン合意の最大の問題点であったと回顧している[21]。しかし、紛争時の合計約43万人規模に及ぶ軍を維持することはもとより不可能であり、創設時それぞれの軍は連邦側で2万4000人規模、RS側で1万人規模にまで削減されていた。それでも、これは人口に比して大きすぎ、じつにGDPの6％を軍への出費が占めていた[22]。2000年には、国際的な監査において、RS側で3分の1、連邦側では3分の2の兵士への給与が早晩支払えなくなるとの警告がなされた[23]。

　2002年に上級代表に就任したアシュダウン（Paddy Ashdown）は、優先事項としてSSRに取り組む方針を発表し、第一段階として軍および情報機関の改革に着手した。その方針は、これらの国家レベルへの統合とエンティティの軍事機構の解体を意味した。これを受けて上級代表事務所の2003年のミッション実施計画には、「国家レベルの文民による軍の指揮命令系統・統制の確立とSSR」がボスニアのNATO加盟のための道であることが強調された[24]。これに対してRSからは抵抗がみられ、2002年にボスニア議会に提出された軍の国家レベルへの統合法案は、RSの拒否権行使によって葬られ、さらにセルビア系の与野党は改革阻止のために共同行動をとることで合意していた[25]。

　しかし、国際ドナーはボン・パワーも用いつつ2003年に単一の指揮系統を整備し、2006年初頭、両エンティティの軍を国家レベルで統合した。同年末にボスニアは、NATOと旧共産主義諸国との信頼醸成を目的とした「平和のためのパートナーシップ（Partnership for Peace: PfP）」に参加し、その後2010年に「加盟行動計画（Membership Action Plan: MAP）」への参

第Ⅱ部　事例

加が認められ、現在もNATO加盟プロセスの途上にある。軍の国家レベルへの統合については、おおむね「成功」という評価が与えられており、成功の理由としては、統合がNATOへの加盟の条件として明示的に位置づけられたことが大きいと考えられている[26]。

後述する警察の統合においては、RS側がはるかに執拗に反対を繰り返したことから、RSの民族主義政治勢力にとって譲れない一線はエンティティ警察の存続であり、軍については妥協が成立する余地が大きかったとみられる。また、RSにとっては、軍の統合時には、セルビア本国において改革派のジンジッチ（Zoran Djindjić）が首相を務めていたことも、国際ドナーとの協調路線をとらざるをえない理由であったと考えられる。このほかに、軍の統合の「成功」については、ボスニアの会社が不正貿易に関与していた事件が発覚したことで国際的な圧力がかかりやすくなったことを理由とみる研究が発表され[27]、一定の説得力をもつものとして注目を集めている。

しかしながら、NATO加盟が誘因となって軍の統合が実現したとの見方には大きな疑問がつきまとう。それは、ボスニアのセルビア系住民のなかには、紛争時にNATOによる空爆を受けたことに対する反発が残っており、NATO加盟に対するコンセンサスは得られていない点である。2012年時点での調査によれば、RS側でのNATO加盟への支持率は38％にすぎず、連邦側での82％と対照的であったという[28]。だとすれば、セルビア系の政治勢力にとって、軍の国家レベルへの統合によって自身の権限を削ぐことの利点は大きくはないことになる。

実際にも、MAP参加時にNATO側が条件として提示した、エンティティの軍が有する基地や訓練場、工場など63か所の不動産資産の国家レベルへの引き渡しは現在も滞っている。これはRS側からの強い抵抗によるもので、2012年3月にようやく資産の引き渡し合意が結ばれたものの、その後も実際の接収に対してRS側が訴訟を起こしてこれに反対するという構図で抵抗が続いている[29]。また、軍の国家レベルへの統合後も、エンティティ政府がそれぞれの拠出した部隊に対する強い影響力を有しているとされ、RS政府は、軍から部隊を引き上げる可能性に言及することで、国家レベルの政治に揺さ

第 7 章　ボスニア・ヘルツェゴヴィナ

ぶりをかけている。

　結局のところ、成功したとされる軍の統合ですらも、順調に進めることができたのは法的・制度的な整備にすぎず、実態の部分では現地の政治勢力の側に多くの抵抗手段が残っていると評することができる。さらに、その法的・制度的な部分ですらも、国際ドナーはこれを進展させるために強権を用いざるをえなかった。軍の統合を推進したのが、歴代の上級代表のなかでももっとも積極的にボン・パワーを行使し、抵抗する現地政治家の職を解くことも厭わなかったアシュダウンであったことを想起する必要があろう。

　アシュダウンは、軍の統合にさいしても、ボン・パワーを使用して改革を推進したが、そもそもデイトン合意付属の憲法によってエンティティにゆだねられた権限を国家レベルに統合させることを、デイトン合意の履行として考えることは難しい。ボスニアの政治家によるコミットメントを取りつけられないかぎりは上級代表事務所の権力は役に立たないとの見方もあり、強引[30]な手法はとくに RS 側で反発を生み、かえってドディクのように、反欧米的な政治家を台頭させることにつながったと考えられる。

　つまり軍の統合という制度を整えるうえでは、上級代表の権力は一定程度役割を果たしたと考えることができるだろうが、多くの禍根を残すこととなり、それがのちの警察改革に対するより大きな抵抗につながったといえるのではないだろうか。アシュダウンが上級代表を退いた 2006 年に 2 度目の RS 首相に就任したドディクが、民族主義へと路線変更を決定的にしたことは、偶然の一致とはいえ、じつに象徴的である。

（4）警察改革の「失敗」

　軍の統合にやや遅れて試みられたのが、警察の国家レベルへの統合であった。ボスニアの警察は 1 万 6800 人と人口規模に見合わないほどの規模をもちながら、エンティティ間はもちろん、連邦を構成する 10 の県（カントン）間や所轄間で分裂状態にあり、機能不全の状態にあった[31]。国連の「国際警察タスクフォース」の駐留期間中（1996～2003 年）には主に能力構築の面で支援が行われ、一定の進歩がみられたが、国際シンクタンク「国際危機グルー

プ（International Crisis Group: ICG）」は、戦争犯罪をはじめとする問題に対してボスニアの警察は政治指導者のコントロール下にあり、この問題は放置されていると指摘している[32]。とくに当時の RS 警察は、ボスニアの国家予算の 10% を使っていたが、これは EU 水準の約 2 倍に当たるとされ、ICG は、RS 警察を「最悪の警察」「暴力と民族浄化に則った組織」と呼び「犯罪的な政治状況で軍よりも警察の改革が優先」されるべき状況であると述べている。

このような警察の政治化問題に対する解決策としてアシュダウン上級代表のイニシアチブによって打ち出されたのが、機能的観点にもとづく警察の所轄の再編であり、これを議論するために 2004 年に専門家からなる警察改革委員会が立ち上げられた[33]。これは、エンティティ間の境界線を越えた再編によって、エンティティ・レベルの政治勢力が警察に対する影響力を及ぼすことを防ぐことを目的とするものであるが、事実上、国家レベルへの警察の一元化という側面を有していた。

軍の統合が NATO 加盟プロセスを背景として進められたのに対して、警察の統合の背景となったのはボスニアの EU 加盟プロセスであった。EU は、2000 年ごろから旧ユーゴ諸国とアルバニアの西バルカン諸国の将来的な EU 加盟の可能性を検討しはじめ、2003 年には安定化連合プロセスによる将来の加盟推進をテコとして、EU 加盟コンディショナリティによって、改革へのインセンティブを与えて導く方針を固めた。そして EU は警察改革をボスニアの「安定化連合協定（Stabilisation and Association Agreement: SAA）」締結交渉の条件の一つとして要求する手法をとる。また EU は 2003 年には「欧州安全保障防衛政策（European Security and Defence Policy: ESDP）」（現在の「共通安全保障防衛政策（Common Security and Defence Policy: CSDP）」）の枠組みでボスニアに対して EU 警察ミッション（European Union Police Mission: EUPM）を派遣し、それまでの国連の枠組みでの国際警察部隊を引き継いだ。これは、ボスニアの警察改革を支援し、警察の説明責任（アカウンタビリティ）の強化や組織犯罪対策支援を目的とするもので、EU として初の試みであった。さらに EU は、2004 年にはボスニアに駐留する国際部隊の指揮を NATO から引き継ぎ、名実ともにボスニアにおける最大の国際

第7章　ボスニア・ヘルツェゴヴィナ

ドナーとなった。

　EU加盟は民主主義や少数民族の保護を含む人権の尊重などの政治的基準の達成や市場経済化などの経済的基準を含む、西側的国家システムを適用する過程である。EUは旧ユーゴ地域に対する巨大な援助機関であるとともに、世界最大の自由貿易圏であり、また共産主義崩壊後の高失業率に喘ぐ欧州の開発途上国にとっては、労働力の送り出し先としても非常に大きな存在感をもっている。その結果として、西バルカン諸国にとっては、EU加盟よりほかに現実的な選択肢は存在しないといわれ続けてきた。この圧倒的な力の差を利用して、改革を迫るのがEUの手法となったのである。

　警察改革は、軍の統合よりもはるかに現地政治勢力の関心を呼ぶ事項であった。2004年12月に警察改革委員会での議論が終わり、警察の所轄をエンティティ間の境界線をまたいでボスニア全土で10に再編する案が公表されると、RS側ではアシュダウン上級代表に対する激しい非難が巻き起こった。その際この改革案がデイトン合意に違反するとの主張がなされたことは明記に値しよう。国際ドナーが強制力を行使して導入したデイトン体制は、いまや現地政治勢力の権益の隠れ蓑となり、改革を拒む論拠となったといえよう。RSの議会が再編案を否決すると、移行期間を設ける妥協案が国際ドナー側から示されたが、RS議会がこれを再度否決したことで、アシュダウン上級代表は、ボン・パワーを行使してRS政府に対する懲罰的な措置を導入した。だが、RS政府がエンティティ間の境界線をまたぐ警察の所轄に触れないかたちの妥協案を示すと、国際ドナー側はこれを歓迎する姿勢に転じ、2005年10月には欧州委員会はボスニアとのSAA締結交渉の開始をEUに推奨するに至った。

　以降も警察の国家レベルへの統合は大きな課題であり続けるが、エンティティ・レベルの警察を廃止する案には引き続きRSが強く抵抗を示してきた。そしてアシュダウンが上級代表を退任した2006年初頭を一つの境として、ボスニアの政治プロセスは国際ドナーによる平和構築の段階から、EU統合プロセスへと明確に切り替わっていく。2007年に、エンティティ警察を残しつつ、中央政府の警察能力を強化する妥協案が出され、同年10月、これ

161

にもとづき警察改革に関して主要政党間の合意（モスタル宣言）が締結され、同合意には、国家レベルでの警察機構を整備することが明記された。これはSAA締結交渉が進展しないなかで警察改革が重要課題とされたことを受けて、政治的意思の表明のために締結されたものであった。EUは、同合意を改革に向けた政治的意思の表明として評価し、これによってボスニアとのSAA締結にゴーサインを出し、2008年6月にSAAが締結された。SAAの発効にはEU加盟国のすべてにおいて批准を受ける必要があるため、発効は2015年までかかったが、SAAと同時に締結された貿易に関する暫定合意はすぐに発効し、これによってボスニアは多くの物品をEUに関税なしで輸出することが可能になるなどの便益を享受できたのである。

　こうしてボスニアは名実ともにEU加盟プロセスへと組み込まれてきたのだが、その後の展開は、EU加盟プロセスが民族主義政治家にとって十分なインセンティブを与えるには至らないことを示すこととなった。国家レベルの警察こそかろうじて設立されはしたものの、引き続きエンティティ別の警察が存続し、これらは民族主義政治家の権力基盤として機能しているとみられる。

　にもかかわらず、警察の統合に失敗して以降、国際ドナーは、むしろ介入の度合いを下げるようになっている。ボン・パワーの行使についても、アシュダウンが上級代表を務めた時期をピークとし、彼が退任した2006年以降はその頻度は明らかに低下しており、これに対しては現地政治勢力がオーナーシップを発揮できるようになったとの前向きな評価も存在する[35]。しかしながら、この頃から、デイトン合意自体に異を唱え、ボシュニャク側ではRSの廃止を訴えるシライジッチ（Haris Silajdžić）や、セルビア側では独立を問う住民投票の実施をほのめかすドディクらの急進的な民族主義政治勢力が台頭し、デイトン体制はむしろ深刻な危機に瀕しているとみられる。

　警察改革は、国際ドナーが明確な意思統一を欠いたままで、実現不可能な水準の改革を押しつけた事例であり、その挫折は国際ドナー側の方針の転換を決定的にする契機となり、警察統合の試みは完全な失敗に終わりかねなかったが、実体のともなわない合意を取りつけたことで、かろうじて国際ド

ナーの面子が守られたとの評価がある。[36] 注目するべきは、それでも、EUがボスニアのEU加盟プロセスを進展させていることである。

　SAAの締結に続いて、2012年には、EUはボスニアの警察改革の完了を宣言して、警察ミッションを引き上げた。また、駐留するEUFOR Althea部隊を600人規模にまで縮小させ、その主要任務をボスニア政府の能力構築と訓練へと変更した。さらに2015年にはEU加盟国がボスニアとのSAAの批准を完了し、同年6月にSAAはついに発効に至った。EUは毎年の進捗状況評価において、ボスニアの改革が停滞しているという評価をにじませながらも、ボスニアのEU加盟プロセスを進展させてきており、2016年2月には、ボスニアはEU加盟申請を行っている。EUの最高意思決定機関である欧州理事会は同年に欧州委員会に対して、ボスニアの加盟申請に対して加盟候補国の地位を認めるかどうかを諮問しており、欧州委員会はボスニア政府に対する質問書を発したが、2018年2月現在、これに対する回答は寄せられておらず、加盟候補国の地位に関してまだ結論は出ていない。

　手続き上はボスニアのEU加盟プロセスは進展しているが、EU側ではボスニアの改革が進んでいないことを問題視している。[37] EUがみずから表明しているのは、将来の加盟という果実を示すことによって改革に向けたインセンティブを与えるという戦略であるが、それが民族主義的な立場をとる現地政治勢力に対して意図したような結果をもたらしている証拠はみられない。EU加盟は短くとも10年以上を要する長期的なプロセスであり、そのあいだに生じる改革の痛みを思えば、その時々の政治指導層にとっては改革を進めてEUの歓心を買うよりも民族主義に訴えて権力基盤を固めるほうが合理的と考えられる余地が残る。むしろボン・パワーを用いないEUの方針は現地政治勢力にとってEUの弱さとして認識されているのが現状である。[38]

第4節　ハイブリッドな国家建設に向けて

　本章では、なぜ長年の国際ドナーによる関与がボスニアにおいて安定的な平和をもたらしていないのか、という問いに対して、SSRの点から一つの答

えを見出すことを試みてきた。本章で示してきたのは、紛争を止めるための暫定的な枠組みとして導入されたデイトン体制が、現地政治家の既得権益の巣窟となってしまい、デイトン合意を金科玉条として改革に抵抗する状況を作り出してしまったという点である。また、現地政治勢力の抵抗を乗り越えて改革を進めようとしてきた国際ドナーの側も、デイトン合意の履行のために作り出されたボン・パワーによってデイトン体制の変革を迫るという、矛盾をはらんだ対応を行ってきたことも指摘した。

　ボスニアの和平体制における最大の弱点の一つは、デイトン合意が短期的な視点で紛争を止めることを最大の目的としており、効率的な政治・行政のあり方、国家レベルでの統一的なアイデンティティの醸成、NATO、EU加盟をはじめとする国際社会への統合といった中・長期的な国家建設の視点が十分に盛り込まれていなかった点にあるといえよう。ただし、いくつもの和平案が提示されては葬られてきたボスニア紛争において、デイトン合意は、アメリカ主導の軍事介入まで行ってかろうじて成立にこぎつけた奇跡的なものであり、中・長期的な国家建設の視点など盛り込みようがなかったであろうことは銘記されるべきだろう。

　結果として国際ドナーは軍の統一に額面上は成功しながらも、強権的な介入の限界を認識するようになり、警察改革においては、EU加盟プロセスによって改革への誘因を与える方向へと方針を転換したのであった。しかしながら、紛争後約10年間にわたって繰り広げられてきたのは、国際ドナーによる改革のイニシアティブに対する現地政治勢力の抵抗を国際ドナーが力でねじ伏せるという図式であり、NATOおよびEUへの加盟コンディショナリティによる改革、という新たな図式は必ずしも現地政治勢力には共有されていないようである。むしろ、NATO、EUが行ってきたのは、SSRの額面上の進展を重視して実際の停滞に目を瞑って加盟プロセスを前進させることであり、それをとおして新たなゲームのルールを現地政治指導者が理解し共有することを目指してきたと考えられる。しかしながら、これらは加盟コンディショナリティに対する信頼を損なう可能性が高い。今後、とくにEU加盟に向けては、多くの分野でさらなる改革が必要とされるが、加盟コンディ

ショナリティを満たすかどうかは表面的な合意や法・制度ではなく、実体への評価にもとづき行われることが肝要で、コンディショナリティを満たさなくても加盟プロセスが前進するならば、改革への誘因として働くことは期待できない。

　この先、ボスニアの国家建設はどこに向かうのだろうか。警察改革については、引き続きEUの進捗状況報告書などにおいて改革の必要性が述べられており、今後もEU加盟プロセスのなかで改革が迫られていくことになろう。ただ、エンティティ・レベルの警察を廃止して国家レベルへ一本化するといった大枠での改革を再始動する道筋はみえておらず、これが近い将来に実現される可能性は低い。そもそも警察についてはEU諸国ではむしろ分権化の方向にあり、必ずしも国家レベルに一元化することは必要とされていない。ここに本書の中心テーマであるハイブリッドな国家建設の可能性がある。警察改革において、より重要なのはコミュニティに密着した警察のあり方、そして警察の政治化の防止など、国家とエンティティ双方のレベルの警察の具体的活動内容の部分で国際水準を達成すること——つまりハイブリッド化——が今後の中心的な課題となろう。

　いずれにしても、皮肉にも警察改革の挫折というかたちではあるものの、保護領とすら称されてきたボスニアが、もはや国際ドナーのいいなりではない自律性をもった国家であることははっきりと示されたのであり、国際ドナーには、ボスニアのオーナーシップを尊重しつつ、安定と繁栄へと導いていくことが求められよう。その方向性が自由主義的な価値にもとづくものであるならば、国際ドナーが用いることができる数少ないツールの中心は、NATOおよびEUへの加盟コンディショナリティであり続けよう。

　これらには本章で検討したとおりSSR過程をとおして疑問符がつくこととなったが、それでもほかに有効な手立てもみえていないのが現状である。逆に、現地政治勢力にとっては、大国意識を強め勢力圏を意識してこの地域に対する関心を有するロシアや、一帯一路政策を掲げてプレゼンスを強める中国への接近という、非自由主義的な選択肢がみえはじめている。ボスニアにおける、自由主義的な国家建設の試みは非自由主義的な国家建設の台頭を

第Ⅱ部　事例

抑える切り札となるのかが、いま問われている。

注
1）Bowman, 2003, pp. 1-2.
2）Knezvic, 2016.
3）たとえば2008年の国連総会において、当時のボスニアの大統領評議会議長（大統領）シライジッチは、デイトン合意を擁護しつつも、同合意が実施されず、民族的なアパルトヘイトが起きているとして、国連に過ちを正すように求めた（UN Document GA/10749, 23 September 2008）。
4）European Stability Initiative, 1999.
5）Holbrooke, 1998.
6）橋本、2000。
7）Chandler, 2000 ; 2002.
8）McEvoy, 2015, pp. 111-112.
9）Loza, T. 2004, pp. 209-210.
10）Paris, 2004.
11）Kulanić, 2011.
12）European Commission, 2015, pp. 12-20.
13）Collantes-Celador and Juncos, 2011, pp. 146-150.
14）Holbrooke, 1998, p. 335.
15）たとえばCheng and Zaum, 2011.
16）Keil, 2016, No. 1698-1804 [kindle ed.].
17）United Nations, 1995, Article IV 3 (e).
18）Eralp, 2012, p. 93.
19）Pietz, 2004, pp. 29-31.
20）なおボスニア・ヘルツェゴヴィナ連邦側では、1997年末までにボシュニャク（ムスリム）系とクロアチア系の軍の統合が図られ、エンティティ・レベルの国防相や指揮命令系統が整備された。しかし、その後も両者は実態的には別々の軍隊として組織されていた。Short, 2018, pp. 39-43.
21）Holbrooke, 1998, p. 363.
22）Fitzgerald, 2001.
23）Drewienkiewicz, 2003.
24）OHR, 2003.
25）Herd and Tracey, 2006.
26）Maxwell and Olsen, 2013.
27）Short, 2018.
28）NATO, 2015.
29）Kovacevic, 2016.
30）Eralp, 2012, p. 105.

31) Muehlmann, 2008, pp. 1-3.
32) ICG, 2005.
33) OHR, 2004.
34) Muehlmann, 2008, pp. 1-2.
35) Eralp, 2015.
36) Muehlmann, 2008.
37) Dan Preda, 2017.
38) Eralp, 2012, pp. 78-81.

引用参考文献
【日本語文献】
橋本敬市、2000、「ボスニア和平プロセスにおける上級代表の役割——ポスト・デイトン期におけるマンデートの拡大」『外務省調査月報』No. 3、49-73頁。

【外国語文献】
Bowman, S. R., 2003, "Bosnia: U.S. Military Operations," *CRS Issue Brief for Congress*, Updated July 8, 2003.
Chandler, D., 2000, *Bosnia: Faking Democracy After Dayton*, Pluto Press.
Chandler, D., 2002, "Bosnia's New Colonial Governor," *The Guardian*, 9 July 2002.
Cheng, C. and D. Zaum, 2011, *Corruption and Post-Conflict Peacebuilding: Selling the Peace?*, Routledge.
Collantes-Celador, G. and A. E. Juncos, 2011, "Security Sector Reform in the Western Balkans: The Challenge of Coherence and Effectiveness," in M. Ekengren and G. Simons, eds., *The Politics of Security Sector Reform: Challenges and Opportunities for the European Union's Global Role*, Ashgate, pp. 127-154.
Drewienkiewicz, J., 2003. "Budgets as Arms Control: The Bosnian Experience," *The RUSI Journal*, Vol. 48, No. 2, pp. 30-35.
Eralp, D. U., 2012, *Politics of the European Union in Bosnia-Herzegovina: Between Conflict and Democracy*, Lexington Books.
European Commission, 2015, *Commission Staff Working Document Bosnia and Herzegovina 2015 Report*, SWD (2015) 214 final.
European Stability Initiative, 1999, *Reshaping International Priorities in Bosnia and Herzegovina: Part1, Bosnian Power Structures*, ESI, 14 October 1999.
Fitzgerald, S. P., 2001, "The Armed Forces in Bosnia and Herzegovina," *SFOR Informer*, No. 127., November 28, 2001. 2018年12月20日アクセス確認。
Herd, G. P. and T. Tracey, 2006, "Democratic Civil Military Relations in Bosnia and Herzegovina: A New Paradigm for Protectorates?", *Armed Forces & Society*, Vol. 32, Issue 4, pp. 549-565.
Holbrooke, R., 1998, *To End a War*, Random House.
International Crisis Group (ICG), 2005, "Bosnia's Stalled Police Reform: No Progress,

No EU," *Europe Report*, No. 164.
Keil, S., 2016, *Multinational Federalism in Bosnia and Herzegovina* [kindle ed.], Routledge.
Knezvic, G., 2016, "From Pillar of Dayton Bosnia to its Weakest Link : Dodik," *Balkans Without Borders*, RFE/RL's Balkan Service. 2018年3月17日アクセス確認。
Kovacevic, D., "Boswian Military Property Dispute Bars Way To NATO," *Balkan Insight*, 23, Novemver.
Kulanić, A., 2011, "International Actors and State-Building Process in Bosnia and Herzegovina," *Epiphany : Journal of Transdisciplinary Studies*, Vol, 4, No. 1, pp. 167-184.
Loza, T., 2004, "Unlocking the Future," in C. Solioz and T. Vogel, *Dayton and Beyond : Perspectives on the Future of Bosnia and Herzegovina*, Nomos Verlagsgessellschaft.
Maxwell, R. and J. A. Olse "Destination NATO : Defence Reform in Bosnia and Herzegovina" *Whitehall Papers*, 80.
McEvoy, J., 2015, *Power-Sharing Executives : Governing in Bosnia, Macedonia, and Northern Ireland*, University of Pennsylvania Press.
Muehlmann, T., 2008, "Police Restructuring in Bosnia-Herzegovina : Problems of Internationally-led Security Sector Reform," *Journal of Intervention and Statebuilding*, Vol. 2, No. 1, pp. 1-2.
NATO, 2015, "Work in Progress : Bosnia 20 Years after Dayton," *NATO Review*. 2018年3月8日アクセス確認。
OHR (Office of High Representative), 2003, *Decision Establishing Defence Reform Commission*, 8 May.
OHR (Office of High Representative), 2004, *Decision Establishing the Police Restructuring Commission*, 5 July.
Paris, R., 2004, *At War's End : Building Peace After Civil Conflict*, Cambridge University Press.
Pietz, T., 2004, *Demobilization and Reintegration of Farmer Soldiers in Post-war Bosnia and Herzgovina : An Assessment of External Assistance*, IFSH.
Preda, C. D., 2017, "Bosnia and Herzegovina : Time to Get Serious about EU Integration," *European Western Balkans*. 2018年3月7日アクセス確認。
Short, E., 2018, "The ORAO Affair : The Key to Military Integration in Post-Dayton Bosnia and Herzegovina," *Journal of Slavic Military Studies*, Vol. 31, No. 1, pp. 37-64.
United Nations, 1995, *The General Framework Agreement for Peace in Bosnia and Herzegovina (Dayton Agreement)*, UN Document, A/50/790, S/1995/999, 30 November 1995.

第8章
ジョージア
不均衡な改革履行の力学と課題

小山淑子

第1節　ジョージアにおける SSR の変遷（1992～2008）

　1991年に旧ソ連より独立、武力紛争を経験し一時は破綻国家と称されたジョージアでは、SSR は、民主化・体制変換、すなわち旧ソ連体制から民主的体制への変換という政治的文脈において行われた。この政治的文脈の下、ジョージアではリベラル的価値観にもとづいた数多くの SSR に関する国内的取り組み、そして諸外国による SSR 支援が行われた。しかし、軍・国境警備隊における戦闘能力強化などの特定の分野での取り組みは進む一方、文民統制の徹底はなされず、司法や警察などの分野も大きく立ち遅れた。とくに、旧ソ連の体制を強く残し、自由主義的な価値からほど遠いといえる内務省・国家保安省、またそれらが有する準軍事組織に関して、その傾向が顕著であった。

　なぜ、このような「虫食い的」状況が生じたのか。本章では、SSR をはじめとした多くのリベラル的価値観にもとづく改革が行われた1992年から2008年に着目し、どのような要因がこうした不均衡な改革履行状況をもたらしたのか、また、その不均衡な改革履行状況はどのような課題を残したのかを考える。

　SSR とは「国家の治安・秩序維持を担う軍隊、警察、裁判所などの組織や

それらを監視・監督する国会や行政機構などを改革すること」とされる。体制変換というプロセスが進行していた1992年から2008年にかけてのジョージアにおいては、SSRは「旧ソ連邦の体制を引き継ぐ治安部門を改革し、ジョージア独自の治安部門を築く」ことを意味した。本節では、そうしたジョージアにおけるSSRはどのようなものだったのか、また、国際社会によってどのようなSSR支援が行われたのかについて詳述する。

(1) シュワルナゼ時代のSSR (1992～2003)

1991年のソ連邦からの独立後まもなくジョージア各地での民族紛争や武力衝突を経験した。独立運動を率いたリーダーの1人のガムサフルディア (Zhviad Gamsakhurdia) が初代大統領に選出されるも行政能力を発揮することはなく、一時は破綻国家といえるくらいにまで国家機能が衰退した。1991年から1992年にかけては旧ソ連邦の武器庫などから小型武器も大量に流出、民間人のあいだにも流通するようになり、多くの一般市民がアブハジアやジョージア本土国内での武力紛争に民兵として参加した。

1992年、ソ連邦で最後の外相を務めたシュワルナゼ (Eduard Shevardnadze) が祖国に帰還し、大統領に選出されたあとは徐々に安定を取り戻し、1995年には新憲法も制定、独立国家としての体裁も整いはじめた。国際社会との外交関係が樹立されるにともない、治安部門を含む各分野に対する諸外国からの援助もはじまった。一方、旧ソ連時代にはグルジア領内の自治共和国であったアブハジアと南オセチアのあいだで領土をめぐってたびたび武力紛争が発生し、2000年代に入っても領土問題は未解決のままであった。また、2000年代に入ると政府機関をはじめ社会に広くはびこる汚職に一般の不満が募り、汚職に対して有効な手立てを打たないとして、シュワルナゼ政権に対する不満が一般市民のあいだに広まった。2003年には、シュワルナゼ政権下で司法大臣を務めたサーカシビリ (Mikheil Saakashvili) 率いる「クマラ！」運動が沸き起こり、シュワルナゼ政権は退陣に追い込まれた。

シュワルナゼ政権下におけるSSRは、主に独立国家としての存続および持続的国家体制の樹立を目的とした。その過程において、近代的な治安部門

を構築するべく非正規武力勢力の動員解除、司法の独立、文民統制のための法整備などの SSR の取り組みが行われた。

①準軍事組織の解体・再編成

　大統領に就任したシュワルナゼが最初に行ったのが、当時ジョージア社会に強い影響力をもっていた武装集団・準軍事組織の弱体化を図ることだった。シュワルナゼが政権を握る前の独立直後のジョージアには権力の空白が生じており、多様な武装集団が乱立していた。その多くは自動小銃などで武装した一般市民や旧ソ連軍の軍人などが志願した民兵集団であった[5]。しかしなかには、正式な国家組織ではないにもかかわらず、そのリーダーが国家の要職を兼ね、社会に影響力を及ぼす武装集団「ムヘドリオーニ」も存在した[6]。また、この時期、国家警備隊という準軍事組織も、独立運動の旗手の１人だったキトヴァニ（Tengiz Kitovani）を中心に組織された。数多ある武装集団のなかで、この国家警備隊は国家組織として組織されたものだった。

　しかし、のちに国防大臣を務めるキトヴァニをはじめとして構成員のほとんどは職業的軍事訓練を受けたことがなく、国家警備隊のマンデート自体も、軍隊というよりは旧ソ連の内務省監督下にあった国内軍に近いものだった。将来的にはジョージア国軍として成立することを目的として組織された国家警備隊ではあったが、1991 年時点では多分にアマチュア的な組織であった[7]。

　大統領に就任したシュワルナゼにとっては、独立国家としてジョージアが機能するために、まずはヴェーバー（Max Weber）の説くところの国家による「正当な物理的暴力行使の独占」[8]を成立させる必要があった。1992 年当時のジョージアでは、国軍も未整備で、文民統制も機能していなかった。こうしたなか、武装集団や準軍事組織がそれぞれのリーダーのもと、前大統領支持者（ズヴィアディスト）などとの武力衝突に加え、アブハジアでも散発的戦闘を繰り返していた。しかし、1993 年にアブハジア側に大敗を期したあとはジョージア市民のあいだで武装集団・準軍事組織に対する支持が下がり、多くの志願兵もみずから武装集団より離脱、武装集団や準軍事組織は一時の勢力を失った。こうした状況下、シュワルナゼはまずムヘドリオーニに

対して解体命令を発令、そのリーダーであるイオセリアーニ（Jaba Ioseliani）は逮捕された。[9] 次いで国家警備隊リーダーのキトヴァニも国防大臣の職を解かれ、失脚した。[10]

②進む法整備と停滞する改革実施

非正規の武力勢力を一掃したシュワルナゼ政権が次に目指したのは、公的治安部門を管理する文民統制の組織・制度を整備することだった。1994年には議会に国家安全保障・国防委員会（The National Security and Defense Council）がつくられ、1995年の新憲法制定以降は治安部門に関わるさまざまな法律が制定された。こうしたなか、治安部門、とくに軍人による政治活動や、軍隊のなかに政治活動する団体を設立することなども禁じられた。[11]

この時期のもう一つの大きな改革として、司法を独立させたことが挙げられる。旧ソ連邦では司法は警察に従属していたが、1995年の新憲法で司法権が司法省へ移行することとなった。これにより、ジョージアの治安部門は、少なくとも法律上は、三権分立のもと機能する環境が整った。

このように治安部門に関する法的整備が整う一方、SSRの実施は立ち遅れていた。たとえば国防分野では、国家安全保障概念（National Security Concept）の明確な定義が棚上げされた。これは、シュワルナゼ大統領自身がロシアを刺激することを嫌ったのが要因だといわれる。[12] 内務省・国家保安省における改革にも、大きな進展はみられなかった。[13] シュワルナゼ政権下では、これら二省はソ連邦時代の人事制度が残されていた。たとえば、1995年から2003年まで内務大臣には一貫して、文民ではなく内務省官僚である警察少将もしくは警察中将が任命された。

③軍事・司法への支援の拡大

徐々に公的な治安部門組織が整いはじめるのにともない、ジョージアには国際社会、とくに西側ドナーからのSSRに対する支援がもたらされるようになった。1998年にはNATO加盟国出身の退役職業軍人や文民から構成される国際安全保障諮問委員会（International Security Advisory Board：ISAB）

が設立され、SSR全般の戦略アドバイスを行った。ISABによって提言されたのは、軍事組織のプロフェッショナル化、文民統制の強化、そして警察組織の非軍事化であった[14]。

2002年にジョージアがNATO加盟への意思を明言すると、軍事・国防部門における支援が主にNATOおよびその加盟国によって次々と打ち出された[15]。とくにアメリカによる軍事分野への援助は突出していて、2002年に開始した「ジョージア訓練・装備プログラム（Georgia Train and Equipment Program：GTEP）」では18か月のプログラム期間中、6億4000万ドルが投じられ、2600人の兵士に戦闘能力訓練が供与された。司法分野では世界銀行が裁判所の再建や裁判官への研修支援を行ったほか、欧州評議会が人権啓蒙キャンペーンの支援や法曹人材への研修プログラムを実施した。

（2）サーカシビリ時代のSSR（2004〜2008）

2003年11月、サーカシビリは政治運動の中心に改革を据え、「バラ色革命」を率いてシュワルナゼ陣営を退陣に追い込んだ。2004年、大統領に選出されたサーカシビリはその後、汚職撲滅を新政権の柱として掲げ、治安部門、とくに内務省と国家保安省における改革を推進した[16]。サーカシビリはまた、ジョージア語を唯一の公用語とするなど、シュワルナゼの下では強調されることのなかったジョージア民族主義を掲げた。

対外関係では、それまでのシュワルナゼによるロシア寄りとも欧米寄りともつかないバランス外交アプローチを転換してNATOおよびEUへの加盟を明言し、新欧米路線を明確に打ち出した。とくに、2001年の同時多発テロ事件以降、テロ対策を強化していたアメリカと関係を深め、2005年には当時のブッシュ大統領がアメリカ大統領としてはじめてジョージアを訪れ友好関係をアピールした。その一方で、ロシアとの外交関係は悪化し、2006年にはロシアがジョージアへのガスの供給を停止、ジョージアからの一部商品輸入を禁止するなどの状況に陥った。また2008年に入ってからは南オセチアにおいてジョージアと南オセチアの武装勢力による衝突が頻発、2008年8月にはジョージアとロシアによる全面戦争の事態となった。この戦争に

敗北したジョージアは、南オセチア領土を実質的にロシアに譲りわたすこととなった。

2004年1月、改革を掲げて大統領に選出されたサーカシビリとその陣営にとって、SSRは、国家保安省や内務省などの対抗勢力との政治抗争に勝利することを意味した。対ロシア関係が急速に悪化したサーカシビリ政権下では、西側諸国によるSSR支援の内容は、より具体的かつ実務的なものに変化した。

① 内務省と国家保安省の改革

旧体制との対比を明らかにするべく、サーカシビリ政権は各方面で改革を進めたが、とくにシュワルナゼ時代はほぼ手つかずだった内務省、国家保安省への大規模改革に乗り出し、前政権との体制の違いが強調された。

大統領就任直後の2004年1月、サーカシビリは内務省改革の方針を打ち出した[17]。つづいてサーカシビリ政権下で国家保安省は廃止され、国境警備などの任務は内務省へ、また対外的諜報活動を担う諜報局は大統領直轄となった。つづいてサーカシビリ政権は内務省と司法省において大幅な人員削減を行う一方、職員の汚職防止を目的として給与の大幅なベースアップを図った[18]。

それと同時に組織改編も行い、それまでは旧ソ連時代と同様、内務省管轄下にあった準軍事組織の国内軍は国防省の管轄下に移された。シュワルナゼ政権下で汚職と腐敗の代名詞的な存在だった交通警察は廃止され、かわって警備警察が設立された。このパトロール警察はサーカシビリ政権による改革の最たる成功例とされ[19]、その業務遂行状況は毎日テレビで放映され、警察に対する一般市民のイメージ一新が図られた。

② SSR支援の深化・拡充

軍事面ではNATO加盟実現に向けた具体的な行動計画[20]が取りまとめられるなか、ジョージアの国防部門には引き続き多大な援助を受け入れ、ジョージア軍の能力強化が図られた。GTEPを後継するかたちで2005年より実施された「ジョージア持続・安定作戦プログラム（Georgia Sustainment and

Stability Operation Program: GSSOP)」に対し、アメリカより6億ドルが投じられ、1200人の兵士が戦闘能力強化訓練を受けた。国防省へは、すでにNATO加盟を果たした東欧諸国による技術援助も増加し、ISABにも、これらの国からの出身者が参加した。

シュワルナゼ時代のSSR支援では支援政策の議論止まりで、具体的な行動計画がともなわないことが多く、改革実施に至ることが少なかった一方で、サーカシビリ政権下では具体的な改革支援が行動計画をともない行われるようになった。元司法大臣だったサーカシビリの司法改革重視姿勢を反映し、EUは2004年より「EU法の支配ミッション（EU Rule of Law Mission, EU THEMIS）」をトビリシに設置し、EU基準に即した刑法整備支援を開始した。[21] 各治安部門分野における組織運営のための研修も拡充し、国防省、内務省、司法省などに、予算計画・管理などの基本的な組織運営のための研修が供与された。

第2節　ジョージアにおけるSSRの特徴と課題

本節では、旧ソ連体制から民主的体制に変換する過程において行われたジョージアにおけるSSRに、どのような特徴と課題があったのか考察する。

（1）旧ソ連由来の治安部門が抱える問題

旧ソ連諸国には、西洋、とくにアメリカやイギリスなどの治安部門体制には通常みられない、内務省に所属し、かつ軍事能力を有する国内軍などが準軍事組織として存在する。たとえばジョージアでは、SSRが本格的にはじまった1990年代後半に、内務省、国家保安省、国防省、国境警備省などがそれぞれ武装した準軍事組織部隊を有していた[22]。

自由主義的な価値観にもとづくSSRを実行するうえでは、この準軍事組織を整理・解体・再統合する必要があった。1990年代後半より、ISABはジョージアにおけるSSRの課題の一つとして準軍事組織に着目し、警察の非軍事化を提言していた。警察の非軍事化は、内務省の傘下の国内軍が国防

省に移されることで、ある程度の進展をみた。

　しかし、準軍事組織が課されていた当時の役割をみると、その改革が十分であったとはいえない。複数の準軍事組織が重複する任務を与えられており、明確な役割分担、指揮系統などの定義はされていなかった。たとえば、内務省の国内軍は「法と秩序の維持」を担うと同時に、有事にはジョージア国軍を援護することとされた[23]。しかし、それ以上の詳細な行動計画は示されていなかった。準軍事組織の曖昧な位置づけや役割定義は、緊急時における準軍事組織の動員プロセスを不透明化する危険性を含むと同時に、動員された準軍事組織のあいだで混乱を生じる可能性もあった。

　実際にそのような事例がみられたのが、2007年、反サーカシビリ政権デモに対する政府による弾圧であった[24]。2007年11月初頭より市民による座り込みなどの非暴力の反政府デモが行われていた。サーカシビリ政権は11月7日に警察によりデモを解散させたが、このさい、警察の機動隊とともに軍も動員された。また、その他の所属不明の武装した部隊も動員されていたとするデモ参加者の目撃情報もあった。そもそも、旧ソ連の下では内務省下の準軍事組織は国民の反政府運動を抑止、もしくは制圧する任務を担っていた。シュワルナゼ政権下では一度もデモに対して準軍事的組織が動員されることはなかったが、旧ソ連体制からの脱却を目指し民主的改革を進めるようとするサーカシビリ政権の下でこのような権威体制的な準軍事組織や警察の動員[25]があったことは、ジョージアにおけるSSR、とくに準軍事組織と警察における本質的な改革の欠如を示すこととなった。

（2）文民統制

　ジョージアでは、1991年の独立国家成立当時から文民統制の整備は懸案事項であったが、とくに1991年から2008年の期間において、この分野での大きな課題は二つあった。一つは、議会による軍の監視機能の弱さ、そしてもう一つは、文民が、治安部門の実働部隊も率いて実戦に参加するという民軍の分業の不明確さであり、これらの問題を解決するための取り組みが求められていた。

第 8 章　ジョージア

　まず、議会による軍の監視機能を強化する取り組みは、国防・安全保障委員会が議会に設置されるなど、シュワルナゼ政権下ではじまってはいた。しかし実際には委員会は開催されないか、されても大統領が所属する与党の議員が委員長を務め、実質的な議論はほとんどなされることはなかった[26]。議会による軍の監視機能の形骸化は、その後のサーカシビリ政権下でも続いた[27]。

　次に、文民が実働部隊を率いて実戦に参加してしまうという課題は、独立直後の混乱期からみられた現象であった。そもそも独立前のジョージアでは、ジョージア民族主義を掲げた独立運動支持者たちが80年代後半より武装化した独立運動グループを組織、のちにこれら指導者（かつ武装集団のリーダー）が政治家として頭角を現し政府の要職に就くようになった経緯がある。このため、文民が治安部門の軍事組織を率いることにはある程度の寛容さが存在していたきらいがある。こうした状況を是正するため、第1節でも論じたように、シュワルナゼ政権下では元独立運動の指導者たちを治安部門の要職から取り除き、代わりに専門的職業訓練を受けた人材が治安部門の要職に配備された[28]。

　サーカシビリ政権時代になると、汚職撲滅を名目にシュワルナゼ政権に近しいとみなされた人員は国防省、内務省などから一掃された。2004年当時、内務大臣を務めていたのはオクルアシビリ（Irakli Okuriashvili）で[29]、オクルアシビリはその後国防大臣も務めた。オクルアシビリの在任中、多くの幹部や局長級の人員が更迭されるか、みずから辞職し、その結果、国防省はアメリカやドイツによって育成教育を受けた職業軍人を失うこととなった[30]。また、2004年の人事刷新と組織の改編によって、内務省と国家保安省に帰属していた複数の準軍事組織は文民である内務大臣の指揮下に入ることとなった。解任した人員の補てんには、みずからと近しい人材を充てることで、オクルアシビリは内務省、国防省において個人的影響力を強めていった[31]。こうした「文民統制」の実態は、文民大臣がみずから軍もしくは準軍事組織を率いて戦闘に参加する事態にまで悪化した[32]。2005年、オクルアシビリはみずから数人のエリート戦闘部隊を率いてアブハジア領域内に侵入したことを発表した[33]。次いで国防大臣だった2006年にはジョージア軍のヘリコプターで南オ

第Ⅱ部　事例

セチア領域内へ「侵入」、そこで迎撃されるという事案が発生した。[34]

　当時のジョージアでは、オクルアシビリのこうした行動は愛国的であるとして、むしろ大半の国民に歓迎され、当人の政治家としての評価を高めた。加えて、市民社会の監視能力にも限界があった。のちに、このようなポピュリスト的な「文民統制」の実際のあり方は、2008年の対ロシア戦争の現場で如実に示された。アメリカ国務省は、2008年の対ロシア戦争のさいジョージア国軍の部隊は「計算された意思決定ではなく衝動的に行動し、また、不明瞭な指揮系統のなか、職業的適性でなく個人的人間関係によって任用された高官たちによって率いられていた」と指摘した。[35]

(3) 取り残された課題——コミュニティの治安

　サーカシビリ政権下、人員削減やパトロール警察の導入など、大規模な内務省改革が実施されたが、首都トビリシ以外の地方では、改革の恩恵はかぎられたものだった。たとえば、改革実施以降も警察による人権侵害は収まらず、とくに若い男性に対する人権侵害が報告されている。[36][37] 2005年の筆者による住民への聞き取り調査では、人権侵害のほか、通報しても応答がない、取り調べ中の物品の盗難、運転免許証などの発給と引き換えの金銭授与の要求、武器や薬物の密輸などの警察による不正が住民から報告され、警察への信頼が依然として低いことが明らかになった。[38]

　こうした改革の限界は、非ジョージア民族のあいだでとくに顕著であった。[39] 非ジョージア民族の住民が多く居住する地域で筆者が実施した聞き取り調査[40]では、サーカシビリ政権下でのジョージア語重視政策[41]によって公務員の使用言語がジョージア語のみとされたため「警察はジョージア民族のもの」という意識が強まったことが確認された。[42] また、警察や法廷に対する信頼もきわめて低く、コミュニティにおける問題は、シュワルナゼ時代に引き続き、みずからの民族の紛争解決メカニズムで解決されていることも明らかとなった。[43] このように、サーカシビリ政権下ではSSRが推し進められたものの、その「改革」により、ジョージアの治安部門の状況は、非ジョージア民族系国民の望む状態からは乖離していった。

178

第3節　不均衡な改革履行の政治的力学

これまで概観したように、ジョージアにおける 1992 年から 2008 年にかけての SSR は、軍・国境警備隊における戦闘能力強化などの特定の分野では大きな進展をみせた。一方、内務省・国家保安省の改革は 2000 年代半ばまで行われなかったことに加え、軍や準軍事組織の文民統制も脆弱なままであった。本節では、こうした「虫食い」的な SSR 実施状況をもたらした要因を、治安部門を取り巻く国内外アクターとそれらのあいだにおける政治力学に求めて考察する。

（1）政権維持と内務省・国家保安省

旧ソ連時代、国家保安省や内務省は強力な準軍事組織をもつことで政治と社会に大きな影響力があり、「権力省庁（silovye ministerstva）[44]」と称された。ジョージアでも、独立直後の混乱期を除き、これら二省は省内外のネットワークをつうじた汚職や闇取引などによって経済的利益を得るなど、影響力をもち続けた。シュワルナゼ、サーカシビリ両政権にとっては、この二省との関係性が、政権の安定化と支持基盤の獲得を大きく左右する要素であった。

当時、内務省と国家保安省はライバル関係にあり、ジョージア内務大臣を務めたシュワルナゼは、当時から国家保安省とは緊張関係にあった。独立後、シュワルナゼは大統領在任中に 2 度の暗殺未遂事件に巻き込まれているが[45]、このどちらの事件でも、国家保安省の関与が疑われている。国家保安省から一定の政治的支持を取りつけるには、国家保安省の高官およびその関係者による汚職行為の黙認という手法がとられ、結果的に、国家保安省の改革は実施されなかった。

汚職を黙認することで政権維持を図ろうとするシュワルナゼの手法は、内務省に対しても用いられた。前述のように、旧ソ連時代にジョージア内務大臣を務めたシュワルナゼは自身への政治支持基盤を内務省に求め、その支持基盤を保つため内務省関係者による汚職に目をつぶっていたとされる[46]。内務

省を改革することはシュワルナゼにとって支持基盤を失うことを意味すると同時に、国家保安省と対抗できる勢力を失うことも意味した。政権の維持のためには、内務省改革も避けられねばならなかった。

ところがサーカシビリ政権になると、政権と内務省・国家保安省との関係は一変する。汚職の撲滅を掲げ市民の支持を集め「バラ色革命」で政権を奪取したサーカシビリ陣営にとって、汚職のシンボルであった内務省と国家保安省の改革は、最重要課題であった。前節で述べたように数々の改革が実行され、内務省の人員は大々的に削減され、国家保安省に至っては廃止となった。これらの取り組みは、前政権との違いをアピールするとともに、サーカシビリ政権の旧政権支持基盤に対する政治的優位を示すものとなった。

しかし、サーカシビリ政権下での改革の成果は、限定的なものにとどまった[47]。加えて、2007年10月から11月にかけてサーカシビリ政権に対して反政府デモが開催されたさいには、内務省所属の準軍事組織を含む特殊部隊がデモ隊に対して動員され、多くの負傷者を出す事態となった。このことは、旧ソ連時代と同様に、準軍事組織が政権維持のために利用されるという強権体質を、自由主義的価値観を標榜したサーカシビリ政権が有していたことを表していた[48]。

このように、シュワルナゼ政権およびサーカシビリ政権時代をつうじ、内務省と国家保安省は、政権との関係性は違えどもジョージアの政治において重要なアクターであった。そして、重要な政治アクターであったがゆえに、改革の履行も限定的かつ表面的なものにとどまらざるをえなかった。

（2）分裂した市民社会のエリート層

ジョージアでは、市民社会のエリート層が分裂しており、市民社会の監視能力の弱さにつながっていた。この問題は、ジョージアでは、多くのSSR分野の取り組みがなされたにもかかわらず、文民統制が徹底されないという事態を招く一因となった。

ジョージアではソ連邦からの独立以降に市民社会が成長し、シュワルナゼ政権時代には自由主義的価値観にもとづいて活動するNGOも多く現れた。

その代表例の一つがリバティ・インスティテュートであった。リバティ・インスティテュートの活動家ボケリア（Giga Bokeria）らは、従来からマイノリティの人権問題などに積極的に取り組んでいたが、2002年以降は反政権デモを主導するなど、サーカシビリ勢力のなかで中心的な役割を担うようになった。こうしたリベラル派の活動家のなかでも、ボケリアなどサーカシビリに年齢的に近い者たちの多くは、ソ連崩壊後にアメリカや西欧に渡り、英語を流暢に操る者が多かった。

　サーカシビリが大統領に就任すると、こうした新しい世代の市民社会リーダーたちの多くが政権中枢に登用され、政権に対しての批判的な姿勢を失っていった。他方、サーカシビリ世代より上の市民社会リーダーや議員は「旧体制の象徴」[49]とされ、政権から遠ざけられた。議会においてもSSRを含む政策に関する意思決定はサーカシビリに近い一部の議員によって、しばしば独断で決定された[50]。こうしたエリート層における世代間の軋轢はサーカシビリ政権下で亀裂を深め、その後、2008年の対ロシア戦争まで続いた[51]。

　司法改革の遅れにも、市民社会のエリート層における分裂が大きく影響している。シュワルナゼ政権の時代から、人権分野や司法分野で主導的な役割を担い活動してきたジョージアの司法NGOの老舗ともいえるジョージア青年法律家協会が大陸法に沿った法哲学をもつのに対し、リバティ・インスティテュートは英米法の法哲学に強く影響を受けていた。こうした大陸法と英米法の違いを軸に、司法改革において摩擦と競争関係が生じ、円滑な司法改革の内容決定や履行が阻害された。

　このように、ジョージアでは、欧米で教育を受けたエリート層が育ってはいたが、その分裂によって改革は阻まれた。この例から、自由主義的な価値の支持層はけっして一枚岩ではなく、その導入が必ずしも自由主義的なSSRを推進するわけではないことが伺える。

（3）諸外国の戦略的利害

　ジョージアの地政学的位置は、諸外国によるSSRへの関与の仕方に影響を及ぼし、SSR支援がまだらに実施されることにつながった。アメリカをは

じめとする西側諸国は、表向きは自由主義的な価値観に沿った包括的な支援戦略を掲げて対ジョージア支援を行ったが、実際の支援実施状況に注目すると、進展した分野はNATO加盟国を中心とする支援提供側が戦略的に重点とする分野、すなわち、軍や国境警備隊における戦闘能力強化であった。たとえば最大のSSR支援提供国であるアメリカは、ロシアとジョージアのあいだの国境警備を自国の安全保障リスクを軽減するための戦略的事案と目しており[52]、ISABが示していたSSRの優先事項の一つである警察の非軍事化の実現を待つことなく、国境警備支援へ乗り出した。

　国際ドナーによるSSRの支援が国境警備、国防、司法などにおける組織構築や能力構築支援に集中する一方、コミュニティにおける治安への取り組みは、限定的なものにとどまった。その要因として、ロシアの影響は小さくない。欧州安全保障協力機構（OSCE）は南オセチアとその隣接地域でパトロールなどの警察活動（policing）支援や、小型武器回収支援などを行った。しかしジョージアとロシアの外交関係が悪化するなか、ロシアがジョージアにおけるOSCEミッションの継続を承認せず、この結果、SSRのなかでもコミュニティの治安に重点を置いて支援を行ってきたOSCEの活動は2008年12月をもって終了となった。

第4節　ジョージアのSSRが示唆するもの

　本節ではむすびにかえて、このジョージアの事例が示唆することを、ハイブリッドな国家建設の観点に引きつけて整理する。

　ジョージアでは、国際ドナーがSSR支援に直接たずさわるようになったのは、ジョージアがある程度の治安を取り戻し、国家体制を築き上げつつある段階からのことだった。これは、アフガニスタンやシエラレオネなどでは武力紛争終結直後に（もしくはそれ以前から）国連を含む国際ドナーがSSRに積極的に関与したのとは対照的である。国家体制を築きつつあるジョージアで行われたSSRは、近代的・西洋的な治安部門組織を構築する「自由主義化前の統治制度構築論[53]」のアプローチに沿ったものだったといえる。本章

第 8 章　ジョージア

で示された、1992 年から 2008 年にかけてのジョージアにおける SSR の事例は、必ずしも西洋と同様の制度が西洋社会のように機能するとはいえないとするマクギンティ（Roger Mac Ginty）やリッチモンド（Oliver P. Richmond）の指摘を再確認した。[54]

　一方、本章の事例で示されたように、自由主義的国家建設への支援が「植民地統治にかわる押しつけ」[55]なのかというと、そうと言い切ることもできない。旧ソ連からの独立をへて国家建設の過程にあったジョージアにとって、自由主義的制度の確立、もしくは SSR の実施は、モスクワを中心とした旧ソ連といういわば「植民地支配的体制」からの脱却を意味した側面があるからだ。本章で触れた内務省や国家保安省の改革は、その一例であろう。

　ジョージアの事例からは SSR を取り巻くローカル・アクターを、単純に「ローカル」として一括りにすることはできないことも明らかになった。ジョージア内における異なるエリート層のあいだのせめぎあい、そして、中央と地方、ジョージア民族と非ジョージア民族のあいだの格差・乖離といった、複雑かつ多層的な構造と政治力学が存在することを、ジョージアの事例は示した。

　加えて、本章の事例は、政治力学によって不均衡に進行した SSR がもたらした課題も浮かび上がらせた。準軍事組織改革の欠如である。旧ソ連時代に影響力を行使した治安部門組織、とくに内務省と国家保安省は、ジョージアが独立したあとも大きな政治アクターであり続けた。同時に、それら「権力省庁」に帰属する準軍事組織もまた、シュワルナゼ、サーカシビリ両政権の権威主義的体制維持に寄与した。また、アブハジアや南オセチアという係争地を抱えたジョージアは、これら地域における低強度の武力紛争における戦闘能力を有する準軍事組織、すなわち「軍事力を有した警察部隊」と「治安維持能力を有した軍隊」の双方を保持する必要があった。

　こうした警察と軍の「あいだ」に位置する準軍事組織をどう捉え、どう改革していくのかは、ジョージアのみならず、権威主義的体制から民主的体制へと転換しようとする国、そして係争地問題を抱え「内」と「外」の境界線をどこに引くかという問題を抱えた国（たとえば、同じく旧ソ連圏のウクラ

183

第Ⅱ部　事例

イナ）にとっても、SSRを考えるうえで不可避の問題だろう。ジョージアの事例は、こうしたSSRにおける実際的な課題も提起している。

〈付記〉本章は、小山淑子「ジョージア（グルジア）の治安部門改革（SSR）——不均衡な改革履行の力学と課題」2018年度日本国際政治学会研究大会・平和研究Ⅱ分科会報告論文（2018年11月3日、大宮ソニックシティ）として発表されたものである。なお、本書収録にあたり、表記を微修正した。

注
1）上杉、2012。
2）Demetriou, 2002.
3）Kmara!　ジョージア語で、「もうたくさん！」の意。
4）いわゆる「バラ色革命」。広く一般市民が自主参加した運動ではあったが、準備段階ではサーカシビリに近い市民社会リーダーが、ジョージアより早い時期に「オレンジ革命」が起こっていたウクライナにわたり、当地で反政府運動の運営手法を学んだとされる。筆者によるインタビュー。2005年3月、トビリシ。
5）ガムサフルディア大統領も例外ではなく、武装化した支持者たち（ズヴィアディスト：Zhviadist）に支えられていた。
6）リーダーのイオセリアーニ（Jaba Iosseliani）は一時期国家軍事委員会のメンバーであった。イオセリアーニはソ連邦時代に銀行強盗の容疑で指名手配になっており、ムヘドリオーニの構成員の多くは犯罪経歴をもつものが多かったと報告されている。Feinberg, 1999.
7）Darchiashvili, 1997.
8）ヴェーバー、1980、9-10頁。
9）しかし、他の紛争地域でみられるような、公式かつ組織的な武装解除・動員解除・社会統合（DDR）は行われなかった。解体命令を受けた元ムヘドリオーニ構成員の追跡調査もされていない。2002年当時の筆者による内務省関係者へのインタビューでは、一定数の元ムヘドリオーニ構成員はその後警察官として職を得たとのことであった。
10）公式の職を解かれたのち、1995年にはキトヴァニみずから1000人前後の武装集団を率いてアブハジアに侵入した。その後、ジョージア国家保安省の部隊と衝突しキトヴァニは逮捕され武装集団も解散した。
11）The Law on the Status of the Servicemen.
12）筆者によるインタビュー。2005年3月、トビリシ。
13）2001年、高まる汚職への批判に対応するかたちで内務省と国家保安省の職員が解雇されたことがあるが、構造的な改革などには至らなかった。
14）ISAB, 1999.
15）ジョージアは、NATOのPlanning and Review Process（PARP）に1999年より参加、これにもとづき国防大臣における財政マネジメント力強化、軍事諜報部門改革の支援

16) 国家保安省は2004年に廃止され、その機能の一部は内務省へ統合された。
17) ジョージア内務省資料によると、このさいに打ち出された方針として、①内務省は国内問題に関するための組織へと改編され、警察機能の遂行を主な任務とすること、②警察に属する準軍事組織はプロフェッショナル化をつうじて、非政治的に運用されること、③内務省職員の雇用条件を改善すること、および内務省の職員にふさわしくない人物を雇用しないこと、などが掲げられた。Ministry of Internal Affairs, 2004.
18) この結果、司法省では5万3000人あまりいた人員が2万2000人あまりに削減された。また、内務省職員の平均月間給与は1人平均45〜51ドルだったのが、350〜500ドルにまで上昇した。Krunic and Siradze, 2005, p. 55.
19) International Herald Tribune, 2004.
20) 2004年、NATOとジョージアのあいだで、「NATO個別のパートナーシップ行動計画」が策定された。
21) Kurowska, 2009.
22) Feinberg, 1999. また、ジョージアの国内軍はサーカシビリ政権下、2004年に内務省から国防省の管轄下に移された。
23) Ibid. 当時アブハジアと南オセチアとのあいだに領土の係争問題を抱えていたジョージアにとって、準軍事組織の改革は容易に進められるものではなかった。低強度の戦闘状態がしばしば起こる状況では、ジョージアはつねに市街戦やゲリラ戦闘に対応しうる軍事力を用意しておく必要があった。
24) International Crisis Group, 2007, p. 4. サーカシビリは7日夜、全国に緊急事態を宣言した。
25) Ibid., 2007.
26) 筆者のインタビュー。2005年3月。トビリシ。
27) サーカシビリ大統領に非常に近い与党議員、ギガ・ブケリアが委員長を務めた。
28) しかし、シュワルナゼ政権下で登用された職業軍人・職業警察官僚の多くは旧ソ連下で訓練を受けた者だった。また、欧米の基準に照らせば文民省庁であるべき内務省も、シュワルナゼ政権下では旧ソ連体制を反映し、警察にも軍に依拠した人員システムが用いられ、内務省のトップは文民ではなく、警察中将であった。
29) 南オセチア自治国出身で、サーカシビリの右腕とされた。
30) Darchiashvili, 2008, p. 54.
31) Chivers and Shanker, 2008.
32) オクルアシビリは2006年、サーカシビリにより更迭された。
33) Anjaparidze, 2005；Kommersant, 2005.
34) オクルアシビリと同乗していたジョージア軍兵士などに死傷者は出なかった。Kurashvili, 2006.
35) Chivers and Shanker, 2008.
36) Human Rights Watch, 2005.
37) 若い男性に対しての人権侵害としては、不当逮捕や身体的暴力などが聞き取り調査により報告された。

38) Koyama, 2005.
39) 2014年に実施された国勢調査では、人口約370万人のうち、ジョージア民族は86.8％、アゼルバイジャン民族は6.3％、アルメニア民族は4.5％であった。
40) 2005年3月、アルメニア系住民が多く居住するアハルチヘ、およびアゼルバイジャン系住民が多く居住するマルネウリにて、参加型調査手法を使用し、筆者がコミュニティ住民へ聞き取り調査を行った。調査の詳細はKoyama, 2005.
41) 1995年憲法ではジョージア語を公用語とする旨が定められたが、サーカシビリ政権下では2004年ジョージア語を唯一の公用語および作業言語とするように政策方針が変更された。
42) Koyama, 2005.
43) Ibid.
44) ロシア語では силовые министерства、略して силовики。
45) Chicago Tribune, 1998.
46) 筆者によるインタビュー。2005年3月。ズグディディ、トビリシ。
47) Koyama, 2005.
48) これに対して、シュワルナゼ政権下では、多くの反政府デモが行われていたにもかかわらず、準軍事組織が出動することはなかった。
49) 筆者によるインタビュー。2005年3月、トビリシ。
50) 同上。
51) 世代間の軋轢は議会にも波及し、議員同士による暴行にも発展した。Civil Georgia, 2005.
52) ソ連崩壊以降、ロシアよりジョージアを経由して放射性物質が少なくとも10度にわたり密輸されたことが確認されており、アメリカは、ロシア・ジョージア国境警備の不整備が核拡散リスクを高めているとした。Welt, 2005.
53) 上杉、2017、59頁。
54) Richmond and Mac Ginty, 2015.
55) 上杉、2017、60頁。

引用参考文献
【日本語文献】
上杉勇司、2012、「平和構築における治安部門改革」上杉勇司・藤重博美・吉崎知典編『平和構築における治安部門改革』国際書院、15-21頁。
上杉勇司、2017、「国家建設と平和構築をつなぐ「折衷的平和構築論」の精緻化に向けて」『国際安全保障』第45巻第2号、55-74頁。
ヴェーバー、M./脇圭平訳、1980、『職業としての政治』岩波文庫。

【外国語文献】
Anjaparidze, Z., 2005, "Tbilisi Returns to Saber Rattling in Abkhazia Policy," *European Daily Monitor*, 20 September 2005.
Chicago Tribune, 1998, "Shevardnadze Escapes Another Assassination Attempt," *Chi-*

cago Tribute, 10 February 1998.
Chivers, C. J. and T. Shanker, 2008, "Georgia Lags in Its Bid to Fix Army," *New York Times*, December 18, 2008.
Civil Georgia, 2005, "Parliamentary Debates Grow into Fist-fight," 1 July 2005. 2018年6月20日アクセス確認。
Darchiashvili, D., 1997, "The Army-building and Security Problems in Georgia," NATO.
Darchiashvili, D., 2003, "Georgian Security Problems and Policies," in D. Lynch, ed., *The South Caucasus: A Challenge for the EU*, Chaillot Papers, No. 65, European Union Institute for Security Studies, pp. 107-128.
Darchiashvili, D., 2008, *Security Sector Reform in Georgia: 2004-2007*, Caucasus Institute for Peace, Democracy and Development, Tbilisi.
Demetriou, S., 2002, "Politics from the Barrel of a Gun: Small Arms Proliferation and Conflict in the Republic of Georgia (1989-2001)," Occasional Paper No. 6, Small Arms Survey.
Feinberg, J., 1999, *The Armed Forces in Georgia*, Center for Defense Information.
Helly, D., 2006, "EUJUST Themis in Georgia: An Ambitious Bet on Rule of Law," in A. Nowak, ed., *Civilian Crisis Management: The EU Way*, Chaillot Paper, No. 90, European Union Institute for Security Studies, pp. 87-102.
Human Rights Watch, 2005, "Georgia: Uncertain Torture Reform," *Human Rights Watch Briefing Paper*.
International Crisis Group, 2007, "Georgia: Sliding towards Authoritarianism?" *Crisis Group Europe Report*, No. 189.
International Herald Tribune, 2004, "Georgia's Rose Revolution: Law Abiding Police," 24 August 2004.
ISAB, 1999, *Report to the National Security Council of the Republic of Georgia*.
Kommersant, 2005, "Georgian Defense Minister Went to Abkhazia with Reconnaissance Mission," 14 September 2005.
Koyama, S., 2005, "Evaluating Human Security Impacts of the Security Sector Transformation in Georgia." An unpublished paper submitted to the United Nations University.
Kurashvili, P. (The Associate Press), 2006, "Georgia Official Says He was Attacked," *Washington Post*, 3 September 2006.
Krunic, Z. and G. Siradze, 2005, "The Ministry of Internal Affairs of Georgia: Report on the Current Situation with the Recommendations for the Reform," A report submitted to the EU.
Kurowska, X., 2009, "EUJUST Themis: The Rule-of-Law Mission in Georgia," in G. Grevi et al. ed., *European Security and Defence Policy: The First 10 Years (1999-2009)*, European Union Institute for Security Studies, pp. 201-210.
Ministry of Internal Affairs, 2004, *The Strategic Vision and Development Priorities: 2004-2006*,

National Statistics Office of Georgia, 2016, *2014 General Population Census: Main Results*.

Richmond, O., and R. Mac Ginty, 2015, "Where Now for the Critique of the Liberal Peace? Cooperation and Conflict," *Cooperation and Conflict*, Vol. 50, No. 2, pp.171-189.

Welt, C., 2005, "Political Change and Border Security Reform in Eurasia: The Case of Georgia," *Nonproliferation Review*, Vol. 12, No. 3, pp. 503-537.

第9章
アフガニスタン
アフガニスタン地元民警察（ALP）と国家建設

青木健太

第1節　「ゼロ」からはじまった国家建設

　アフガニスタンでは、1978年に勃発した人民民主党青年将校らによるクーデター（サウル革命）を皮切りに紛争による混乱が長らく続いた。2001年9月11日に発生した同時多発テロを受け、アメリカによるアフガニスタンへの空爆が開始（同年10月7日）、これにともない国土の大半を実効支配していたターリバーンは敗走し、北部同盟を中心とする主要なアフガニスタン人グループの協議の末にボン合意（同年12月5日）が締結された。ボン合意後、カルザイ（Hamid Karzai）を首班とする暫定政権が樹立されることとなり、国際社会からの支援により、紛争で荒廃した国土をまさに「ゼロ」から作り直すかたちで国家建設が進められてきた。

　この取組みの柱として、ムジャーヒディーン（聖戦士）からなる軍閥の司令官および旧国軍兵士を武装解除・動員解除・再統合（DDR）する一方で、国軍創設、警察再建を同時並行に実施し、中央政府が一定の領域の内部での「正当な物理的暴力行使の独占」を行うためのSSRが推し進められた。しかし、現下のアフガニスタン情勢は混迷をきわめており、SSRが成功して平和が訪れたとは到底いいがたい。国連アフガニスタン支援ミッション（United Nations Assistance Mission in Afghanistan：UNAMA）の統計によると、ター

リバーンや「イスラム国」などの反政府武装勢力の攻撃による民間人死傷者数が断続的に増加を続ける[2]など治安情勢の悪化が止まらないほか[3]、2014年の大統領選挙の末に結成された「国家統一政府」[4]による統治はうまく機能していない。

治安改善が達成されなかった要因として、DDR自体は成功したのだが、国軍創設と警察再建の遅れにより「力の真空」が埋まらなかったのだとして、問題の所在をSSR実施の方法論に求める主張も存在する[5]。しかし、歴史上、中央政府と地方の部族社会が絶妙なバランスを保ちながら国家統治がなされてきたアフガニスタン[6]において、民主主義、市場経済、法の支配、人権、透明性、説明責任（アカウンタビリティ）などにもとづく西洋起源の「自由主義的国家建設」を押し進めることは現地の文脈とのあいだで摩擦を生みかねない。こうした摩擦は、紛争の再発を助長する恐れがあることから、特別の慎重さを要するであろう。したがって、本章は、和魂洋才の精神に習い、現地の文脈に即した「ハイブリッドな国家建設」が推し進められるべきではないかとの問題意識に沿って書かれる。

1747年にドゥラーニー（Ahmad Shah Durrani）が建国したドゥラーニー朝では、国王は近隣地域から富を略奪し、部族長に配分して忠誠を得るというかたちでの支配を行い、征服した領土ですら直接統治はしておらず、ほとんどは部族の内部統治に依っていた[7]。アフガニスタン社会の構造は、時をへた現代においても（とくに地方では）大きく変化していないと考えられる。

本章は、自警団のような役割を果たすアフガニスタン地元民警察（Afghan Local Police: ALP）の賛否が分かれる事例をもとに、ALPははたして今なお伝統的な部族社会が根強く残るアフガニスタンにおける「ハイブリッドな国家建設」のかたちなのかについて論じたい。

本節に続く第2節では、アフガニスタンの国家建設の経緯と現状について、紛争当事者の主要アクターであるターリバーンを排除したボン合意の性格に触れつつ、そのなかで開始されたSSRについて敷衍する。SSRの要となったDDR、その後継事業である非合法武装集団の解体（Disbandment of Illegal Armed Groups: DIAG）とアフガニスタン平和・再統合プログラム（Afghanistan Peace and Reintegration Program : APRP）にも言及する。第3節では、ALP の起源と経緯および現状について述べたうえで、課題について論述する。第4節は、アフガニスタンにおいて、「ハイブリッドな国家建設」が有効であるのか、かりにそうだとすれば理想的なバランスはどこにあるのか、賛否の両面から検討を加えたい。なお、国家建設は幅広い活動を包含する概念であるが、アフガニスタンの事例では、中央政府が権力を確立する過程において土台となる国軍と警察の改革に焦点を当てる。

第2節　アフガニスタンの国家建設——経緯と現状

（1）「部分的和平合意」[8]としてのボン合意

　2001年12月5日のボン合意では、同月22日に、暫定行政機構などからなる暫定政権を設立し、暫定政権設立後6か月以内に緊急ロヤ・ジルガ（国民大会議）が招集され移行政権についての決定を行うことが決められた。国民を代表する政府は、その後2年以内に実施される選挙によって決められることになり、大枠での戦後復興の道筋が示された。「自由主義的国家建設」[9]を道筋として示したボン合意は、アフガニスタンにおける国家建設の要である[10]。ただし紛争当事者すべてによる和平合意でない点は、その後の治安情勢や国家統合に多大な影響を与えたことから特別の留意を要する。

　1992年4月、ソ連への抵抗運動を指揮したムジャーヒディーンによる連立政権が樹立されたが、同勢力は権力をめぐる争いに終始し、アフガニスタンは法の支配が及ばない無秩序な混乱状態に陥った。そうした状況のなかで、ターリバーンは、南部カンダハール地方から救国のための社会運動として活動を開始した。[11] 1996年には首都カーブルを掌握し、2001年10月のアメリカによる空爆および戦闘により崩壊するまで、国土のおよそ9割を実効支配するに至った。シャリーア（イスラム法体系）にもとづく厳格な支配であったことから、ターリバーンによる支配を人権の観点から批判する向きもあるが、先立つ内戦時代に比べて治安を回復し秩序を取り戻していた。

　ターリバーンは近現代アフガニスタンの歴史において一定の立場を占めて

きた。しかし、ボン合意には、アフガニスタン内の四つの主要グループだけが参加しており[12]、紛争当事者であるターリバーンは参加していなかった。当時の北部同盟とターリバーンの力の不均衡を考えればやむをえなかったともいえるが[13]、最大民族パシュトゥーン人を主体とするターリバーンを排除したことは、国家統合に不安要素を残し、その後の国づくりに深刻な影響を与えた。

（2）SSRの概要
①全体像

2002年4月に開催されたG8治安会合において、アフガニスタンのSSRは大国主導制で進められることとなり、国軍創設をアメリカ、警察再建をドイツ、麻薬対策をイギリス、司法改革をイタリア、そして、DDRを日本と国連が担うことが決定された[14]。これら5分野は相互に密接に関連するものであり、このなかのどれか一つのプログラムの進展をもって治安が確保されるものではなく、相乗効果によって治安改善が達成されることが前提となっている[15]（資料9-1）。

当時のアフガニスタンの国防省や内務省など治安維持に関わる省庁では、最大民族パシュトゥーン人が冷遇され、タジク人、とくにパンジシール県出身者を主体とする旧北部同盟が中枢を占めていた。また、多くの軍閥が全国に群雄割拠していたほか、国防省内にもみずからが軍閥を率いるなどDDRの阻害要因となる有力司令官が多数おり、国防省改革をただちに進める必要があった。民族をもとにした力の均衡をどのようにして改善するか、また、軍閥が群雄割拠していた「銃の支配」の状態から「法の支配」に転換するため[16]、国防省改革をどのように推進するかは、大きな課題であった。

②国軍創設

SSRに当たり、喫緊の課題は国防省改革であった。まず、民族バランスを配慮した国防省人事にするため、2003年9月には、ワルダク（Abdul Rahim Wardak）国防次官（パシュトゥーン人）の登用、幹部ポストにもパシュ

資料9-1　治安部門改革（SSR）相関図

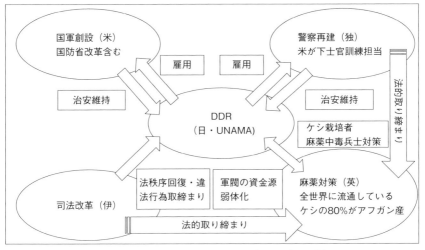

出典：瀬谷作成資料（上杉・篠田・瀬谷・山根、2006、別添部分（ページ番号不詳））。

トゥーン人、ウズベク人、ハザラ人を任用するなどの人事が行われた[17]。また、最大の障壁と目されていたファヒーム（Mohammed Fahim）国防大臣（タジク人）の更迭人事が着手された[18]。カルザイ大統領は、2004年7月末の大統領選挙出馬期限を前に、苦渋の決断の末、ファヒーム国防大臣を副大統領候補から外し、国防大臣ポストからも外すことにした[19]。アフガニスタン国軍（Afghanistan National Army：ANA）の兵力数は、2010年末までに約7万人の国軍兵士を育成するとの計画にもとづき増強され[20]、2015年12月には17万2331人に達した[21]。2012年5月に開催されたNATOシカゴ首脳会合宣言により、将来の人員規模は12万3500人まで縮減する予定である[22]。なお、国軍創設は早々に着手され漸次順調な進展がみられるものの、依然として、アフガニスタン空軍（Afghan Air Force：AAF）の深刻な能力不足、インテリジェンス能力の欠如、識字率の低さに起因する訓練度の低さ、内部攻撃の発生などにみられるような忠誠心と士気の低さ、損耗率の高さなどが課題となっており、反政府武装勢力が攻勢を強めるなか、戦況は厳しい。

193

③警察再建

　紛争の長期化によって、実行支配勢力が実質的には警察にとって代わっていた現実のなか、警察の再建は急務であった。しかし、国防省改革が進展した一方で、内務省改革および警察再建はしばらく議論の遡上に載せられなかった。たしかに、2006年1月に開催されたロンドン会合で採択された「アフガニスタン・コンパクト」において、2010年末までに警察官の数を約6万2000人まで増強することが決定され、その目標を達成したことに加えて、2016年6月には14万9213人にまで達するなど大幅な進展がみられる[23]。しかし、カルザイ政権樹立以降、アフガニスタン国家警察（Afghanistan National Police: ANP）が重火器を用いて反政府武装勢力との戦闘に従事するなど、ANAとの役割の境界線は曖昧模糊としていた[24]。

　こうしたなか、2012年5月のNATOシカゴ首脳会合において、国際社会によるアフガニスタン国家治安部隊への支援の概要が議論されたことを契機として、ANPが本来あるべき姿についての議論が高まった。2013年3月には、ANP10か年計画が策定され、本来の警察業務の遂行を目指すコミュニティ・ポリシングの概念が導入された[25]。国民から信頼される警察づくりに向けた取り組みは端緒についたところである。

④ DDR、DIAG、APRP

　DDRは、2003年10月から、国際社会からの援助を受けながら、動員解除・再統合（Demobilization and Reintegration: D & R）委員会と国防省が中心となり、アフガニスタン新生計画（Afghanistan New Beginning Program: ANBP）が武装解除・動員解除を担うかたちで開始された。DDR開始に当たり、軍閥らは、武器を手放せばターリバーンにつけ入る隙を与え、ふたたび権力を奪われるとして警戒をしていたが、国防省改革のあと、DDRは次第に加速することとなった。武装解除・動員解除を終えた元兵士らは、JICAや日本のNGOが実施する社会復帰支援事業によって職業訓練を受けるなどした。こうした活動により、日本政府発表によれば、2005年7月までに約6万人のDDRが完了した[26]。

しかし、DDRが終了した時点でも、アフガニスタンには、およそ1800の非合法武装集団が存在していた[27]。そのなかには政府側の人物が関与する集団も存在したことから、後継プログラムとしてDIAGが開始されるに至った[28]。DIAGがDDRとで異なる点は、大きく分けて二つある。第一に、DDRが個人に対して職業訓練などの便益を提供したことと対照的に、DIAGは地域開発および雇用機会の創出・社会参加を重視して、DIAGに応じた郡が郡全体として中央政府から便益を受ける仕組みが設けられた。第二に、DIAGは、D&R委員会およびその下部組織である合同事務局がプロジェクトの執行を担い、非合法武装集団の解体は内務省が、開発プロジェクトの提供による社会復帰は農村復興開発省が担い、現地政府主導で進められた[29]。しかし、見返りとして提供されるはずの開発プロジェクトの執行に遅延が生じ、現場に混乱が生じた[30]。結果として、本来、中央政府の信頼性を向上させるはずである現地主導体制には、中央政府への信頼失墜が課題として残った[31]。

DIAGの後継事業に当たるのがAPRPである。APRPは、2010年7月に開催されたカーブル会合において、カルザイ大統領が正式な開始を宣言した。APRPは、体制外に置かれたターリバーンをはじめとする反政府武装勢力の中・下級司令官および末端兵士の新生国家への再統合（事実上の取り込み）を促すことで政治的和解に影響を及ぼすことを目的としている。APRP開始にともない、和平高等評議会（High Peace Council: HPC）が立ち上げられ、その下部組織ともなった合同事務局とともにAPRPの実施に当たった。内務省、国家保安局などが連携しながら、反政府武装勢力へのアウトリーチが行われた。一度APRPプロセスに応じた反政府武装勢力には、HPCから移行支援パッケージが提供されるとともに、4省庁（農業牧畜灌漑省、農村復興開発省、公共事業省、労働・社会福祉・殉教・障害者省）が開発プロジェクトを提供、そのなかで雇用機会を提供することが目指された。

2015年9月末時点で、1万578人がAPRPプロセスに応じており、その成果については無視できないものがあるが、第2節で述べたとおり、政治的和解が実現していない紛争状況下での実施は、和平関係者の安全に深刻な影響を与えた[32]。反政府武装勢力の立場からすると、HPC側が行っていることは

勢力の削ぎ落としにほかならず、筆者がインタビュー調査をしたさい、再統合した元反政府武装勢力のメンバーらは命を狙われていると口々に語った[33]。また、HPC関係者の安全も脅かされており、実際、関係者が暗殺される事例が多くある。

第3節　アフガニスタン地元民警察（ALP）の起源、経緯、現状、課題

（1）起源と経緯

　2010年7月、反政府武装勢力からの脅威にさらされている脆弱な地域を防御するため、ALPを内務省内に設置することが承認された。同年8月16日には、大統領令により正式な警察機構の一部として設置された。国際危機グループ（ICG）報告書に、「ALPは、アフガニスタンの民兵を利用した、アメリカによる最新の実験である」と評されるなど、ALP開始の背景には、反政府武装勢力に対抗するため土着の文化を利用するアメリカの存在がある[34]。パシュトゥーン人居住地域である南部の大カンダハール地方および南東部の大パクティア地方では、伝統的に「アルバキー」と呼ばれる部族の文化にもとづいた警察および法執行システムとして自警団が組織され、部族社会における意思決定機構であるジルガ（シューラ）の決定を実施・監視する存在として機能してきた[35]。アルバキーは、軍閥や民間警備会社とは異なる機構であり、自発的に志願した成年により、ジルガによる決定事項の履行や、部族やコミュニティーの土地を守り、非合法活動を取り締まることを主な任務とする[36]。ALPは、こうした伝統的自警団の枠組みを活用したものだ。

　2009年、アメリカは、アフガニスタン公共保護プログラム（Afghanistan Public Protection Program：APPP）をワルダク県で実験的に開始し、その後、同年7月に地方防衛イニシアチブが開始されたものの、駐留外国軍の支援なしに内務省が独力で運用できるか疑問視され、大々的に展開されることはなかった。アフガニスタンの複雑な民族・部族間の利害関係のなかで開始すること、また、アメリカの強い意向が働いていたことなどに懸念がもたれてい

たが、カルザイ大統領の説得をへて、2010年8月、ALPの活動が開始されることになった[37][38]。

（2）現状

　ALPの活動の目的は、反政府武装勢力からの脅威が存在する地域（主に地方）において村落や郡を守ることであり、その任務としては、みずからが管轄する地域における脅威に対して自衛を目的とした活動を行うことのみが認められている[39]。ALPのメンバーは、地元民（18〜45歳）の志願者を募り、そのなかから現地の部族長老の選考・承認をへて選ばれる。訓練は、アフガニスタン内務省および米軍特殊部隊によって3週間にわたって行われる。訓練内容は、捜査と拘留、即席爆発装置の探知、射撃技術、通信、戦闘演習、移動技術、運転、薬物禁止命令、車両検問手続きなどに加え、憲法、法の支配、人権、武力の行使、警察、倫理、モラルと価値など、アフガニスタン社会に特有で必要な科目に関する教育も行われる[40]。技術訓練を終えた者には、AK47自動小銃、弾薬、無線などの装備品および活動に必要な車両が渡され1年間の雇用契約にもとづきALPの一員として活動をはじめることになる。

　ALPの職務権限はANPに比べて限定的であり、法執行機能を有さず、罪を犯した者に対して拘留はできるが、逮捕する権限は付与されていない。拘留後、ANPあるいはANAに引き渡す権限や上官の直接監視の下でのみ捜査や尋問を行う権限は付与されている。ALPの活動内容には、反政府武装勢力からの国民の保護、地方行政機構とその活動の保護、主要なインフラの防御、復興と開発の促進、武装勢力による攻撃の阻止、武装勢力の安息地の掃滅、そして、治安維持の補佐などが含まれる[41]。

　ALP設立から少しへた2011年2月時点で、ALP人員の数は4343人にとどまっていたが、2014年7月に3万人となり、その後も2017年5月時点で2万8986人となるなど、2014年をピークに横ばいを続けていることがわかる（資料9-2）。地方展開の状況については、全34県中30県での活動が報告されている[42]。財政的にはアメリカからの二国間支援によって支えられている[43]。

197

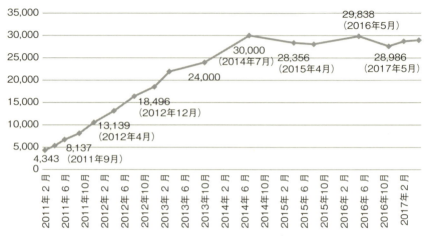

資料9-2　ALP人数の推移（2011年2月〜2017年2月）

出典：Livingston and O'Hanlon（2017, P. 6）のデータをもとに筆者作成。

（3）課題

　ALPは、地元民の、地元民による、地元民のための治安維持システムだと位置づけられるが、必ずしも治安悪化の歯止めに有効な特効薬というわけではない。むしろ、ALPが設置されたために特定の民族集団が力をつけ、現地の力の均衡が変化し不安定化してしまった事例や、ALP要員自身が人権侵害行為に及ぶという事例も散見される。

　たとえば、北東部バグラーン県の現場取材をしたアメリカ人記者がバグラーン県シャハブッディン地区を訪れ住民に聴き取りをしたところ、その地区のあるALP司令官（パシュトゥーン人、元イスラム党所属）は、複数の殺人の疑いがあることや、住民の所有する林から勝手に木を伐り出し販売して利益を上げているといった乱暴狼藉を繰り返しているとのことであった。[44]地元住民は、この司令官を人権侵害の嫌疑でバグラーン県都にある治安当局に提訴したが、いかなる措置も講じられなかった。その背景には、もともと、ターリバーンが実効支配していたシャハブッディン地区を、同司令官が米軍特殊部隊からの支援を受けて奪還し、ターリバーン支配を終わらせた功績があり、現在は米軍特殊部隊の支援を得てALPとして活動しているため、だ

れも手出しができないことがある。バグラーン県は、少数民族であるタジク人が県や治安当局の高官の大部分を占めており、最大民族パシュトゥーン人は冷遇されてきたため、県当局からの支援も得にくいという背景がある。このように複雑な、民族、イデオロギー、部族の利害関係が絡み合うなか、ALPは理想的な解決策を提示しているわけではないが、最悪の事態は回避させる、という奇妙な状況を作り出している。

　だが、ALPの住民に対する人権侵害が数多く報告されている。人権団体「ヒューマン・ライツ・ウォッチ」は、2011年に、駐留外国軍戦闘部隊の撤収が迫るなか、ALPがANPの役割を補完するものとして一定の理解を示しつつも、北東部クンドゥーズ県では、米軍および国家保安局が、ターリバーンへの対抗手段として、地元武装勢力をALPに転身させており、そうした勢力が、殺人、レイプ、傷害、略奪、不当なイスラーム税の徴収などに関与し、それに対する裁きがない状況を複数の聴き取りをもとに報告している[45]。

　また、ALPの課題として、内務省の監督が行き届いていない点は数多く指摘されている[46]。制度上、ALP局は内務省治安担当副大臣の指揮系統下にあり、郡レベルでは郡警察長官に報告する義務を負う。しかし、実際は、これら責任者の評価や監督は不充分であり、不透明な採用や人権侵害を引き起こす温床となっている。原則として、ALP要員の採用は、ジルガの承認をへて行われることになっているが、地元有力者、司令官、県・郡当局などが、彼らの意中の人物が選考されるよう圧力をかけているとの報告が数多くある[47]。その結果、ALPの人権侵害を阻止することができず、地元民のALPに対する信頼が損なわれている。

　3週間という短い訓練期間も大きな課題である。ALP要員の90％以上は非識字者であるとの調査結果もあり、識字者でも初等教育程度しか終えていないケースが多い[48]。また、ALP要員のなかには非合法活動との関連が指摘される者もおり、これらの問題が総合的に信頼性に疑問を投げかける結果となっている。このように、もともと教育程度の低い者がごく短期間の訓練しか受けないまま、法執行権を有さないとはいえ治安維持組織の一員となることは危うさを内包している。

もともと、ALP は、2014 年末の駐留外国軍戦闘部隊の撤収を控えて、諸外国が将来に禍根を残さないかたちでの撤収という目標を達成するために設立された側面もある。他方で、アフガニスタン政府側も、ANA および ANP だけでは反政府武装勢力の攻勢に対抗できない苦しい状況に置かれていた。内務省の ANP10 か年計画では、ALP は 2024 年までに ANP に統合されると明記されている。[49] しかし、今後、かりに政情不安などによって治安省庁間の連携が機能不全に陥るなどして ALP に対するコントロールが及ばなくなれば、およそ 3 万人の武装した「民兵」が野に放たれる懸念も残る。

第 4 節　「ハイブリッドな国家建設」とアフガニスタン

（1）「部族」を基盤とする保守社会アフガニスタン

　「テロとの戦い」という文脈の下、アフガニスタンでは外部者の介入によって「自由主義的国家建設」が押し進められてきたが、そもそも、土着の国家統治の手法とはどのようなものだったのであろうか。勝藤猛は、アフガニスタンというのは、工業は遅れているものの、地方の村落部における農業に立脚した国であり、極言すれば「小麦と羊さえあれば、アフガニスタン人は生きることができるのである」と述べる。[50] 最大民族のパシュトゥーン人の[51]大部分は都市の外に生活し、勇気（turah）、避難（nanawate）、復讐（badal）、集会（jirgah）、客に対する歓待（melmastiya）、名誉（namus）などを重んじる部族慣習法「パシュトゥヌワレイ」に従う内部統治により暮らしている。[52]首都カーブルにいては知りえないが、アフガニスタン人の大部分は、このように部族慣習法に従って暮らしている。こうした状況は、現代においてもさほど変わることはなく、アフガニスタンの人々は、中央政府およびその下部組織よりも、伝統的意思決定機構を重視する傾向がいまだに根強い。林裕は、カーブル県北部カラコン郡およびミル・バチャ・コット郡におけるフィールド調査をもとに、[53]「カーブル州郡部農村の意思決定機構は、最小の地方行政機構である郡政府とは別の存在として、農村社会において非常に有効に機能している」と結論づける。[54]

資料9-3 アジア財団2011年調査にもとづくアフガニスタンの統治フレームワーク

	機構	ネットワーク	政策・手続き	サービス
公式（formal）	中央／地方政府、ANP、ALP、県議会	政党	選挙、法の支配、裁判所、議会	保健、復興、教育、司法
非公式（informal）	ジルガ、シューラ、ムッラー、部族長、NGO、など	縁故、部族のつながり、民族のつながり、宗教指導者	紛争解決（ジルガ、シューラ、シャリーア）	NGOなどによるもの
非合法（illicit）	ターリバーン、ローカルな軍閥	ターリバーン、ケシ密輸人	紛争解決（シャリーア、縁故）、「人」の支配	雇用、保護、宗教教育

出典：Lamb, 2012, p. 7.（ただし、表内に言及する各項目は、本章本文内に出てくる用語のみとした。）

　ALPは、こうしたアフガニスタン農村部の現実のなかで必要性が見出されうる制度と考えられる。では、実際、アフガニスタン国民はALPをどうみているのだろうか。2017年にアジア財団によって実施された国民意識調査[55]によると、「国内には多くの治安部隊がいます。あなたは、どのグループが自分の村に安全を提供する責任をもつと思いますか？」との質問に対して、第一位はANPの55％だが、ANAとALPが同率第2位の21％の回答を得ている。これは、国民のALPに対する肯定的な評価が一定程度存在していることを示しており興味深い。[56]

　2011年のアジア財団による調査をもとに、ラム（Robert Lamb）は、アフガニスタンにおける統治型態は、公式（formal）、非公式（informal）、非合法（illicit）の3種類に分けられるとしており[57]（資料9-3）、地方の生活ではこのいずれからも大きく影響を受けざるをえない。ラムは、多くのアフガニスタン人は、法の支配、よい統治、民主主義など自由主義の価値にもとづく統治を否定しないが、現実的な問題として、公式、非公式、非合法の統治型態すべてに頼らざるをえず、結果として、アフガニスタン人自身が選ぶ「ハイブリッド・システム（hybrid system）」が理想的な将来像ではないかと提言している。[58]中央政府およびその地方自治体がすべての法執行を司るのではなく、ジルガの決定によってローカルな紛争解決を進めるケースを含む、現地の文脈を考慮した折衷型の解決法が最善の選択肢となることもありえるであろう。

（2）現地至上主義の危険性――「国家」から「部族」への揺り戻し

　たしかに、固有の部族文化に即した国家建設は重要だが、盲目的な現地至上主義の採用は控えるべきである。DIAG プロセスは、武器を手放した非合法武装集団に対して、政府が主導するかたちで開発プロジェクトを提供することを目指したが、結果として、省庁の能力不足などにより迅速な提供が滞った。その結果、見返りをもらえるはずの元非合法武装集団メンバーが不満を高め、中央政府に対する信頼を失う事態に陥った。この事例は、戦後復興がある程度進んだ段階ではじまる「現地化（localization）」は漸次的に進められるべきことを示す。

　また、ALP が関与する数多くの人権侵害の事例は無視できない。とくに、長らく戦乱が続き、「銃の支配」が常態化してきたアフガニスタンにおいて、内務省からの監督が行き届かないなかで、元軍閥に属していたメンバーらを「再武装化」[59]することは、将来に不安の種を蒔くことになりかねない。「再武装化」の方向性は、同国の SSR が目指してきた方向とは正反対である。たしかに、指揮系統上は、ALP 司令官は郡警察長官に報告することになっているが、現場の事例をつぶさにみると、実態としては不透明な選考プロセスに代表されるとおり、管理体制の不全が指摘できる。かりに、短期的に ALP が治安維持に有効だとしても、長期的には ANP によるしっかりとした監督にもとづく展開が重要となる。2024 年までに ALP を ANP に統合するとの方針は、こうした憂慮にもとづいている。

　そもそも、国家よりも民族あるいは部族への帰属意識のほうが強いアフガニスタンにおいて、ANP が村落の警護にあたることが適切なのかという議論もあるだろう。コミュニティの治安維持にあたる ALP のほうがオーナーシップを発揮しやすく有効だ。この場合も、統制の行き届かない民兵を生み出すのではなく、地方自治の一部としての「再武装化」であるべきことはいうまでもない。DDR は「正当な物理的暴力行使」を「国家」に独占させたのだと評価しつつ、現在は、現地の文脈において、もう一度「部族」に揺り戻しが起こっている過程であると理解することが可能であろう。そのなかで、アフガニスタンが「銃の支配」に逆戻りしないために、最大限の配慮が求め

られている。

第5節　消去法でしか選択できない現実のなかで

　アフガニスタンは伝統を重んじる保守的な部族社会であり、超大国が同国で勝利したことはなく、外部から持ち込まれた制度や文化に対してアフガニスタン社会から必ず大きな反発が生じてきた。こうした歴史の教訓をふまえれば、ANFが強化され全土の治安をコントロールできるようになるとの見通しをもつことは、少なくとも、近い将来には困難である。したがって、アフガニスタンにおける「自由主義的国家建設」には限界がある。

　他方で、はたしてALPが恒久的な解決策を提示するのかというと、これも懐疑的にならざるをえない。ALPには賛否両論があり、外部者のみならず当事者であるアフガニスタン人のあいだでも、意見が分かれる。とりわけ、ALP設立時に着目すると、現地社会の発意で生み出された制度というよりも、治安悪化が続くなか、米軍が現地の慣習を利用するかたちで導入し、アフガニスタン政府への説得をへて開始された経緯が見て取れる。

　「テロとの戦い」の最前線であるアフガニスタンでは、その国家建設の道程において、アメリカをはじめとする国際社会からの影響が強かった。「ハイブリッド」とはいえ、アフガニスタン社会からの発案の結果ではなく、国際ドナーの思惑も大きく作用していた点は大きな特色である。また、今後も内務省の監督が行き届かない状況が続けば、ALPのようなコミュニティを基礎とした自警団が民兵化し、将来、逆に治安上の課題となる懸念も存在する。2001年にボン合意が成立してから約17年、これから国家建設をどのような方向性で進めていくべきか、アフガニスタンは大きな岐路に立っている。

　ターリバーンが国土の7割を掌握あるいは争奪していると報じられる現状において、反政府武装勢力による支配を選ぶのか、それとも、人権侵害や犯罪はあるもののALPを選ぶのか、どちらも消極的な選択肢から選ばざるをえないというのもまた現実であろう。建設的に議論を進めるためには、これまでのALPの成果と課題を徹底的に検証し、問題点を丁寧に分析したうえ

で、改善すべき点を同国のSSRの将来計画に反映させることが重要である。最終的には、アフガニスタンの将来はアフガニスタン人が決定するしかないのだから、そのプロセスはアフガニスタン主導であることが望ましい。ハイブリッドな国家建設を考えるうえで、アフガニスタンの事例は多くの示唆を提供している。

注
1) ヴェーバー、1980、9-10頁。
2) UNAMAの報告によれば、2016年の民間人死傷者数は1万1418人（3498人死亡、7920人負傷）となり、2009年に統計を開始して以降、過去最悪を更新した。2017年には、1万453人（3438人死亡、7015人負傷）となり微減した。
3) アフガニスタン政府は、パキスタン国内に反政府武装勢力の安息地があるとしてパキスタン政府を非難するなど、近隣諸国による関与も治安悪化の背景に存在する。
4) 2014年9月29日に成立したガニー（Ashraf Ghani）大統領とアブドゥッラー（Abdullah Abuduall）行政長官陣営間で結ばれた政治合意にもとづく連立政権のこと。
5) たとえば、日本政府特別顧問としてアフガニスタンでDDRを指揮した伊勢﨑賢治は、「（DDR）単独では「完了」したが、SSRという枠組みの中では、「失敗」」だったと述べている（伊勢﨑、2008、118頁）。
6) Saikal, 2005, p. 193.
7) フォーヘルサング、2005、353-363頁。
8) 篠田、2006。
9) United Nations, 2001.
10) 政治システムとして民主主義を導入したが、その過程では、アフガニスタンにおける意思決定手法であるロヤ・ジルガを活用して正統性を付すよう配慮されるなど、ハイブリッドな要素もあることには留意が必要である。
11) アフガニスタンの専門家として知られる高橋博史元駐アフガニスタン・イスラム共和国特命全権大使は、ターリバーン支配時代、ターリバーン幹部から、「我々は自らをターリバーンと名乗ったことはない。ターリバーンという名の組織でもない。強いていえば「ハラカテ・ターリバーン」（ターリバーン運動）であり、組織というよりも神学生の運動である」との発言があったと回想している（高橋、2010、3頁）。
12) ①北部同盟、②ローマ・グループ、③キプロス・グループ、④ペシャワール・グループの4グループ（進藤、2004、86-88頁）。
13) 元国連アフガニスタン特別ミッション政務官を務めた田中浩一郎は、雑誌の対談のなかで、「2001年末の段階でターリバーンを交渉テーブルに呼べたかというと、それはやはり難しかった」、「少なくとも当時の国際社会の感覚でいえば、ターリバーンおよびその支持勢力は政治的な正当性をもたず、排除されるべくして排除された人たちでした」と述べている（池内・今井・田中・岡、2017、120頁）。

14) 日本がDDRを担当することになった背景には、当時の日本政府がDDRがどういうものかを理解しておらず、元兵士の社会復帰であれば、日本の戦後の経験を活かせるであろうと考えたからだったとの指摘が数多くある。たとえば、以下を参照。伊勢崎、2008；駒野、2005；瀬谷、2011。
15) 上杉・篠田・瀬谷・山根、2006、別添部分。
16) 同上、2頁。
17) 駒野、2005、104-108頁。
18) 同上、103頁。
19) このときの逸話として、2004年7月23日、カルザイ大統領は、国連代表、アメリカ大使、イギリス臨時代理大使、日本の駒野大使を呼び、ファヒーム国防大臣の更迭について意見を求めたというものがある。詳しくは、以下を参照。駒野、2005；瀬谷、2011。
20) London Conference on Afghanistan, 2006, p. 6.
21) U.S. DoD, 2016, p. 51.
22) Chicago Summit Declaration on Afghanistan, 2012.
23) U.S. DoD, 2016, p. 79.
24) たとえば、ANPの2012年9月～2013年9月における年間損耗率は16.8％であり、アフガニスタン空軍の13.4％よりも高い数値であった。
25) 「コミュニティ・ポリシング」概念は、警察と地域社会との距離を近づけることを目指すものであり、法の支配の強化および国民の安全な生活を達成する観点から近年重要視されている。ANP10か年計画は、この先10年間、ANPは文民のコミュニティ・ポリシングを実施する機構であり、公式および非公式のメカニズムをつうじて国民との強い絆を重んじ、国民の正当な要求に従って奉仕するとしている（MoI, 2013）。ANPにコミュニティ・ポリシング概念が取り入れられた背景として、2007年6月、EUPOLがアフガニスタンでミッションを開始し、ドイツにかわって警察再建の主導国となったことがあると考えられる。
26) 外務省、2005。
27) D & R Commission, 2005.
28) 非合法武装集団はIAG（Illegal Armed Groups）、政府内部のIAGはGOLIAG（Government Linked Illegal Armed Groups）と呼ばれる。
29) 青木、2010。
30) その背景には、アフガニスタン政府の物資・サービス調達が煩雑であることや、検察をはじめとする司法機関の介入などにより円滑な調達が進まなかったことが挙げられる。
31) DIAGは、2011年5月に実施されたAPRPレビュー会合において、2011年3月末をもってAPRPに吸収されたことが確認され、発展的解消を遂げた。
32) UNDP, 2015, p. 6.
33) 筆者は、2012年10月に西部ヘラート県にて、2013年2月に東部ナンガルハール県にて、再統合に応じた元反政府武装勢力メンバーとのインタビューを行ったが、そのさいにこのような声を多数聴いた。

34) ICG, 2015, p. 5
35) Tariq, 2009, p. 21.
36) Ibid.
37) Marquis, 2016, pp. 1-3.
38) なお、アルバキーが、アフガニスタン国民すべてから支持を得ているわけではないことには留意が必要である。たしかに、南東部を中心に、アルバキーは必要だとの認識は一般的であるが、ナジーブッラー政権下でのアルバキーが戦争犯罪や深刻な人権侵害を侵した記憶から、「民兵」という言葉の響きほどではないにせよ、よい印象をもたない人も多い。HRW, 2011, pp. 13-14.
39) MoI, *Directorate of Afghan Local Police*.
40) HRW, 2011, p. 55.
41) MoI, *Directorate of Afghan Local Police*.
42) 2016年7月、ムハンマド・サリム・イフサス内務副大臣の記者会見での発言。
43) シカゴ会合で合意されたANA、ANP、AAFの人員総数22万8500人のなかにALP人員数は含まれないが、ANA、ANP、AAFの必要維持経費として算出された年間41億ドルのなかにはALP維持経費は含まれる。人数がカウントされない点に正規の警察ではないというニュアンスが看取される。
44) 筆者によるニューヨークタイムズ紙記者（匿名希望）へのインタビュー。2013年3月19日、カーブル。
45) HRW, 2011, pp. 1-4.
46) たとえば、以下を参照。AIHRC, 2012.
47) AIHRC, 2012, pp. 22-23.
48) Ibid., p. 5.
49) ANP10か年計画に、「（2014年から）10年以内に、治安情勢が改善するにつれてALPは変容し、必要とされる教育と訓練を受けたあとに、ANPに統合される予定である」と明記されている。MoI, 2013.
50) 勝藤、1964a、300頁。
51) 勝藤は、パシュトゥーン人を、都市部に暮らす都市民と、村落に暮らす村落民に大別したうえで、後者の村落民をさらに、①閉鎖村落民、②開放的村落民に分ける。①閉鎖村落民は、たとえば南東部パクティア県のように、都会にいてはその実情を詳細には知りえず、交通がきわめて不便で、中央政府の威令が及びにくいところに暮らすパシュトゥーン人と評される。
52) 勝藤、1964b、4-19頁。
53) 調査は、2004年12月に元戦闘員68人に対する半構造化インタビュー形式で行われた。
54) 林、2012、104頁。
55) 2006年以降、毎年行われているアフガニスタン国民に対するアジア財団による調査。2017年7月5〜23日、全国34県の16民族グループを網羅する1万12人（内、男性50.1％、女性49.9％）に対してインタビュー形式で実施。9086人が回答（回答率90.75％）。

56) なお、ALPに対する国民の認識には、地域ごとに大きなばらつきがあることには留意が必要である。とくに、ALPによる人権侵害が懸念される地域では、住民からの信用が低いかほとんどない場合も多くある。
57) Lamb, 2012, p. 7.
58) Ibid., p. 18.
59) ニューヨークタイムズ紙記者への前掲インタビュー。同記者は、南部カンダハール県における取材で、DDRで武装解除された司令官が、ALPによってふたたび武器を与えられた事例に直面した、と筆者に語った。
60) BBC, 2018.

引用参考文献
【日本語文献】
青木健太、2010、「アフガニスタンの和解と再統合のために――非合法武装集団の解体（DIAG）の現場から」『外交フォーラム』260巻、57-61頁。
伊勢﨑賢治、2004、『武装解除――紛争屋が見た世界』講談社。
伊勢﨑賢治、2008、『自衛隊の国際貢献は憲法九条で――国連平和維持軍を統括した男の結論』かもがわ出版。
池内恵・今井宏平・田中浩一郎・岡浩、2017、「「ポストISIL」に潜む新たな混迷――流動化するシリア情勢を展望する」『外交』Vo. 46、116-129頁。
上杉勇司・青井千由紀編、2008、『国家建設における民軍関係――破綻国家再建の理論と実践をつなぐ』国際書院。
上杉勇司・篠田英朗・瀬谷ルミ子・山根達郎、2006、『アフガニスタンにおけるDDR――その全体像の考察』HIPEC研究報告シリーズNo. 1。
上杉勇司・藤重博美・吉崎知典編、2012、『平和構築における治安部門改革』国際書院。
ヴィレム・フォーヘルサング／前田耕作・山内和也訳、2005、『アフガニスタンの歴史と文化』明石書店。
外務省『アフガニスタンにおける元兵士の武装解除・動員解除・社会復帰（DDR）計画における武装解除完了について（2005年7月7日）』2018年1月13日アクセス確認。
勝藤猛、1964a、「アフガニスタンのパシュトゥン族とパシュトゥ語」『東方学報』第34冊、299-326頁。
勝藤猛、1964b、「パシュトゥン族の道徳と慣習」『アジア・アフリカ文献調査報告』第3冊、1-19頁。
駒野欽一、2005、『私のアフガニスタン――駐アフガン日本大使の復興支援奮闘記』明石書店。
篠田英朗、2006、『アフガニスタン平和構築の背景と戦略――DDRに与えられた役割の考察』HIPEC研究報告シリーズNo. 2。
進藤雄介、2004、『アフガニスタン祖国平和の夢――外交官の見た和平の真実』朱鳥社。
瀬谷ルミ子、2011、『職業は武装解除』朝日新聞出版。
高橋博史、2010、「ターリバーン出現の背景と最高指導者ムッラー・ウマル」保坂修司『アフガニスタンは今どうなっているのか』京都大学イスラーム地域研究センター、2

第Ⅱ部　事例

-27頁。
林裕、2012、「アフガニスタン農村における現状と意思決定構造」『東洋研究』第185号、103-120頁。
ユアンズ、M./金子民雄訳、2002、『アフガニスタンの歴史』明石書店。
ヴェーバー、M./脇圭平訳、1980、『職業としての政治』岩波文庫。

【外国語文献】

Afghanistan Independent Human Rights Commission (AIHRC), 2012, *From Arbaki to Local Police : Today's Challenges and Tomorrow's Concerns*. 2018年1月29日アクセス確認。
Asia Foundation, 2017, "A Survey of the Afghan People : Afghanistan in 2017," Asia Foundation.
BBC, "Taliban Threaten 70% of Afghanistan, BBC Finds." 31 January 2018. 2018年2月5日アクセス確認。
Chicago Summit Declaration on Afghanistan, 21 May 2012.
Disarmament and Reintegration (D & R) Commission of the Islamic Republic of Afghanistan, 2005, *Concept Paper : Disbandment of Illegal Armed Groups (DIAG), Development Component*.
Erfanyar, A. S., 2016, "ALP Forces Keep Security in 40pc of Afghanistan Areas : Official," *Pajhwok Afghan News*, 10 July 2016. 2018年6月20日アクセス確認。
Human Rights Watch (HRW), 2011, *"Just Don't Call It a Militia" : Impunity, Militias, and the "Afghan Local Police"*. 2018年1月29日アクセス確認。
International Crisis Group (ICG), 2015, *The Future of the Afghan Local Police*, Asia Report, No. 268, 4 June 2015.
Lamb, R. D., 2012, *Formal and Informal Governance in Afghanistan : Reflections on a Survey of the Afghan People, Part 1 of 4*, The Asia Foundation, Occasional Paper, No. 11.
Livingston, I. S. and M. O'Hanlon, *Afghanistan Index : Also Including Selected Data on Pakistan*, Brookings Institute, 29 September 2017.
London Conference on Afghanistan, *Afghanistan Compact*, 31 January-1 February 2006.
Marquis, J. P., S. Duggan, B. J. Gordon, Brian J., L. Kraus, 2016, *Assessing the Ability of the Afghan Ministry of Interior Affairs to Support the Afghan Local Police*, RAND Corporation.
Ministry of Interior Affairs of the Islamic Republic of Afghanistan (MoI), *Directorate of Afghan Local Police*. 2018年1月29日アクセス確認。
Ministry of Interior Affairs of the Islamic Republic of Afghanistan (MoI), 2013, *Ten-Year Vision for the Afghan National Police : 1392-1402*. 2018年1月29日アクセス確認。
Mogelson, L., 2011, "Bad Guys vs. Worse Guys in Afghanistan," *The New York Times*, 19 October 2011.

Saikal, A., 2005, "Afghanistan's Weak State and Strong Society," in S. Chesterman et al., eds., *Making States Work : State Failure and the Crisis of Governance*, United Nations University Press, pp. 193-209.

Tarig, M. O. 2009, "Community-based Security and Justice : Arbakai in Afghanistan," *IDS Bulletin*, Volume 40, Number 2, pp. 20-27.

United Nations, 2001, *"Agreement on Provisional Arrangements in Afghanistan Pending The Re-Establishment of Permanent Government Institutions,"* 5 December 2001. 2018年5月8日アクセス確認。

United Nations Assistance Mission in Afghanistan (UNAMA), 2018, *Afghanistan : Protection of Civilians In Armed Conflict Annual Report 2017*. 2018年5月9日アクセス確認。

United Nations Development Program (UNDP), 2005, *Disbandment of Illegal Armed Groups (DIAG) Project Document*.

United Nations Development Program (UNDP), 2015, *Afghanistan Peace and Reintegration Programme 2015 Third Quarter Project Progress Report*. 2018年2月2日アクセス確認。

United States Department of Defense (U.S. DoD), 2016, *Enhancing Security and Stability in Afghanistan*. 2018年2月2日アクセス確認。

第Ⅱ部　事例

第 10 章
イラク
非公式・準公式組織の役割にみる SSR の理念と実態のギャップ

長谷川晋

第1節　理念と現実のギャップに阻まれたイラクの SSR

　本章では、自由主義的な国家建設とローカル・オーナーシップ論の融合の事例としてイラクの SSR を扱う。端的にいってイラクの事例が示しているのは、理念と現実のギャップであろう。これはアフガニスタンなど、武力行使の応酬が続いている場所における国家建設、とくに SSR に共通する点である。SSR における短期目標の「紛争の停止、治安の安定」とそれを実現できるだけの治安部門の「装備・能力の向上」が優先されるあまり、他方での SSR の長期目標としての「治安部門の民主的統治、人権の尊重など組織の体質改善」が後回しに、場合によってはほとんど関心をもたれていないようにみえてしまうという状況が現れている。したがって、本章で扱うイラクの SSR ももっぱら治安の回復や維持に直結した軍と警察の改革に焦点が当てられ、司法・懲役制度や議会等における監視制度の改革などについては、ここでは扱っていない。

　国家建設のなかで重要な位置を占める SSR は、上記の短期目標と長期目標の両立を目指すものである。すなわち、SSR とは、治安が安定しなければ長期的な組織改革は不可能であるが、同時に国民を守る意思のない、人権や民主主義を無視した治安部門は紛争再発の要因になりかねないという認識に

拠って立っている。しかしながら現実をみるかぎり、必ずしもそのとおりにはなっていない。そこでは治安の安定という短期目標が優先されるため、SSR が技術的な訓練と装備の提供（train & equip）中心のものになり、組織の規範的な側面に関わる改革は軽視されてしまう。また、イラクの SSR を象徴する別の特徴として、民間軍事会社（private military and security company：PMSC）が大規模に SSR に関与していることが挙げられる。これはそもそもイラクの政権交代の発端となった先制攻撃がフランスやロシアなど米英以外の国連安保理常任理事国を含む多くの国々の反対を押し切ってなされ、戦後の占領・統治政策が米軍主導で行われたことに起因する。しかしこうした特徴をもつ米軍主導の SSR は、治安の回復と国軍・警察の再建という SSR にとってもっとも重要な目標を達成できなかった。このように暴力装置を国家の管轄の下に一元化することを目指してきた従来からの国家建設は、イラクのように内戦が続く脆弱国家において限界が明らかになったといえよう。

　他方、戦後のイラクでは、スンニ派を中心とする部族集団やシーア派の民兵組織、クルド人武装組織（ペシュメルガ）など、地元社会に根を張った多くの非公式または準公式のアクターがイラクの公的治安機関にかわって各地域で住民に安全を提供するという事態が生じている[1]。

　そもそも国家が安定的に安全を提供できる状況のほうがまれである脆弱国家において、国際機関、NGO、PMSC、自警団、マフィア、民兵など国家以外のアクターが安全提供の役割を分有していることのほうが通例である[2]。とりわけ地元組織による安全提供は、「国家からの安全保障」が国内の治安維持に成功できていない地域において、それにかわる「社会からの安全保障」として注目を集めている[3]。ただ、山尾大が論じているように、イラクの SSR の特殊性は、準公式アクターも含む非国家アクターと国家との共働でもなく、またシエラレオネや東ティモールなどにみられるコミュニティ・ポリシングのようなボトム・アップ型の安全提供でもなく、国家の軍・警察が自身の役割を果たせないなか、さまざまな非公式・準公式の武装組織が、それぞれの政治的利害にもとづいてバラバラに安全を提供しているという点であ

る。吉岡明子は、「イラクの安定化という困難な課題は、中央政府による統治の回復か、さもなくば脆弱国家かという二元論ではなく、「インフォーマル」なアクターの存在を積極的評価するハイブリッド・ガバナンスにそのヒントがある」と論じている。

そもそも、ヴェーバー（Max Weber）の「正当な物理的暴力行使の独占を（実効的に）要求する人間共同体」という主権国家の定義は、歴史の現実を反映したものなのかどうかも再検討の価値がある。たとえばカラファノ（James Jay Carafano）は、中世から現在に至るまで主権国家が暴力装置を排他的に独占したことなど歴史上一度もなく、戦争はつねに公的部門と民間部門の混成によって行われてきたと主張し、したがってPMSCなどさまざまな非国家主体が注目を浴びるたびに出てくる「国家による暴力装置の排他的独占の浸食」という議論は的外れであると論じている。イラクで起こっているような国家アクターと非国家アクターの連携・協力という意味での「ハイブリッド」な安全の提供は、長い歴史的なスパンでみれば本来の統治のあり方に戻っているにすぎないのかもしれない。そうであるとするならば、現在イラクのような脆弱国家で起こっているハイブリッドなセキュリティ・ガバナンスはより積極的に評価されなくてはならないかもしれず、ひいてはこれまでの国家建設のあり方に修正を迫るものである可能性もある。

このような問題意識から、本章では、イラクのSSRがハイブリッドな国家建設にとってどのような示唆をもたらしているのかを検証する。まず第2節において、イラクで米軍が主導したSSRの実態を詳しくみていく。対テロ戦争のなかで進められた米軍主導のSSRは、イラクの現地社会についてのアメリカ側の理解が欠如したまま実施され、結果的に治安の回復に成功できなかった経緯をたどる。また、米軍主導のSSRの特徴であるPMSCへの業務委託の実態とそれがSSRにもたらした影響がどのようなものであったのかもみていく。つづく第3節では、近年イラクで治安の回復に一定の成功を収めている中間（非公式・準公式）組織（たとえば覚醒評議会、クルド人部隊、シーア派民兵など）との連携による治安維持活動の詳細をとおして、アメリカがSSRをとおして目指していたこと（自由主義的なSSR）と、イ

第 10 章　イラク

ラクで実際に生じたことのギャップを浮き彫りにしていく。最後の第 4 節では、以上で示したイラクの SSR の実態が、本書のテーマである「ハイブリッドな国家建設」に対してどのような示唆をもたらしているかを考察する。

第 2 節　イラク戦争後におけるアメリカ主導の SSR

　2003 年にイラク戦争がはじまってからまもなくして、アメリカ政府が戦前にもっていたイラク戦後統治の見通しが非現実的であることが明らかとなった。圧倒的な軍事力で短期間に戦闘を終結させ、戦闘終結後は現地の有力者のもとで新しい国家の治安部門が機能すると踏んでいたラムズフェルド（Donald Henry Rumsfeld）国防長官の当ては外れ、それにかわる国家建設戦略もないまま、国内の治安悪化に歯止めをかけることがまったくできずにいた。

　米軍主導で進められていたイラクの SSR も行き詰まっていた。2003 年、訓練を受けたイラク国軍の兵士のほとんどは、待遇に不満を感じて途中で任務を放棄してしまった[8]。SSR に必要とされる訓練活動は膨大で、国際ドナーなどから派遣されている訓練官だけでは対処できず、米軍の負担が増す結果になっていた[9]。また、イラクの警察改革についても、治安の悪化と SSR 戦略の欠如のために、大幅に遅れる結果となった。

　このように戦後統治戦略が完全に行き詰まりをみせていた 2006 年、米軍は戦略の大幅な見直しを余儀なくされ、ついに 2006 年 12 月、『野戦教範（Field Manual）3-24――反乱鎮圧作戦』（以下、FM 3-24）を公刊した[10]。この FM 3-24 は、ベトナム戦争以来初となる反乱鎮圧作戦についての軍事ドクトリンとして注目を浴びた。従来の軍事ドクトリンと異なるところは、ブッシュ（George Walker Bush）政権のイラク戦略に対して批判的な国防総省内部および外部の人権団体、学者、ジャーナリストなどの識者たちとの協議をへて内容が修正されたことであった[11]。その内容は、反乱鎮圧作戦の本質である紛争の政治的・社会的側面を考慮に入れたものであり、「住民本位（population-centered）」の反乱鎮圧作戦を実行すべきであると述べている[12]。

また、FM 3-24 は米地上軍の大規模な展開を前提としており、可能なかぎりイラクからの早期撤退を目指していたブッシュ政権が明確に方針を転換したことがわかる。実際にこの FM 3-24 が出版された 1 か月後の 2007 年 1 月、ブッシュ大統領は新しいイラク戦略として、さらに 2 万人の米地上軍の「増派（surge）」を発表するに至った[13]。ここにおいて、ベトナム戦争以来、脇に追いやられていた反乱鎮圧作戦（counterinsurgency: COIN）が、イラクにおいて戦略の中心的な関心へと引き戻されたことが明確になったのである。

　こうした米軍の戦略上の変化が、イラクにおける SSR の戦略にも大きな変化をもたらした。この FM 3-24 の「ホスト国の治安部門の発展」と題された第 6 章が、新しい SSR 戦略を提示する章として割かれている[14]。まず、COIN を成功に導くための SSR 戦略として、現地住民の支持と政府の正当性が繰り返し強調されていることが目につく。また、住民の自由を侵害することなく、法の支配にもとづいて、米軍および多国籍軍が撤退したあとも組織として持続可能な治安部門が必要であると主張されている[15]。また、効果的な治安部門の特徴として、中立的で住民すべてを分け隔てなく守ることができ、法の支配の下で人権を尊重する治安部門であること、そして中央政府に忠実で、国益を守り国民に仕える者との自覚のある治安部門であること、と記されている[16]。治安部門全員が交戦規則と国際人道法を習得する必要性まで言及されている[17]。

　このような記述に対しては、「それはあくまで SSR のための建前であって、本音ではイラクから一刻も早く撤退したいがために、現地人によって治安部門の人数と能力を増強することが米軍の真の目的だった」という反論が考えられる。しかしながら、FM 3-24 は、通常戦では小規模作戦の敗北は戦略的にはほとんど影響がなかったが、COIN では現地軍の小さな戦術的敗北が深刻な戦略的影響をもたらす恐れがあるとも述べている。FM 3-24 によれば、COIN とは「認識の戦い（"Insurgent warfare is largely about perceptions"）」であり[18]、人心を掌握して政府の正当性を高め、反乱軍の支持基盤を切り崩さないかぎり、勝利することはできない[19]。

　有効な出口戦略の模索を目的とした現地調査のために多くの政治学者や文

化人類学者が動員され、現地社会で起こる紛争要因を部族や宗派といった所与の現地集団に還元する当時の米軍の見方に対しては、批判的な議論もある[20]。ただ、米軍のドクトリンの目指すものが「衝撃と畏怖（shock and awe）」から「人心掌握（hearts and minds）」へと変化し、そのあとに一時的ではあれ治安の改善がみられたことはたしかであった[21]。問題は、米軍が米軍側の都合で転換したSSR戦略が、このあとにもたらされた治安の一時的な改善の理由だと本当にいえるのかどうかであるが、それは次節で詳しく検証する。

　米軍側の視点に立ったイラクのSSRの戦略変化を理解するために、もう少しFM 3-24の記述内容を詳しくみておこう。その後半で、かつて英軍がマラヤ（英領マラヤ。18-20世紀にかけてイギリスが統治したマレー半島とシンガポール島などから構成される植民地）で行った反乱鎮圧作戦の成功事例が非常に詳しく記されており、米軍の戦略がこの歴史上の成功例から教訓を得ようとしていることがわかる。米軍がこの軍事ドクトリンのなかで新しい戦略策定のために注目しているのは、次のような歴史上の事実である。1948年、マラヤ共産党はイギリス植民地政府に対して反乱を開始した。これに対して当初イギリス植民地政府は、マラヤの治安部門の数を大幅に拡大することで対応し、現地の英軍部隊は4万人に、マラヤ警察は5倍の5万人に拡大した。しかし、たった数週間の訓練を受けただけの新しい警察官たちは、反乱鎮圧作戦においてまったく成果を出すことができなかった。反乱鎮圧作戦で行き詰まった英軍は1952年に新しい戦略をつくり、まずは腐敗した能力のない警察官1万人を排除した。訓練期間も大幅に延長され、幹部警察官は警察学校での受講を義務づけられ、そこで最新の犯罪捜査法や情報の収集・分析技術を学んだ。また、マラヤ共産党の支持基盤となっていた中国系の現地住民組織と協力して、中国系の現地住民から警察官を採用し、その結果、中国系の警察官の人数は倍以上に増えた。現地住民との関係が改善された結果、現地住民は反乱鎮圧作戦に必要な情報をマラヤ警察に提供するようになり、マラヤ共産党の反乱軍は徐々に支持基盤を崩されていった。1953年には英軍は撤退を開始し、反乱鎮圧作戦の指揮権を段階的にマラヤ人へ移行させていく。

このマラヤにおける英軍の経験から、FM 3-24 は「マラヤの反乱鎮圧作戦はすべての反乱鎮圧作戦に対して適用できる教訓を与えてくれる。それは、人数の増強だけでは十分ではない（Manpower is not enough）ということだ」とはっきり述べている。現地住民との関係を改善して「住民本位」の警察改革を推進した結果、治安の安定に大きく貢献したことに強い関心をもち、これをイラクにおける米軍の戦略にも反映させようとする意図が FM 3-24 の記述からうかがえる。

　そして、現代における「住民本位」とはすなわち、FM 3-24 でも挙げられている「中立的で住民すべてを分け隔てなく守ることができ、法の支配の下で人権を尊重する治安部門であること、そして中央政府に忠実で、国益を守り国民に仕える者との自覚のある治安部門であること」を意味していると考えることができる。そのように考えたとき、米軍が新たに提示した SSR に対する考え方は、法の支配・人権の尊重・政府の正当性の重要性を挙げている点において、経済開発協力機構・開発援助委員会（OECD DAC）のガイドラインが提示する自由主義的な SSR の理念と多くの共通性をもっているといえよう。

　問題は、こうした理念や意識レベルでの大きな転換を反映するかたちで現場の SSR が変化したのかどうかという点である。米軍はあくまで米軍の都合によって SSR の戦略を変化させ、それが治安の改善において一定の成果をもたらしたことから、この点だけみれば米軍の SSR 戦略の変化は肯定的に評価されるだろう。しかし、次節でみるように、その実態はイラク国内のさまざまな「非公式・準公式」な中間組織のあいだの相互作用によってもたらされた治安の改善であった。

　また、米軍が主導したイラクの SSR がもつ無視しえないもう一つの特徴として、PMSC の SSR への大規模な関与が挙げられる。そもそも、2004年4月以降、米占領軍に対する武装闘争が激化したきっかけは、同年3月末、米軍から業務委託されてイラクで活動していた PMSC のブラックウォーター社の武装要員4人がファルージャで武装勢力の襲撃によって死亡し、報復措置として米軍がファルージャ侵攻を開始したことであった。この作戦に

よってファルージャの多くの民間人が犠牲となり、町はほぼ壊滅した。同年11月の第2回目の米軍によるファルージャ侵攻によって、イラク国民の米軍に対する反感はいっそう強まり、米軍に対する武装闘争はさらに激しさを増すことになった。[23] 米軍はSSRに必要な人員が不足していることからPMSCの利用を増大させていったが、米軍は、このPMSCに対して十分に管理・監視をしないままSSRの活動の多くを委託していた。米軍がPMSCの要員を直接雇用して訓練を提供しているわけではないため、PMSC要員の質はPMSCを信用してまかせる以外にない。[24] しかしPMSC要員は、バグダッドのニスール広場における銃乱射・住民殺傷事件など多くの問題を起こし、現地の治安情勢をかえって悪化させる結果になった。

第3節 「非公式・準公式」武装組織との連携によるSSR
　　　　——自由主義的なSSRとの乖離

　ここまで、アメリカ側の視点からSSRに対する認識が2006年末以降に変化してきた経緯をみてきた。本節では、イラク側の視点からSSRがどのように理解され、またどのように関与されていったのかをみていき、米軍側の思惑とイラク側の思惑のギャップを浮き彫りにしていく。

　米軍を中心に構成された連合国暫定当局（Coalition Provisional Authority：CPA）はフセイン政権下で軍・治安機関を牛耳っていたバアス党勢力を一掃し、ゼロから新しい治安部門を構築しようと考えた。しかし2004年4月に反米武装闘争が激化して以降、いまだ再建途上にあったイラクの国軍と警察は反乱軍を抑えることができずに瓦解した。[25]

　その空白を埋めるようにして現れてきたのが、イラクの伝統的な社会に根を張るさまざまな部族集団や民兵組織であった。たとえば、2007年ごろに米軍がイラクのアンバール県において、「覚醒評議会」と呼ばれる地元部族勢力を武装させ、アルカイダ対策を担わせたことで治安の安定に成功した。[26] また、2014年に「イスラム国（IS）」からラマーディを奪還する作戦でも、地元武装勢力との協力が大きな役割を果たした。ほかにも、クルド人地域の

217

軍であるペシュメルガやシーア派民兵の人民動員部隊（Popular Mobilization Unit：PMU）のような準公式の組織（ペシュメルガが国家をもたないクルド人にとっての実質的な「国軍」であること、またシーア派民兵がのちにイラク政府と議会によって正式に国軍の一部として承認されたという意味において準公的な組織）が、特定の地域で住民からの支持を得て治安維持の任務にあたっている。国家のもとへの暴力装置の集中を一律に求めることの多い自由主義的国家建設の「万能アプローチ（one-size-fits-all approach）」[27]が批判を受けているなかで、政府、地方自治体、地方の宗教・民族組織、民兵組織など、国家主体と非国家主体が状況に応じて構築した多様な協力・連携関係が一定の成功を収めている事実は注目に値する。

　イラク戦争後にまず台頭してきたのはシーア派民兵組織、なかでもサドル派のマフディー軍と、イランとのつながりが強いバドル軍団であった。ISによってモスルが陥落したあとは、シーア派の民兵が緩やかにつながるPMUとして組織化されるようになった。[28] 隣国のシリアでの内戦に乗じて急速に勢力を拡大していたISがシーア派をイスラムと認めない立場をとったため、強い恐怖を覚えたシーア派教徒は、民兵組織を動員してPMUを結成した。シーア派のコミュニティを守り、住民からの強い支持を受けるようになったPMUは、このあとイラク政府の閣議と議会によって正式に国家組織として認められたが、実態はシーア派の既存政党の民兵であった。[29] また、イランから大きな支援を受けた結果、PMUはイラクの正規軍を凌駕するほどの勢力になり、結果的にその行動はイラク中央政府よりもシーア派の政治組織の意向を反映し続けていた。[30]

　また、シーア派だけでなくスンニ派を中心とする部族もまた、ISという共通の敵への対処のために治安の安定化に協力するようになった。2006年以降、米軍はイラクからの早期撤退を目指して、地方部族を組織化し、武器や装備と資金を与えて治安維持活動にあたらせるようになった。このスンニ派を中心とする部族連合が上述の覚醒評議会で、覚醒評議会はその後のイラク国内の治安回復に大きな成果をみせることになった。米軍や米軍に業務委託されたPMSCのような外部アクターとは異なり、現地社会にしっかりと

根差したネットワークをもつ組織が治安維持活動の一部を担うようになった[31]。このあと、覚醒評議会はイラク全土へと広がっていく。2008年4月の時点で、覚醒評議会の構成員は10万5000人にまで増加した[32]。当初はCPAのもとで武装解除され、徐々に国軍や警察へと編入される予定であったこれらの非公式な武装組織は、歯止めのかからない治安の悪化を受けて反対に武装を強化されることとなった。

　覚醒評議会は、機能不全に陥った国軍と警察にかわり、検問、巡回、武器の押収、武装勢力との交戦、宗教行事・式典や選挙時の投票所と有権者の警備など、地元住民の安全のための任務に従事した[33]。米軍は悪化する治安情勢を受け、とにかく一刻も早く出口戦略を見出そうと現地勢力への責任移譲を急いだのだった。覚醒評議会による治安維持活動は、イラクにおける月間死者数の劇的な低下に貢献し、そのおかげで2007年末からイラクの駐留米軍は段階的な縮小が可能となった[34]。米軍にもイラク中央政府にもできなかったことを部族連合という非公式なアクターが実現できたことの要因は、閉鎖的なコミュニティが支配的なイラクの社会で、部族が安全を提供してくれる組織として現地住民から信頼されているからであった[35]。

　さらに、イラク北部に位置し、実質的に国家内国家のように統治されているクルド人自治区では、自治区内の治安維持にあたる武装組織のペシュメルガが存在する。2003年のイラク戦争以後も、クルド人自治区内の治安維持活動はこのペシュメルガによって担われてきた。また、共通の敵であるISとの戦闘においても、ペシュメルガをはじめとするクルド人武装組織が大きく貢献している。自治区内では長年二つのクルド人政党が対立を続け、それによってペシュメルガ自体も決して一枚岩ではないが、ISに対する戦闘では両者は一定の協力関係を築いており、自治区内の治安維持に成功している[36]。

　資料10-1の地図は、2017年3月時点におけるイラク国内の各勢力の勢力範囲を示すものである。北部にはクルド人武装組織のペシュメルガが支配する地域が広がり、バグダッドの北および北東に位置する地域にはシーア派組織が支配する地域が広がる。かなり縮小したとはいえ、バグダッドの北西やモスル周辺にはIS支配地域が依然として残り、さまざまな勢力が入り乱れ

第Ⅱ部　事例

資料 10-1　イラク勢力図（2017 年 3 月）

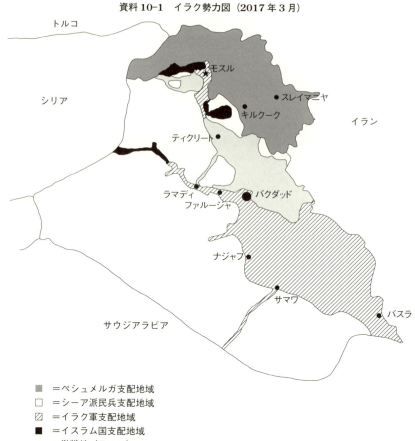

■　＝ペシュメルガ支配地域
□　＝シーア派民兵支配地域
▨　＝イラク軍支配地域
■　＝イスラム国支配地域
★　＝激戦地（モスル）

出典：Institute for the Study of War, "Iraq Control of Terrain Map: March 9, 2017" をもとに筆者作成。

ていて戦闘の最前線になっていることがわかる。そして、バグダッドより南に位置する地域は、イラク国軍およびスンニ派武装組織が支配する地域が広がっている。イラクの正規軍と警察が国内の治安回復を実現できない状況のなか、複数の非公式・準公式な武装組織が地域ごとに現地住民の安全を守るための活動に従事し、また一部の地域ではこれらの非公式・準公式組織と正規軍や警察が連携・協力して治安維持にあたっている結果、このようなまだら模様の勢力図になっている。当初 CPA は、シーア派とクルド人の民兵組織を武装解除するつもりでいたが、反米武装闘争が激化して治安の悪化に歯止めがかからない状況のなかで、武装解除は後回しにされた。その結果、正規軍や警察を上回る能力をもった民兵組織が現れ、軍・警察の再建と体質改善を目指す SSR の長期目標の実現は困難になった。[37]

　こうして緊張関係をともないながらも築かれた国家と非国家主体のあいだの連携・協力（国家と非国家主体の連携・協力という意味での「ハイブリッド」）は、治安を大きく改善させる要因となった。しかし他方で、武装解除を免れて力を温存することが可能になったイラクの部族集団や民兵組織は、治安回復の成功にともなって増大した影響力を政治に反映させようと動きはじめた。これらの武装組織はそれぞれが所属する政党の政治力の源となり、選挙で勝利した政党は自派の民兵組織を正規軍や警察に大量に編入させることでさらに影響力を増大させた。これにより治安機関への党派主義の浸透が進むことになった。公式治安部門のメンバーは、国家への忠誠心というよりは、所属する党への忠誠心にもとづいて活動し、中央政府の意向よりもそれぞれの政治勢力の意向が反映されて治安維持活動が行われる「治安の政治化」が顕著となった。[38]

　ここでみえてくるのは、第 2 節で詳しくみた米軍側の視点からの SSR の理念とその実態とは異なり、米軍主導で進められているようにみえた自由主義的な国家建設の実態は、現地社会に根差すさまざまな非公式・準公式な武装組織によるしたたかな権益闘争の側面があったという事実である。部族や民兵といった内部アクターとしての地元組織は、外部アクターが主導する SSR を利用してみずからの利益を最大化する戦略をとっていたといえる。[39]そ

の結果、自由主義的な国家建設が描くSSRのイメージとはまったく異なるSSRが現実に現れることになった。すなわち、民主的に選ばれた中央政府のもとに集中された暴力装置に国内のさまざまな非国家武装アクターが吸収され、軍や警察など国家の公式治安機関が独占的に国民に安全を提供するという国家像を前提とする治安部門の姿とは大きく異なる。それは国家建設の失敗なのであろうか。それとも脆弱国家の再建における「ハイブリッド・ガバナンス」[40]の可能性を示すものなのだろうか。また、そうした治安維持活動の分有が行われている脆弱国家に対して支援する外部アクターは、こうした分有を積極的に評価して長期的な民主化プロセスの支援につなげるべきなのか。それともあるべき国家像からの逸脱とみなして是正を支援するべきなのか。最終節では、本書のテーマである「ハイブリッドな国家建設」にとってのイラクのSSRの意義をまとめたい。

第4節　イラクのハイブリッドな国家建設におけるSSRの意義
　　　　　——可能性と限界

　ここまで米軍が主導してきたイラクのSSRの実態と、イラク社会に根を張った地元の有力な武装組織がそれぞれの政治的な利害にもとづいて協力してきた治安維持活動の実態を対比させるかたちで論じてきた。外部アクターが主導権を握るかたちで進める国家建設の限界が指摘される一方で、かりにそれが国家のもとに暴力装置が一元化されたヴェーバー的な国家を目指す国家建設とは異なるとしても、もし現地社会の治安維持に有効であるならば、現地住民からの支持によって一定の正当性をもつ地元の武装組織を積極的に育てるべきだという議論もある[41]。セキュリティ・ガバナンス論では、西洋諸国のように、中央政府が単独で安全保障政策を実施するだけの能力をもつことを前提とする。しかし、このようなセキュリティ・ガバナンス論の限界を指摘し、非西洋諸国の事例を導入することで「脱西洋化」を志向する議論も説得力がある[42]。

　イラク、アフガニスタン、アフリカなどにみられる脆弱国家では、国家は

国民に安全を提供できる特権的な存在ではなく、一定の権威と治安維持能力を備えた非公式・準公式な組織との連携を現実的な選択肢として考えていかざるをえない状況にある。ただ、吉岡が指摘するように、こうした国家と非国家主体の連携による安全の提供（ハイブリッド・ガバナンス）の難点は、一定の権威、正当性、能力を備えたハイブリッドな組織というものが、どのような要件で成立しうるのかが不透明なことである[43]。

イラクの事例にあてはめると、治安の回復に成功を収めた覚醒評議会などの非公式な治安組織は今後もイラクの治安部門の建て直しのなかで重要な役割を果たし続けるのか、それとも国家の分裂を助長し、ふたたび新たな対立の種を蒔く存在になっていくのかの判断は難しい。山尾は、国家機構が再建途上にある段階では、安全の確保に関与するさまざまな非国家アクターを管理して調整・共働を可能にする国家の能力が存在せず、そのような状況のまま主体が多様化すると、これまでのセキュリティ・ガバナンス論で積極的に評価されている国家と非国家アクターの共働や役割分担は制度化されないと警告している[44]。これがイラクで現実のものとなれば、非公式・準公式な武装組織との連携によって短期的には安全の確保に成功しえても、SSRの長期的な目標である持続可能な治安部門の再建は実現が困難になってしまうおそれがある。

共通の敵や脅威の存在によって一時的に可能となったハイブリッドな協力・連携が中長期的に安定したセキュリティ・ガバナンスへと発展できるかどうかは、今後この協力・連携をイラクにおける持続的な「国民」としてのアイデンティティの形成につなげていくことができるかが重要な要素となるだろう[45]。しかしISや潜在的な脅威国（イラクにとってのイランやトルコ）のような共通の敵や脅威が安定した国民の紐帯につながるかは曖昧さを残している。

こうした可能性と限界の両面を考慮に入れたうえで、ではOECD DAC的な自由主義志向の国家建設と、現地勢力の主体性を尊重するローカル・オーナーシップ論の融合を目指すハイブリッド論にとって、イラクの事例はどのような示唆を提供するのであろうか。第一に、国家建設を支援する外部アク

ターは、一定の正当性と能力を備えた現地の武装組織に対する支援から得られるメリットと、それによって中央政府が調整・共働の主体性を失うというリスクの両面に対してつねに敏感でなくてはならない。覚醒評議会は治安の回復に成功を収めたことによって政治的な影響力を増大させ、結果的に暴力装置を保持したまま政治参加を拡大していった。米軍という外部アクターの支援を巧みに利用しつつ、自身の利益を増大させるための行動をとるようになった。結果としてイラク中央政府の管理能力はいっそう低下し、治安部門における民主的統治に不可欠である政治の担い手と暴力の担い手の明確な区別が曖昧なものとなってしまった。[46]

第二に、OECD DAC 的な自由主義的国家建設が前提とする「自由主義」の中身についての再検討が必要な点である。そこでは、「自由主義」が当該地域において意味することの明確化が求められる。本書の終章で上杉勇司が論じているように、「選挙によって選ばれた政権による中央集権的な統治」を目標とし、その政権のもとで「「自由主義」の名のもとに憲法を定め、法の支配を敷き、民主制を確立することで、多数意見に従わない少数派を独占した暴力によって合法的に取り締まる」という国家の理念型が、はたして本当に「自由主義」という名にふさわしいものなのかは検討を要する。

イラクでは、部族連合や民兵組織などに治安維持活動の一部をゆだねたことによって暴力の拡散が進んだ。上記の「自由主義」の定義からすれば、これは国家建設の挫折または妥協ということになってしまう。しかしながら、民主化という観点からすれば、こうした非公式・準公式な武装組織がその増大した影響力を基盤として政治参加を拡大させたことは、結果的に競合的な政治プロセスの進展につながった。[47] これが少数派も含めた多様な意見を代弁するアクターの成熟というかたちで民主化が進むかどうかはわからないものの、少なくとも政治の多元化に一定の寄与があったことはたしかであろう。「ハイブリッド」を論じるうえでは、「自由主義」が具体的に何を意味するのかを現地社会の深い理解にもとづき、また現地アクターの関与をともなって再検討することが求められる。

以上の点を簡潔にまとめるならば、①持続可能な治安部門を可能にする中

央政府の正当性再建と、能力的にみて実効性のある治安部門の再建が矛盾しないための方策とは何か、そしてまた、②ステレオタイプ化された「自由主義」にもとづく国家再建を、現地の情勢を考慮しながらどのように柔軟に解釈し直していくのか、という二つの問いかけが、イラクの事例から抽出できるハイブリッドな国家建設にとっての課題であるといえよう。

注
1) 山尾、2013、176-207頁。
2) 山尾、2016、8頁。
3) 同上、14-18頁。
4) 同上、8頁。
5) 吉岡、2016、73頁。
6) ヴェーバー、1980、9頁。
7) Carafano, 2008, p.169.
8) Wilcke, 2008, pp. 43-44.
9) Ibid., p. 38.
10) Department of the Army, 2006.
11) Ucko, 2009, p. 104.
12) 軍事ドクトリンとしては珍しく、「時としては何もしないことが最善の対応である」、「時としてもっとも優れた反乱鎮圧作戦の武器は、撃たないことである」といった文言が並んでいる。Department of the Army, 2006.
13) Ucko, 2009, p. 114.
14) Department of the Army, 2006, Chapter 6.
15) Ibid., pp. 4-6.
16) Ibid., pp. 6-7.
17) Ibid., pp. 6-14.
18) Ibid., p. 224.
19) Ibid., pp. 6-16.
20) 酒井、2017、19頁。
21) Sepp, 2008, pp. 21-34.
22) Ibid., pp. 6-22.
23) 山尾、2012、104-105頁。
24) Hammes, 2011, p. 30.
25) 山尾、2013、180-182頁。
26) 吉岡、2016、70-71頁。
27) Schnabel and Ehrhart, 2005, p. 20.
28) 山尾、2016、22頁。

第Ⅱ部　事例

29) 酒井、2017、22 頁。
30) 山尾、2016、26 頁。
31) 山尾、2013、189-193 頁。
32) 同上、191-193 頁。
33) 同上、193 頁。
34) 同上、194 頁。
35) 同上。
36) 吉岡、2016、72 頁。
37) 山尾、2013、183-184 頁。
38) 同上。
39) 同上、203 頁。
40) 吉岡、2016、64 頁。
41) Mazarr, 2014.
42) 足立、2018a, 2018b。足立の研究では、「脱西欧化」という用語が使われているが、「西欧」といった場合、北米やオセアニアが含まれないため、本書では「西洋」とした。
43) 吉岡、2016、65 頁。
44) 山尾、2016、40 頁。
45) 山尾、2018、143 頁。
46) 山尾、2013、203 頁。
47) 同上。

引用参考文献
【日本語文献】
足立研幾、2018a、「セキュリティ・ガヴァナンス論の現状と課題」足立研幾編『セキュリティ・ガヴァナンス論の脱西欧化と再構築』ミネルヴァ書房、1-20 頁。
足立研幾、2018b、「セキュリティ・ガヴァナンス論の新地平」足立編『セキュリティ・ガヴァナンス論の脱西欧化と再構築』261-289 頁。
酒井啓子、2017、「戦後のイラクで何が対立しているのか——関係性の結果としての宗派」『国際政治』第 189 号、17-32 頁。
ヴェーバー、M./脇圭平訳、1980、『職業としての政治』岩波書店。
山尾大、2012、「イラク覚醒評議会と国家形成——紛争が生み出した部族の非公的治安機関と新たな問題（2003-2010 年 3 月）」日本貿易振興機構アジア経済研究所『紛争と国家形成——アフリカ・中東からの視角』101-136 頁。
山尾大、2013、『紛争と国家建設——戦後イラクの再建をめぐるポリティクス』明石書店。
山尾大、2016、「分断を促進する安全保障——戦後イラクの事例から」『立命館大学人文科学研究所紀要』109 号、7-45 頁。
山尾大、2018、「分断がもたらすイラクの不確実な安定の促進」足立編『セキュリティ・ガヴァナンス論の脱西欧化と再構築』127-150 頁。
吉岡明子、2016、「イラクにおける統治なき領域とハイブリッド・ガバナンス」『平成 27

年度外務省外交・安全保障調査研究事業　安全保障政策のリアリティ・チェック——新安保法制・ガイドラインと朝鮮半島・中東情勢　中東情勢・新地域秩序』日本国際問題研究所、63-74 頁。

【外国語文献】

Carafano, J. J., 2008, *Private Sector, Public Wars : Contractors in Combat : Afghanistan, Iraq, and Future Conflicts*, Praeger Security International.

Department of the Army, 2006, *FM 3-24 : Counterinsurgency*, Department of the Army.

Hammes, T. X., 2011, "Private Contractors in Conflict Zones : The Good, the Bad, and the Strategic Impact," *Joint Force Quarterly*, Issue 60, January, 2011.

Mazarr, M. J., 2014, "The Rise and Fall of the Failed-State Paradigm : Requiem for a Decade of Distraction" *Foreign Affairs*, Vol. 93, No. 1, January/February.

Sepp, K. I., 2008, "From 'Shock and Awe' to 'Hearts and Minds' : The Fall and Rise of US Counterinsurgency Capability in Iraq," in M. T. Berger and D. A. Borer, eds., *The Long War : Insurgency, Counterinsurgency and Collapsing States*, Routledge, pp. 21-34.

Schnabel, A. and H. Ehrhart, eds., 2005 *Security Sector Reform and Post-Conflict Peacebuilding*, United Nations University Press.

Ucko, D. H., 2009, *The New Counterinsurgency Era : Transforming the U.S. Military for Modern Wars*, Georgetown University Press.

Wilcke, C., 2008, "A Hard Place : The United States and the Creation of a New Security Apparatus in Iraq," in G. Peake et al., eds., *Managing Insecurity : Field Experiences of Security Sector Reform*, Routledge, pp. 38-56.

終章
「ハイブリッド」という共通軸でみた国家建設とSSRの力学

上杉勇司

第1節　「ハイブリッド論」の精緻化

　本書を通底する主軸概念であった「ハイブリッド」は、本書の第Ⅰ部の理論部や第Ⅱ部の事例部のいずれにおいても、分析枠組みとしての有用性を発揮してきた。「ハイブリッド」という概念は、国家建設やSSRの実態を語るうえで欠くことのできない鍵概念であることが、本書をつうじて明らかになったのではないか。じつに多様な側面で国家建設やSSRの過程を描写するために用いられてきた「ハイブリッド」という概念を、ここでは振り返りながら交通整理することで、本書の結論として何か一定の主張や洞察につなげていくことを目指す。さらに六つの事例研究から紡ぎ出せる共通のパターンや各事例を比較検討することで浮き彫りになる違いを精査することで、本書の学界および実務の世界に対する貢献を示すことが本章の目的である。

　本書では、第Ⅰ部の理論部と第Ⅱ部の事例部を貫く共通軸として、「ハイブリッド論」を分析枠組みとして用いた。分析枠組みとしてとどまっていた既存の「ハイブリッド論」の実用化に向けた本書の貢献を提示する前に、以下では、その分析枠組みとしての特徴をあらためて整理しておく。

（1）分析枠組みとしての有用性

　そもそも「ハイブリッド」とは、何と何を混合したものなのか。まずは、ここから振り返ってみよう。「ハイブリッド」という言葉の魅力は、同床異夢の混合体を包み込む「風呂敷」として機能する点にある。妥協の産物といった消極的な意味をもつ場合から、理想の実現に向けた現実的な取り組みの成果として位置づけることも可能だ。本書の事例研究を担った6人による6つの異なる事例においても、「ハイブリッド」という言葉の意味する内容は微妙に異なっていた。

　学界における既存の議論では、紛争後社会に国家建設を目的に介入する国際社会が用いる自由主義的なアプローチと、その介入を受ける紛争後社会に根差した現地に特有のアプローチとの混合や融合を「ハイブリッド」としてきた。この議論は、リッチモンド（Oliver P. Richmond）やマクギンティ（Roger Mac Ginty）を中心にイギリスの平和構築学界にて展開されてきた。本書においても彼らの議論を踏襲し、国際ドナー主導（international）の自由主義（liberal）と現地社会（local）の伝統主義（indigenous）との「ハイブリッド」に焦点を当てている（このinternational/liberalとlocal/indigenousの関係について、以下では便宜的に自由主義と現地主義をいう二分法を用いる）。ここでの暗黙の了解は、国際ドナーが推進するものは近代西洋社会を起源とする「自由主義的な主権国家建設」であり、それは非西洋社会である現地社会の伝統や慣習として根づいているものとは、異質のものであるというものだ。

　他方、いまひとつの「ハイブリッド論」はアメリカの平和構築学界を中心に展開されてきた。研究と実践のあいだを行き来するレデラック（John Paul Lederach）やミッチェル（Christopher R. Mitchell）が重視するのは、中央集権的な国家をつくるトップ・ダウン的な国家建設のアプローチと自律的なコミュニティ（地域共同体）を紡ぎ合わせていくボトム・アップによる平和形成のアプローチを接合していく営みとしての「ハイブリッド」である。たとえば、すでに本書の第4章が指摘したように、レデラックは、これまでの国際ドナーによるトップ・ダウンな国家レベル（上層）への働きかけと、ボト

ム・アップな草の根レベル（下層）の取り組みが連動していない点を批判し、社会に存在する多数の断層を「蜘蛛の巣」を張りめぐらすように橋渡しするアプローチの重要性を指摘した。これをレデラック自身は「ハイブリッド」とは呼んでいないものの、実態としては「ハイブリッド論」の第二の側面として捉えてもよいだろう。ボトム・アップな平和形成とは、イギリスでの平和構築研究をリードするリッチモンドの言葉を使えば「日常の平和（everyday peace）」、イギリスにある平和構築の研究機関であるSaferworldの言葉を用いれば「コミュニティ・セキュリティ（community security）」を重視したものになる。

　しかし、本書をつうじて浮き彫りになった事実は、「ハイブリッド」の組み合わせは、この二つにとどまらない、ということだ。いろいろな組み合わせが可能であり、さまざまなものの「ハイブリッド」が実際には生まれてきた。さらには、国際ドナーと現地社会や自由主義と現地主義といった二分法では捉えきれない、現実社会の実相の多様性や流動性があることが明らかにされた。たとえば、長年の植民地としての経験から、現地社会の慣習となっているものが、じつは旧宗主国の文化や制度を受け入れた（強要された）結果であった場合には、それをもって現地社会の伝統や慣習と整理してよいのか疑問が湧く。また、ボスニアやジョージアは欧州文明圏の一角をなすにもかかわらず、両国におけるSSRが、現地社会の事情によって国際ドナー（欧米諸国）の意図とは異なるものに歪曲されていった過程は、たとえば、旧ソ連体制下の影響とそれに対する反発など、西洋と非西洋という単純な二分化によって埋もれてしまった政治体制や政治文化などの別の要因に目を向けるべきではないか、といった疑念を浮かびあがらせる。さらには、国際ドナー側の関与については、現地社会エリート間の政治力学の影響に加えて、周辺諸国の情勢や地政学的な要因が折衷の過程と結果に影響を及ぼしてきたことが明らかにされた。

（２）「現地主義」は「非自由主義」か

　このように、分析対象を二項対立として捉えることの弊害を念頭に置きつ

つも、分析概念としての明晰さを維持するために、本書で用いる「ハイブリッド」の共通概念については、国際ドナー（外部）と現地社会（内部）との交錯というイギリス的アプローチの視点を主軸に、国家レベル（上層）からのトップ・ダウンと草の根レベル（下層）からのボトム・アップとの交錯というアメリカ的アプローチの視点を補助線として併用するのにとどめた。ただし、この場合の「リベラル／ローカル・ハイブリッド」の主軸の議論は、基本的に価値判断を含まない[5]。もちろん、国際ドナーが自由主義的な理念や制度を移植しようとする背景には、自由主義的な価値観をよいものとして捉えていることは否めない。と同時に、だからといって、現地社会に根差した文化や伝統を自由主義的な価値観に比べて劣るものとしてはみていない。ここで優劣をつけていては、植民地主義者という誹りを受けてしまうだろう。

　しかし、この亜流としてウィルソン（Chris Wilson）やスミス（Claire Q. Smith）らによって指摘されている「非自由主義（illiberal）[6]」の議論は、自由主義的アプローチに対する現地社会の反発と抵抗の結果、国際ドナーの側が妥協を余儀なくされたという語感がともなう。とりわけ、現地社会のエリート層を自由主義的な国家建設の抵抗勢力と捉えている。彼らの同意を得ることで国家建設の安定化と国内正当性を確保することと引き換えに、自由主義的な価値観に反する現地社会エリートの権力基盤を切り崩すことはしないという取引の結果として、「非自由主義的（illiberal）」な国家が建設されてしまうと考える。

　この議論に関連してバーネット（Michael Barnett）とチャルヒャー（Christoph Zürcher）は、ハイブリッドのあり方を次の四つに区分している[7]。彼らは平和構築の結果を、協調的（cooperative）、妥協的（compromised）、捕囚的（captured）、紛争的（conflictive）と分類し、平和構築の大多数が妥協的なものとなると主張した。平和構築の結果を妥協的なもの（つまり現地社会エリートと国際ドナーの交渉の結果）であるとする考え方は、ドニアス（Timothy Donias）の「交渉によるハイブリッド性（negotiated hybridity）[8]」の議論につうじ、本書の基本的考え方とも一致する。

　平和構築の失敗を説明する要素として、システム中心的思考にもとづき国

際ドナーの側に焦点を当てすぎていて、現地社会の政治力学については、本当の改革をもたらすうえでの「足枷」くらいとしか考えていない、とバーネットとチャルヒャーは既存のアプローチを批判する[9]。本書においても事例研究では現地社会の政治力学の分析に光を当てた。まさに、本書の事例が如実に示したとおり、「ハイブリッド」を考えるうえで現地社会エリートの意向や利益をめぐる政治力学を無視することはできない。つまり、現地社会エリートと国際ドナーとの駆け引きや交渉の過程と結果が、「リベラル／ローカル・ハイブリッド」のあり方を規定していく。バーネットとチャルヒャーの言葉を借りれば、現地社会エリートの思いのままに国家建設の筋書きが書き改められてしまった場合に、その国家建設の結果は「捕囚的」となり、ウィルソンやスミスのいう「非自由主義的」となる。ボスニアの事例では、現地の民族主義勢力が「非自由主義的」とされ、彼らの存在や台頭は自由主義的価値観にもとづく国家建設やSSRの障害として国際ドナーからは認識されていることが指摘された。

第2節　SSRにおける前提の再検討

　本書の議論をつうじて、「ハイブリッド論」の実用化に向けて、どのようなことが新たにいえるのか。以下では、第Ⅱ部の6事例の分析を横断的に振り返りながら、この手がかりを探っていく。まずは、本書の事例が焦点を当てたSSRの前提に対する問題提起を整理してみよう。

（1）SSRは「自由主義」的なのか
　選挙によって選ばれた政権による中央集権的な国家統治が国家建設の目標とされ、中央集権的な国家による暴力装置の独占を実現するためにSSRが進められてきた。そこでは、中央集権的な国家の基礎となる国内平定（天下布武）が優先される。国内平定を多様な集団間での対話の基盤となる「国民」という共有アイデンティティの創造といった取り組みをつうじて非強権的に実現していくのではなく、「自由主義」の名の下に憲法を定め、法の支

配を敷き、民主制を確立することで、独占した暴力によって多数意見に従わない少数派を合法的に取り締まることが着手される。このような取り組みは、はたして「自由主義」という名にふさわしい行為なのか。とりわけ、本書の事例研究で焦点を当てたSSRでは、軍隊や警察といった暴力装置を合法的に国家に再編・集約する過程であり、「自由主義」から連想するような、人権、自由、平等といった美しい理念とはほど遠い。むしろ、その実態を注視すれば、日本語では「自由主義的な」と訳される"Liberal"という言葉が意味する内容とは必ずしも一致しないことがわかる。すなわち、本書で提示された疑問点の一つに、各事例で取り組まれたSSRでは、本当に「自由主義的」なアプローチがとられたのだろうか、というものがあった。「自由主義的」と呼ばれつつも、その実態は、中央集権的で機能的な体制の構築が優先されていたのではないか。つまり、西欧では絶対王政や革命による数百年にわたる暴力の歴史の帰趨として誕生した主権国家の土台をSSRによって整備しただけで、自由主義的理念の実現は後回しにされたのではないかという疑問である。本書で取り上げたアフガニスタンやイラクにおけるSSRの実態は、国内平定のために自由主義的な価値観が犠牲となった「非自由主義的」なものにすぎなかった。

(2)「自由主義」度の横断的な考察

　本書の事例研究において明らかになったように、各事例によって実際に追求された近代西洋国民国家・統治制度の中身には、ばらつきがある。だれがSSRを主導したかによっても、その過程と結果の自由主義度に違いが生じている。たとえば、国際ドナーが主導するかたちで国家建設の中核事業としてSSRが進められたシエラレオネや東ティモールでは、本書で検討した他の事例よりも高い自由主義度が得られた。シエラレオネの場合は、旧宗主国のイギリスが国際ドナーと現地社会をつなぐ蝶番としての主要な役割を担った。東ティモールの場合は、地域大国のオーストラリアが、治安かく乱要因であった民兵を掃討して、国連によるSSRの露払い役を担いつつ、東ティモールの旧宗主国であるポルトガルとともに、その後のSSRが進むべき軌

道を敷いた。この二つの事例では、外国軍隊による国内平定が実現することで、中央集権的国家体制が早期に機能する素地が生まれ、試行錯誤はあったものの、国連が主導するSSRをつうじて、自由主義的な理念を担保する制度が構築されたといえる。その理念に対する信用や信仰と制度を運用する航海術は未熟なものにとどまっているが、何百年もの試行錯誤のうえで運用術を体得した西欧の経験をふまえれば、それはやむをえないだろう。

　アフガニスタンやイラクでは、アメリカがSSRを主導した。しかし、アメリカの主要な関心は、アフガニスタンやイラクにおける自由主義的な国家建設よりも、「テロとの闘い」に勝利し、一刻も早く「出口戦略」を達成することであった。そもそも、アフガニスタンやイラクにおける「自由主義」を犠牲にしても容疑者の非合法的な拘束や拷問や暗殺をつうじて、アメリカの安全保障を実現することが最大の目標とされたこともあり、アフガニスタンやイラクにおけるSSRの自由主義度は他の事例と比べて低い。他方で、ボスニアやジョージアの事例では、国際ドナーの肝いりでSSRが実施されたにもかかわらず、当初意図されような「自由主義」は現地社会に受け入れられなかった。しかし、現地政治エリートの権力闘争に巻き込まれるかたちでSSRは「虫食い」的に進展し、現地社会の都合で「自由主義」の中身が選択され、結果として、その自由主義度は形骸化した。ではなぜ、現地社会は国際ドナーが期待するかたちでは「自由主義」を受け入れなかったのか。その答えは、「現地社会」の理解にある。[10]

（3）民主主義の土台となる擬制

　ここで注意が必要なのは、自由主義的なSSRを受け入れなかった「現地社会」とは、何を指すのかという点である。既存の「ローカル・オーナーシップ論」でもすでに指摘されているとおり、現地社会には、異なる利害をもった多様な集団が存在し、現地社会全体を代表する擬制が確立していないことが多い。[11] もちろん、だからこそ、和平合意のなかで紛争後の選挙が盛り込まれ、戦後社会の正統性をもつ国民の代表を選び、代表原理という擬制を確立することが、国家建設の優先事項として取り組まれてきた。しかし、パ

リス（Roland Paris）が主張したように、民主政治が生み出す課題に対処できる環境が整わないうちに拙速に選挙を実施すれば、選挙という制度がもつ競争原理によって対話よりも論争が奨励され、和解よりも対立が深まることになる。多数決の原理は、あくまでも多数を全体とみなすという擬制のうえに成り立つ。そのために、少数派の権利を多数派が尊重することが必要になる。なぜならば、この擬制を少数派が受け入れないかぎり、多数決原理にもとづく民主政治は安定化しないからだ。

　ここでジレンマが生じることになる。紛争を経験した社会では、対立が民族や部族や宗教といった比較的固定化した断層で分断されているため、対話の結果として多数派と少数派が入れ替わる可能性がない。少数派の権利を多数派が尊重するという約束を少数派が信用できる状況にもない。そのような状況下で対立を先鋭化させかねない拙速な選挙は避けなければならない。なぜかといえば、そのような状況下で手続き的な正当性を得た政府の実態は、多数派による少数派に対する圧政を生み出しかねないからだ。かといって、現地社会の代表が決まらなければ、現地社会のだれに国家建設の舵取りをまかせればよいのか決められない。このジレンマは、SSRにおいて、とりわけ深刻な問題を突きつけた。近代西洋主権国家モデルの中枢に位置づけられる暴力装置の独占や中央集権的統治体制を早急に進めて国家建設の土台を揺るぎないものにする必要が一方であるが、現地社会の代表が決まらないうちに、国際ドナーが勝手にそれを進めては、国家建設の成功の鍵を握る「ローカル・オーナーシップ論」が疎かになってしまう。

　繰り返しになるが、多数を全体とみなすという擬制に対する全被統治者の合意と信用がなければ、代表制民主主義は形骸化する。しかし、紛争直後で「国民」としての共通アイデンティティがなく、和解も実現していない状況で、擬制に対する合意と信用は生まれない。擬制に対する合意と信用がなければ、この統治体制は安定的に機能しない。自由主義的な理念を実体化する制度の重要性を指摘したパリスは間違ってはいない。しかし、本書の主張は、パリスよりも一歩踏み込む。西欧では民主主義というイデオロギーを実現するために制度をつくってきたわけではなく、立憲主義や絶対王政の下で生ま

れた他の制度を民主主義の理念にあわせて適応させることで実用化を図っていった[14]。つまり、それは「ハイブリッド」の過程であったことの証左であり、そのことは、平和構築の成功の鍵を握る「ローカル・オーナーシップ論」を語るうえで重要な視点だといえる。さらにいえば、自由主義的な理念を実用化するための民主制度に対する人々の合意や信用を勝ちとるために、いかに現地社会の特性（伝統や慣習）を活用するのかという視点が、「ハイブリッド論」の実用化には欠かせない、ということになる。

第3節　SSRにおける「ハイブリッド論」の実用化

次に、自由主義的な理念を実現する制度としての国家の治安部門に対する人々の合意や信用を勝ちとるために、いかに現地社会とのハイブリッド化を進めるのか、という観点を吟味しよう。そのために、ここでは新たに「ハイブリッド組織」という概念を導入する。本書で提示された六つの事例研究を「ハイブリッド組織」という共通枠組みで括ることで、「ハイブリッド論」の実用化を試みてみたい。

（1）「ハイブリッド組織」の特徴

「ハイブリッド組織」とは、外部と内部との接点、上層と下層との接点に位置する中間組織のことである。SSRにおける「ハイブリッド組織」とは、国家による暴力装置の独占を象徴する国軍や国家警察を補完・代替する準公式武装組織や自治警察などのことを指す。たとえば、シエラレオネの事例での国家警察に対するチーフダム警察の存在は、「ハイブリッド組織」として位置づけられよう。

両者の関係は、「リベラル／ローカル・ハイブリッド」の観点で捉えることも可能であるが、トップ・ダウン式に掘り下げてきたトンネルとボトム・アップ式で掘り上げてきたトンネルが出会ったときに、両者の関係をどのように位置づけていくのか、という問題意識からも分析することができよう。いわゆる「現地重視への転回」や「下からの平和構築（peacebuilding from below)」と呼ばれる自由主義的な価値観にもとづく既存の国家建設のアプローチに対する批判は、トップ・ダウン式に進められてきた国家建設のあり方に向けられた。

　本書で議論された東ティモールにおける村警察をつうじたコミュニティ・ポリシングについても同様の問題意識がうかがえる。本書の第6章が示すように、村警察の活動は国家警察と緊張関係にある「リベラル／ローカル」という二項対立ではなく、むしろ現地社会のニーズにあわせて草の根の地域コミュニティにおける取り組みを重視するなかで、中央集権的なトップ・ダウン式アプローチを補完するものとして生まれてきた。村警察は、東ティモールの土着の慣習や伝統というよりは、インドネシア統治時代に経験して慣れ親しんだ地域社会を監視する警察のイメージと日本やオーストラリアなどの国際ドナーの側が推進した警察官の地域駐在方式によるコミュニティ・ポリシングというスタイルがつながった結果であり、国際ドナーの標準と現地社会の伝統のハイブリッドというわけではない。

　シエラレオネや東ティモールの事例が示すように、現地社会は完全な純度を保った伝統の結晶ではない。このことは日本自身の経験を顧みれば、すぐに気づくことである。現地社会の伝統や慣習といったときに、植民地支配の経験が、その一つの層をなしていることは多い。ボスニアやジョージアにおいても、旧ソ連の影響や社会主義的な政治体制下での経験が、すでに現地社会の特徴をかたちづくる一要因となっていることが本書をつうじて明らかにされた。アフガニスタンやイラクの事例は、現地社会の深層に根づいた部族社会としての慣習や変化に対する許容度の低い宗教観によって、国家レベルでの国家建設の取り組みが、地域社会で影響力をもつ中堅指導者によって跳ね返されてきた結果を示している。とりわけ、国家レベルでの取り組みが国際ドナー（この場合はアメリカが中心）によって主導されてきたことにより、トップ・ダウン式と自由主義的なアプローチが等式で結ばれたのが、アフガニスタンやイラクの事例であったといえよう。

　ただし、概念モデルとして外部と内部、上層と下層からの相互作用的なハイブリッド化を想定している場合には、留保しておくべき点が一つある。つ

まり、本書の主要な焦点である外部と内部の相克については、国際ドナーによる当初の介入が挫折や失敗に終わったために、現状にあわせた「修正」（adaptation）を施して新たな介入として試みられてきた過程を「対話」や「交渉」とみなしている点である。そこでは、必ずしも国際ドナーと現地社会が膝を突き合わせて一緒に新たな折衷的な取り組みを協議したという交渉過程をへてはいない。しかし、国際ドナー側の再検討や出直しを促すに至った現地社会の抵抗と反発の過程は、実質的には国際ドナーの理念や価値観を「現地化（localize）」するうえで重要な折衝過程を提供してきたと考えた。その意味で、「ハイブリッド組織」と呼べると考えるのである。

（2）事例研究にみる「ハイブリッド組織」

　国家と草の根の人々の接点として、つまり、紛争後社会の人々が「新生国家」の存在を肌で感じる媒体として、本書では警察や準軍事的治安組織を取り上げた。移行期の正義の議論では、たとえば、ルワンダのガチャチャ裁判や東ティモールのナハビティボートなど司法部門におけるハイブリッドな取り組みの積極的な意味づけが、すでになされて久しい[16]。しかし、警察や準軍事的治安組織についてのハイブリッドな取り組みは、近代西洋主権国家モデルでの国家による暴力装置の独占を重視する観点から、これまでは肯定的な評価がなされていない。近年では、国家の対外的な安全保障における国防軍の役割に比べ、国内の治安と秩序を維持するための警察の役割が高まっているため、現地社会の警察機構は国際ドナーが主導するSSRの本丸的な対象となっている。そのため、自由主義的な警察改革を目指す国際ドナーの側からは、「ハイブリッド組織」の展開については、積極的な意味づけがなされてこなかったといえよう。

　そこで本書では、第6章と第7章で、シエラレオネのチーフダム警察と東ティモールの村警察を題材に、「ハイブリッド組織」によるコミュニティ・ポリシングに焦点を当てて分析した。なお、これらの「ハイブリッド組織」の成立については、必ずしも国家警察の能力の限界を受けた妥協の産物でもなく、かぎられた資源や選択肢のなかでの苦肉の策であったという評価には

つながっていない。シエラレオネや東ティモールの文脈では、むしろ、現地の実情にあわせた折衷策として肯定的に評価できよう。

また、これまでは、平和構築の障害として認識されてきたボスニアにおける民族主義的傾向を帯びた警察の生い立ちを第7章で振り返った。同章で引用されているように、国際危機グループ（ICG）は、スルプスカ共和国（RS）警察のことを「暴力と民族浄化に則った組織」と酷評している。本書では、西欧諸国やアメリカの積極的な関与があったにもかかわらず、民族的傾向を帯びた警察が生まれた背景を「ハイブリッド」という分析視角から再検討した。第8章ではジョージアにおける準軍事組織の改革を追うことで、ソ連時代の遺産が、ローカル・オーナーシップ尊重の文脈で解体を免れた過程を明らかにした。

第9章では、アフガニスタン地元民警察（ALP）を題材に取り上げ、それが国際ドナーと現地社会の対話の結果として両方の長所を統合させて生み出された「ハイブリッド組織」と位置づけられるのかを検証した。ALPが、コミュニティ・セキュリティを担う「ハイブリッド組織」としての体裁をとりつつも、その実相は、アメリカによる反乱鎮圧を補完する目的で、近代西洋主権国家モデルでは非合法とされるべき非国家主体の武装集団に武器弾薬と給料を渡し、反政府武装組織の侵攻に対抗しているだけだとしたら、それははたして「ハイブリッド組織」としての肯定的な評価に値するのか。このような疑問が提示された。

第10章のイラクでは中央政府と覚醒評議会、クルド人部隊（ペシュメルガ）、シーア派民兵といった非公式・準公式な「ハイブリッド組織」との連携による治安維持活動を題材に、自由主義的SSRの代替策としての可能性と課題を考察した。

つまり、一部の限定的な領域や集団内で、国家警察の役割を代替してきたこれらの「ハイブリッド組織」を、中央集権的体制による暴力装置の独占の限界と捉え、そのような限界のなかから地域社会の自律的な治安維持の試みとして生まれてきた「ハイブリッド組織」の誕生と成長の過程を分析したのが、本書の事例部であるといえよう。同時に、「ハイブリッド組織」として

紛争後社会で一定の役割を担っていた非公式・準公式な武装組織の改革過程を追うことで、「ハイブリッド組織」の平和構築における積極的な意味づけの可能性も検証した。この点を分析するに当たり、本書第９章でも触れたコミュニティ・セキュリティと呼ばれる概念が有益である。これは、治安維持についての多層的・多元的取り組みを描写した概念であり、事例研究にて光が当てられた「ハイブリッド組織」は、国家警察の役割を補完し、コミュニティ・セキュリティを担う主体として位置づけられた。足立研幾がセキュリティ・ガバナンスの議論で導入したように、中央政府が単独で安全保障を提供できない状況（つまり近代国家形成に至っていない状況）下で取り組まれる各コミュニティ単位での秩序回復と維持に向けた努力は、本書の事例研究のなかでも、上層（国家）と下層（民衆）をつなぐ「ハイブリッド組織」に焦点を当てて描き出されている。

たとえば、ターリバーン政権が倒れたあとのアフガニスタンやフセイン政権が打倒されたあとのイラクでは、中央政府による安全保障が実現できていない状況下でSSRが試みられた。中央集権的な近代主権国家モデルの適用が行き詰ったためにアメリカが軌道を修正した結果として、取り潰しの憂き目をみることになっていた非公式・準公式な「ハイブリッド組織」が再評価を受けた過程を検証した。すなわち、「ハイブリッド組織」とはいいつつも、その実態は現地社会の抵抗や反発という意思表示を受け取ったアメリカが対応を一方的に変えただけともいえる。よって「ハイブリッド組織」の構想や誕生に、どれほどの現地社会の主体性が発揮されたのかを問えば、それは皆無であるといってもよいだろう。コミュニティ・セキュリティの議論で想定されている、地域共同体の自発的な取り組みとは雲泥の差がある。しかし、すでに言及したように、本書では国際ドナーの側の軌道修正もまた現地社会との折衝やコミュニケーションの結果であるとみている。

第4節 「ハイブリッド論」の実用化の今後

本書が仮説として検証したことは、紛争後社会における国家建設の成果を

判断する自由主義度の変動制を理解するうえで、「ハイブリッド」という概念が有用であるか否かということであった。ハイブリッド化の過程を分析すること、つまり、何と何のハイブリッドなのか、だれとだれの交渉や対話によって導かれたハイブリッドなのか、どのような土壌において、いかなる要素を組み合わせたハイブリッドなのか、を明らかにしていくことは、SSR、ひいては国家建設における自由主義的理念や価値観の定着を考える指針となることが、本書をつうじて明らかになった。「ハイブリッド論」を実用化するうえで、本書が果たした貢献は、「現地社会への転回」に連なる動きとして現地社会の政治文化や現地社会の政治力学を理解することの重要性を示したことと、同時に現地社会を取り巻く国際的な地政学への理解が欠かせないことを実証した点にある。さらには、SSRや国家建設は長い不断の営みであるため、国際ドナーの関与はマラソンの伴走者であり、漸進的な改革の促進者であるという思想のもとで進められるべきであるという結論を導き出すこともできた。国際ドナーの役割は、あくまでも現実の条件や伝統に根差した「ハイブリッド化（自由主義的価値観や制度の現地化）」のための選択肢づくりを現地社会が形成するさいの実技指導に見出せる。

　そこで重要になるのは、現地社会を国家レベルのみで捉えない多層的視点である。本書では、これまでの研究や実務が焦点を当ててきた、社会の上層（中央政権）での国家レベルの取り組みだけではなく、地域社会の指導者たちを巻き込むような活動に光を当てることを試みた。西洋起源の中央集権的な近代主権国家モデルでは、地域社会に乱立する非国家治安組織は、中央の治安機構に統合・編入されるか、解体されるか、の二者択一の可能性しかない。シエラレオネにおけるチーフダム警察、東ティモールにおける村警察、アフガニスタンにおけるALPは、制度的に中央治安機構の一部として緩やかに位置づけられているが、それが過渡期の暫定的な措置なのか、それとも恒常的な仕組みとして固定化するのか、まさに国際ドナーの関与が薄まった潮目にあわせて、現地社会が決めていくことになるだろう。同様に、ボスニアにおける民族主義的警察の鼎立状態、ジョージアの民族化した警察と非ジョージア民族の緊張関係、民族や宗派を代表するイラクの非公式・準公式

の準軍事組織も、近代西洋主権国家の中央集権的な体制に脱皮する過程にあるのか、それとも近代主権国家成立以前の民主主義の原始風景である共同体の自治を担保する制度として中央国家機構と共存していくのか、が議論されていくことになるだろう。

　まさに、「ハイブリッド組織」という概念を提示することで、このような中間組織の役割に光を当てたのが本書の最大の貢献である。これらの組織は、あくまでも過渡期のもので、状況の変化にともない、いずれは国軍や国家警察に統合・再編されるのか、それともハイブリッド化の成果として今後も現地社会のなかで一定の役割を担い続けるのかは、本書の事例研究が投げかけた新たな疑問である。現地社会が自律的になるにしたがい、国際的支援が薄まっていくことが想定されるので、これら「ハイブリッド組織」の役割のうち外部と内部をつなぐという側面は、役割を終えるということが想定される。他方で、国家レベルと草の根レベルをつなぐという側面においては、むしろ中央集権的なアプローチを補完するものとして、引き続き「ハイブリッド組織」の積極的な役割が追認されていくのかもしれない。

注
1) Lederach, 1995.
2) Richmond, 2016.
3) Richmond, 2009, pp. 557-580.
4) Saferworld, 2014, pp. 3-4.
5) Mac Ginty, 2010.
6) Wilson, 2015, pp. 1317-1337；Smith, 2014, pp. 1509-1528；Hoglund and Orjuela, 2012, pp. 89-104.
7) Barnett and Zürcher, 2009, pp. 24-25.
8) Donias, 2012.
9) Ibid., p. 25.
10) Mac Ginty, 2015, pp. 840-856.
11) Hullmüller and Santschi, 2014.
12) Paris, 2004
13) 福田、1977、139 頁。
14) 同上、190 頁。
15) Ramsbotham and Miall., 2011.

16) Mac Ginty, 2008, pp. 139-163.
17) 足立、2018、11-15頁。

引用参考文献
【日本語文献】
足立研幾、2018、「セキュリティ・ガヴァナンス論の現状と課題」足立研幾編『セキュリティ・ガヴァナンス論の脱西欧化と再構築』ミネルヴァ書房、1-20頁。
福田歓一、1977、『近代民主主義とその展望』岩波書店。

【外国語文献】
Barnett, M. and C. Zürcher, 2009, "The Peacebuilder's Contract: How External Statebuilding Reinforces Weak Statehood," in R. Paris et al., eds., *The Dilemmas of Statebuilding: Confronting the Contradictions of Postwar Peace Operations*, Routledge, pp. 23-56.
Donias, T., 2012, *Peacebuilding and Local Ownership: Post-Conflict Consensus-Building*, Routledge.
Hoglund, K. and C. Orjuela, 2012, "Hybrid Peace Governance and Illiberal Peacebuilding in Sri Lanka," *Global Governance*, Vol. 18, No. 1, pp. 89-104.
Hullmüller, S. and M. Santschi, eds., 2014, *Is Local Beautiful? Peacebuilding between International Interventions and Locally Led Initiatives*, Springer.
Lederach, J., 1995, *Preparing for Peace*, Syracuse University Press.
Mac Ginty, R., 2008, "Indigenous Peace-Making Versus the Liberal Peace," *Cooperation and Conflict*, Vol. 43, No. 2, pp. 139-163.
Mac Ginty, R., 2015, "Where is the Local? Critical Localism and Peacebuilding," *Third World Quarterly*, Vol. 36, No. 5, pp. 840-856.
Paris, R., 2004, *At War's End*, Cambridge University Press.
Ramsbotham, O., T. Woodhouse, and H. Mial, 2011, *Contemporary Conflict Resolution*, Cambridge: Polity.
Richmond, O. P., 2009, "A Post-liberal Peace: Eirenism and the Everyday," *Review of International Studies*, Vol. 35, Issue 3, pp. 557-580.
Richmond, O. P., 2016, *Peace Formation and Political Order in Conflict Affected Societies*, Oxford University Press.
Saferworld, 2014, *Community Security Handbook*.
Smith, C. Q., 2014, "Illiberal Peace-building in Hybrid Political Orders: Managing Violence during Indonesia's Contested Political Transition," *Third World Quarterly*, Vol. 35, No. 8, pp. 1509-1528.
Wilson, C., 2015, "Illiberal Democracy and Violent Conflict in Contemporary Indonesia," *Democratization*, Vol. 22, No. 7, pp. 1317-1337.

編者・執筆者一覧（五十音順。＊は編者）

青木　健太（あおき・けんた）　第9章
　お茶の水女子大学グローバル協力センター特任講師。平和学修士（ブラッドフォード大学）。NGO職員、アフガニスタン政府省庁アドバイザー、在アフガニスタン日本国大使館二等書記官、外務省国際情報統括官組織専門分析員などを経て現職。主要業績は『ターリバーンとアフガニスタン政府の和平協議──ムッラー・ウマルの死とその波紋』（『中東研究』第524号、2015年）など。

内田　州（うちだ・しゅう）　第1章
　コインブラ大学社会学研究所・欧州連合（EU）マリーキュリーフェロー。国際公共政策博士（大阪大学）。ハーバード大学デイビスセンター客員フェロー、国際協力機構本部・シエラレオネ・フィールドオフィス企画調査員（基礎インフラ担当）、外務省在グルジア（現ジョージア）日本国大使館専門調査員（政務担当）、欧州安全保障協力機構／民主制度・人権事務所ジョージア大統領選挙国際監視団監視員などを経て現職。主要業績は "What Kind of Role Should the European Union Play for Achieving Sustainable Peace in Georgia?" *CAUCASUS ANALYTICAL DIGEST*, No. 99, 30 October 2017.

＊上杉　勇司（うえすぎ・ゆうじ）　序章（共著）、第4章、終章
　早稲田大学国際学術院教授、沖縄平和協力センター副理事長、広島平和構築人材育成センター副理事。国際紛争分析学博士（ケント大学）。主要業績は『国際平和協力入門──国際社会への貢献と日本の課題』（共編著、ミネルヴァ書房、2018年）、『世界に向けたオールジャパン──平和構築、人道支援、災害救援の新しいかたち』（共編著、内外出版、2016年）、『紛争解決学入門』（共著、大学教育出版、2016年）、『平和構築における治安部門改革』（共編著、国際書院、2012年）、『国家建設における民軍関係』

（共編著、国際書院、2008年）、『変わりゆく国連PKOと紛争解決』（明石書店、2004年）など。

クロス　京子（くろす・きょうこ）　第5章
立命館大学国際関係学部准教授。政治学博士（神戸大学）。主要業績は『安定を模索するアフリカ』（分担執筆、ミネルヴァ書房、2017年）、『移行期正義と和解——規範の多系的伝播と受容過程』（有信堂、2016年）、『武力紛争を越える——せめぎ合う制度と戦略のなかで』（分担執筆、京都大学学術出版会、2016年）など。

小山　淑子（こやま・しゅくこ）　第8章
早稲田大学留学センター講師。紛争解決学修士（ブラッドフォード大学）。国連軍縮研究所にて小型武器回収の調査、コンゴ民主共和国の国連PKOミッションでの兵士の武装解除・動員解除・社会復帰支援（DDR）、国際労働機関勤務（平和構築支援・自然災害対応）を経て現職。主要業績に『ユーラシアの紛争と平和』（分担執筆、明石書店、2008年）など。

篠田　英朗（しのだ・ひであき）　第3章
東京外国語大学総合国際学研究院教授。国際関係学博士（ロンドン大学）。主要業績は『集団的自衛権の思想史』風行社、2016年（読売・吉野作造賞）、『国際紛争を読み解く五つの視座』講談社、2015年、『平和構築入門』筑摩書房、2013年、『「国家主権」という思想』勁草書房、2012年（サントリー学芸賞）、『国際社会の秩序』東京大学出版会、2007年、『平和構築と法の支配』創文社、2003年（大佛次郎論壇賞）など。

田辺　寿一郎（たなべ・じゅいちろう）　第2章
熊本大学大学院先導機構特任助教。平和学博士（ブラッドフォード大学）。主要業績は「現代紛争解決論の歴史的発展に関する考察」（『トランセンド研究』第12巻1号、2014年）、"Buddhism and Peace Theory: Exploring

a Buddhist Inner Peace" *International Journal of Peace Studies*, Vol. 21 No. 2, 2016, "Buddhist Philosophy of the Global mind for Sustainable Peace" *Dialogue and Universalism*, Vol. XXVII No. 2, 2017 年など。

中内　政貴（なかうち・まさたか）　第 7 章
大阪大学大学院国際公共政策研究科准教授。国際公共政策博士（大阪大学）。外務省専門調査員として在オーストリア日本大使館・専門調査員（マケドニア担当）、国際協力機構長期専門家（援助調整担当としてセルビア・モンテネグロ（当時）に派遣）などを経て現職。主要業績に「ローカル・オーナーシップと国際社会による関与の正当性──マケドニアにおける国家建設を事例として」『国際政治』（第 174 号、2013 年）、『平和構築における治安部門改革』（分担執筆、国際書院、2012 年）など。

長谷川　晋（はせがわ・すすむ）　第 10 章
関西外国語大学英語国際学部専任講師。学術博士（広島大学）。主要業績は『国際平和協力入門──国際社会への貢献と日本の課題』（分担執筆、ミネルヴァ書房、2018 年）、「非国家主体研究から見た紛争解決学と安全保障学の接点」『研究論集』（第 106 号、2017 年）、『紛争解決学入門』（共著、大学教育出版、2016 年）など。

＊**藤重　博美**（ふじしげ・ひろみ）　序章（共著）
法政大学グローバル教養学部准教授。政治学・国際関係学博士（ロンドン大学）。主要業績は『冷戦後における自衛隊の役割とその変容』（内外出版、2018 年）、『国際平和協力入門──国際社会への貢献と日本の課題』（共編著、ミネルヴァ書房、2018 年）、*Constructing a More Active Role : The Norm-Shift and the Rise of Activism after the Cold War*（Naigai Publisher, 2017）、『世界に向けたオールジャパン──平和構築、人道支援、災害救援の新しいかたち』（共編著、内外出版、2016 年）、『平和構築における治安部門改革』（共編著、国際書院、2012 年）など。

＊古澤　嘉朗（ふるざわ・よしあき）　第 6 章

広島市立大学国際学部准教授。学術博士（広島大学）。主要業績は『アフリカ安全保障論入門』（分担執筆、晃洋書房、近刊）、「平和構築と法の多元性——法執行活動に着目して」（『国際政治』第 194 号、2018 年）、"Chiefdom Police Training in Sierra Leone (2008–2015)" *Journal of Peacebuilding and Development*, Vol. 13, No. 2, 2018、「国家建設と非国家主体——ケニアのコミュニティ宣言が示唆する国家像」（『国際政治』第 174 号、2013 年）、「平和構築における警察改革（支援）——紛争後・移行期社会の警察に関する研究の動向」（『国際法外交雑誌』第 112 巻第 3 号、2013 年）など。

人名索引

あ
アナン　Kofi Annan　*40*
アルカティリ　Mari Alkatiri　*111, 113*
イオセリアーニ　Jaba Ioseliani　*172*
ウィルソン　Woodrow Wilson　*3, 23*
ヴェーバー　Max Weber　*7, 10, 141, 171, 212, 222*
オクルアシビリ　Irakli Okuriashvili　*177, 178*

か
ガニー　Ashraf Ghani　*92*
ガムサフルディア　Zhviad Gamsakhurdia　*170*
カルザイ　Hamid Karzai　*189, 193-195, 197*
カント　Immanuel Kant　*24*
キトヴァニ　Tengiz Kitovani　*171, 172*
グスマン　Xanana Gusmão　*110, 114*

さ
サーカシビリ　Mikheil Saakashvili　*41, 170, 173-181, 183*
サルトル　Jean-Paul Sartre　*37*
シュワルナゼ　Eduard Shevard-nadze　*170-181, 183*
ショート　Clare Short　*138*

た
ダール　Robert A. Dahl　*27*

は
パリス　Roland Paris　*7, 8, 13, 23-43, 63, 73, 74, 86, 151, 236*
ビドル　Keith Biddle　*130, 139*
ブッシュ　George Walker Bush　*213*
ボケリア　Giga Bokeria　*181*
ホルブルック　Richard Holbrooke　*150, 152, 157*

ま
マクギンティ　Roger Mac Ginty　*5, 9, 87, 183, 230*
ミッチェル　Christopher R. Mitchell　*82, 84, 88, 90, 91, 230*

ら
ラモス＝ホルタ　José Ramos-Horta　*115*
ラムズフェルド　Donald Henry Rumsfeld　*213*
リッチモンド　Oliver P. Richmond　*8, 13, 14, 46, 48-57, 60-63, 74, 87, 183, 230, 231*
ルソー　Jean-Jacques Rousseau　*3, 69*
レデラック　John Paul Lederach　*14, 82-84, 88, 91, 99, 230, 231*
ロック　John Locke　*3*
ロバト　Rogerio Lobato　*113*

事項索引

あ
アフガニスタン　7, 12, 14-16, 92, 182, 189-197, 200-204, 210, 222, 234, 235, 238, 240-242
――地元民警察（ALP）　189-191, 196-203, 240, 242
――平和・再統合プログラム（APRP）　190, 194, 195
アブハジア　41, 170, 171, 177, 183
アラブの春　58
アルバキー　196
安定化連合協定（SAA）　160-163
EU警察ミッション（EUPM）　160
EU部隊アルテア（EUFOR Althea）　149, 163
EU法の支配ミッション（EUTHEMIS）　175
イギリス国際開発省（DFID）　129, 131
移行期正義　115, 239
イスラム国（IS）　58, 61, 190, 217-219, 223
一時的な管理　26, 35-37
イラク　11, 12, 14-16, 82, 87, 210-219, 221-224, 234, 235, 238, 240-242
インドネシア　107-111, 115, 121, 238
ウィルソン主義　3, 24-28, 34, 43
ヴェテラン　111, 118
英連邦警察開発タスクフォース（CPDTF）　130
英連邦地域安全・治安プロジェクト（CCSSP）　130
欧州安全保障協力機構（OSCE）　30, 41, 182
オーストラリア　108, 110, 112, 234
オーナーシップ　67-73, 77, 78, 120, 165, 202

か
覚醒評議会　82, 217-219, 223
関係性プラットフォーム　91
疑似国家　1, 2
旧ユーゴ国際刑事裁判所　156
競争的権威主義　83
共同作戦　108, 114, 115, 118, 120-122
蜘蛛の巣論　88, 89
経済開発協力機構・開発援助委員会（OECD-DAC）　11, 12, 216, 223, 224
現地重視への転回　8, 9, 237
現地重視への旋回　87
交渉によるハイブリッド性　232
公職追放　112
国際安全保障諮問委員会（ISAB）　172, 173, 175, 182
国際危機グループ（ICG）　159, 160, 196, 240
国際軍事顧問訓練チーム（IMATT）　128-130
国連アフガニスタン支援ミッション（UNAMA）　189
国連グルジア監視団（UNOMIG）　41
国連警察（UNPOL）　108-110, 112-114, 117, 131
国連シエラレオネ統合平和構築事務所　77
国連シエラレオネ派遣団（UNAMSIL）　128, 131
国連PKO　10, 15, 24, 40, 107, 111, 112, 129, 131
国連東ティモール暫定統治機構（UNTAET）　107, 109, 110, 112
国連東ティモール統合ミッション（UN-

250

事項索引

MIT） *107-109, 112, 113, 115*
コミュニティ・セキュリティ　*231, 240, 241*
コミュニティ・ポリシング　*116-121, 123, 136, 137, 194, 211, 238, 239*
小屋税反対暴動　*134*

さ
シエラレオネ　*7, 14, 15, 37, 51, 68, 74, 75, 77, 128-142, 182, 211, 234, 237-240, 242*
自決　*69, 70, 72*
下からの平和構築　*237*
司法部門開発プログラム（JSDP）　*131, 132, 136*
シャリーア　*191, 201*
自由主義化の前の統治制度構築論　*26, 33, 43, 74, 86, 182*
上級代表　*150, 154, 155, 159*
ジョージア　*11, 14, 15, 38-41, 169-183, 231, 235, 238, 240, 242*
ジョージア訓練・装備プログラム（GTEP）　*173, 174*
ジョージア持続・安定作戦プログラム（GSSOP）　*174, 175*
ジルガ　*199, 201*
人民動員部隊（PMU）　*218*
脆弱国家　*1-3, 5, 14, 81*
セキュリティ・ガバナンス　*212, 222, 223, 241*

た
ターリバーン　*61, 189-192, 194, 195, 198, 199, 203, 241*
治安危機　*108, 110, 111, 113, 119, 122*
治安・司法アクセス・プログラム（ASJP）　*132*
治安部門改革（SSR）　*II, 1, 8-16, 86, 107-109, 111-115, 117-123, 128, 129, 131, 137-139, 141, 149-151, 153-157, 163-165, 169-176, 178-184, 189, 190, 192, 204, 210-217, 221-223, 229, 233-237, 239, 242*
チーフダム警察　*7, 15, 129, 132-142, 237, 239, 242*
中層発論（middle out）　*88, 99*
デイトン合意　*15, 29, 147, 150-155, 157, 159, 161, 162, 164*
テロとの闘い　*200, 203, 235*
統合派　*110*
特別警察部隊（SPU）　*115, 116, 118, 121*

な
ナショナル・オーナーシップ　*72*
NATO　*15, 147, 149, 157, 158, 160, 164, 165, 172-175, 182, 193, 194*
日常の平和　*8, 231*

は
ハイブリッドなSSR　*9-11, 13, 15, 16, 109, 119-122*
ハイブリッドな国家建設　*I, II, 1, 3, 5, 10, 13, 97, 141, 163, 165, 190, 191, 200, 204, 212, 213, 222, 225*
ハイブリッド論　*3, 5, 7, 9, 13, 14, 16, 81-83, 91, 92, 94, 95, 98, 99, 223, 229-231, 233, 237, 241, 242*
橋架け人（Bridge Builders）　*83, 84, 91, 95, 97-100*
パシュトゥヌワレイ　*200*
バドル軍団　*218*
バラ色革命　*173, 180*
パラマウント・チーフ　*76, 132, 134-136, 140*
反乱鎮圧作戦（COIN）　*214*
東ティモール　*12, 14, 15, 26, 37, 53, 94, 107-123, 211, 234, 238-240, 242*
東ティモール国軍（F-FDTL）　*108, 110-112, 114, 118-121*
東ティモール国家警察（PNTL）　*108-112, 114-118, 120, 121, 123*
非合法武装集団の解体（DIAG）　*190, 194, 195, 202*

251

武装解除・動員解除・社会再統合（DDR）
　155, 156, 189, 190, 192-195, 202
文民警察（CIVPOL）　109
ペシュメルガ　211, 218, 219, 240
ボスニア・ヘルツェゴヴィナ　11, 12,
　14, 15, 26, 28-30, 40, 147-165, 231,
　235, 238, 240, 242
ポルトガル共和国国家警備隊（GNR）
　116
ボン合意　189-192, 203
ま
マフディー軍　218
南オセチア　41, 170, 173, 174, 177,
　178, 182, 183
民間軍事会社（PMSC）　211, 212, 216-
　218

民主化　24-26, 34, 35, 169
ムヘドリオーニ　171
村警察　117, 118, 238, 239, 242
門番　90, 91, 95, 97-100
や
野戦教範3-24――反乱鎮圧作戦（FM3-
　24）　213-216
ら
連合国暫定当局（CPA）　217, 219, 221
ローカル・オーナーシップ　1, 4, 5, 8,
　12, 14, 36, 42, 43, 59, 72, 92-94, 98,
　112, 120, 150, 151, 210, 235-237,
　240
ローカル・ニーズ・ポリシング　130
ロヤ・ジルガ　191

ハイブリッドな国家建設
自由主義と現地重視の狭間で

2019年2月28日　初版第1刷発行	定価はカヴァーに表示してあります

編　者　　藤重博美
　　　　　上杉勇司
　　　　　古澤嘉朗
発行者　　中西　良
発行所　　株式会社ナカニシヤ出版
　　　　　〒606-8161 京都市左京区一乗寺木ノ本町15番地
　　　　　TEL 075-723-0111　FAX 075-723-0095
　　　　　http://www.nakanishiya.co.jp/

装幀＝白沢　正
印刷・製本＝亜細亜印刷
Ⓒ H. Fujishige, Y. Uesugi, Y. Furuzawa et al. 2019　　Printed in Japan.
＊落丁・乱丁本はお取替え致します。
ISBN978-4-7795-1376-3　C3031

本書のコピー、スキャン、デジタル化等の無断複製は著作権法上での例外を除き禁じられています。本書を代行業者等の第三者に依頼してスキャンやデジタル化することはたとえ個人や家庭内での利用であっても著作権法上認められておりません。

多様化する社会と多元化する知
「当たり前」を疑うことで見える世界

片山悠樹・山本達也・吉井哲 編

激動する現代社会をどのように理解すればいいのだろうか。政治学や政治史、経済学をはじめとする社会科学の基本的な考え方を学ぶことで、混乱期を生き抜くための「知」の力を身につけよう。　二四〇〇円

国際関係論の生成と展開
日本の先達との対話

初瀬龍平・戸田真紀子・松田哲・市川ひろみ 編

坂本義和、高坂正堯から村井吉敬、高橋進まで、平和の問題を真剣に考え続けた日本における国際関係論の先達たち。時代と対話した彼らの苦闘をたどり、「日本の国際関係論」の内発性、土着性、自立性を問う。　四二〇〇円

歴史としての社会主義
東ドイツの経験

川越修・河合信晴 編

社会主義とは何だったのか。農村や工場で働き、余暇を楽しみながら老いてゆく人々、彼女ら東ドイツ社会を生きたごく普通の人々の日常生活の一面を掘り起こし、社会主義体験の意味を検証する。　四二〇〇円

ウェストファリア史観を脱構築する
歴史記述としての国際関係論

山下範久・安高啓朗・芝崎厚士 編

「ウェストファリアの講和」に国際システムの起源をみるウェストファリア史観は、国際関係論にどのような認知バイアスをもたらしてきたのか。「神話」の限界を超え、オルタナティブな国際関係論の構築をめざす。　三五〇〇円

＊表示は本体価格です。